内蒙古自治区自然科学基金青年基金项目："常态化疫情
技防、物防与人防资源配置协同优化研究（项目编号：20

U0571460

经管文库·管理类

前沿·学术·经典

地铁涉恐防爆安检策略
博弈分析

GAME ANALYSIS ON THE STRATEGY OF SUBWAY ANTI-TERRORISM SECURITY INSPECTION

李德龙 著

经济管理出版社

ECONOMY & MANAGEMENT PUBLISHING HOUSE

图书在版编目（CIP）数据

地铁涉恐防爆安检策略博弈分析/李德龙著．—北京：经济管理出版社，2023.4（2023.8 重印）
ISBN 978 - 7 - 5096 - 9008 - 6

Ⅰ.①地…　Ⅱ.①李…　Ⅲ.①地下铁道—旅客运输—安全检查—研究　Ⅳ.①U293.6

中国国家版本馆 CIP 数据核字（2023）第 075405 号

组稿编辑：杨国强
责任编辑：杨国强
责任印制：黄章平
责任校对：陈　颖

出版发行：经济管理出版社
　　　　　（北京市海淀区北蜂窝 8 号中雅大厦 A 座 11 层 100038）
网　　址：www.E-mp.com.cn
电　　话：(010) 51915602
印　　刷：唐山玺诚印务有限公司
经　　销：新华书店
开　　本：710 mm×1000 mm/16
印　　张：10
字　　数：213 千字
版　　次：2023 年 4 月第 1 版　2023 年 8 月第 2 次印刷
书　　号：ISBN 978 - 7 - 5096 - 9008 - 6
定　　价：98.00 元

>>> 前　言

　　地铁安检始终面临着安全性和通行速度相互兼顾的问题，尤其在恐怖主义和高峰大客流双重影响下，地铁安检普遍存在安检子系统间协同性差、安检资源配置效率低、安检暴恐防御能力差等现实问题。同时，针对地铁场景的安检策略研究具有较高复杂度，不仅要考虑安检对象的基本特征和需求、安检配置资源属性等，还应充分考虑地铁结构和地铁安检子系统特殊性。

　　通过对现有安检问题成因进行挖掘和相关性分析，本书以暴恐风险水平为研究主线，构建了解决地铁涉恐防爆安检策略选择问题的博弈理论分析框架。

　　第一层：当暴恐风险较低时，提出并分析了侧重通行速度、兼顾安全性的信号反馈策略，在不增加较多额外资源投入的情况下，提升安检信号策略与子系统性能的协同水平。

　　第二层：当暴恐风险一般时，首先提出并分析了平衡安全性和通行速度的人脸抓拍策略，探索了安检部门提升暴恐分子安检前识别能力对暴恐防御和暴恐袭击策略的影响；其次考虑到高峰大客流对暴恐袭击策略的影响，提出并分析了白名单策略，针对白名单通道安全性给出了抽检率设计方案。

　　第三层：当暴恐风险较高，且不考虑关闭地铁站点时，在人脸抓拍系统和白名单通道技术特征的基础上，提出并分析了侧重安全性、兼顾通行速度的智能安检策略，给出了符合长期安防需求的信号策略和资源配置策略。

　　在该理论框架下，本书依次提炼出四个核心管理问题，即如何提升地铁安检策略和安检信号的协同性问题；如何在资源受限下决策人脸抓拍策略（事前识别与预防）实施问题；如何从制度层面设计可实现乘客分级分类安检的白名单策略；如何通过信号手段提升联合手段下智能安检系统的暴恐防御能力。围绕这四个核心问题，本书做了如下创新性工作：

　　第一，从安检信号的威慑效果与安检策略统一角度出发，构建了以违禁品自弃箱和违禁品处理箱中违禁品数量为反馈信号载体的安检模型。研究不但给出了安检部门暴恐防御信号策略的触发条件，还分析了加载信号装置对高峰大客流冲击的抑制作用。研究发现，暴恐分子的自弃效用水平与安检部门的信号策略显著相关、与安检通行速度显著正相关、与安检厅的乘客淤滞水平显著负相关。

第二，在考虑暴恐防御资源受限条件下，结合引进人脸抓拍系统策略和升级原安检设备策略的配套资源差异性，构建了地铁安检人脸抓拍策略权衡的序贯博弈模型。研究发现，在不考虑引进人脸抓拍系统的附加社会价值的情况下，当接警反应时间及效率较低时，升级原安检设备策略占优；在考虑引进人脸抓拍系统的附加社会价值的情况下，引进人脸抓拍系统策略在一定条件下更具优势。

第三，在考虑如何降低高峰大客流冲击对暴恐袭击影响下，构建了基于白名单策略权衡的地铁安检序贯博弈模型，给出了涉恐防爆能力相关预测模型，并找到了平衡安检部门暴恐防御和通行速度的最优解决路径。研究表明，地铁部门应在白名单策略设计上控制白名单乘客占比；在白名单乘客乘行行为控制上，进一步优化白名单策略的准入和清出标准；在地铁运营上缩短高峰时期列车运行间隔等。

第四，以智能应对更高级别的暴恐风险为视角，构建了联合人脸抓拍系统和白名单策略的地铁二级智能联防信号博弈模型，并给出了三条符合长期防御要求的精炼贝叶斯均衡路径。研究发现，在进行安检子系统间防御资源优化配置时，不仅要考虑安检通道的安全性，还应考虑暴恐分子的袭击策略、情绪类型、渗透策略，以及巡防人员的接警反应时间，甚至还需结合不同情景下安检子系统间的互补或替代关系等。

本书的研究创新和研究价值：一是结合暴恐风险水平和地铁特殊性，将涉恐防爆安检相关理论迁移至地铁领域，进一步扩大了安检研究领域、丰富了安检研究内容。二是构建了地铁安检自弃效用模型、乘客淤滞模型、爆炸伤亡模型、安检流程模型、人脸抓拍策略序贯博弈模型、暴恐防御信号博弈模型等，在激活现有安检子系统的同时，也为后续研究提供了场景匹配度较高的基础理论模型。三是充分考虑了暴恐袭击与高峰大客流冲击的相关性，并结合信号博弈理论，为地铁安检部门提供了符合长期防御需求的策略建议。

>>> 目 录

第一章

绪　论

　　恐怖主义始终是威胁城市公共安全的重要因素之一，客流密度大、疏散和救援难度大的地铁更是首当其冲（刘青建和方锦程，2015；宋聚生和姜雪，2016；Rislien H E 和 Rislen J，2010）。地铁安检不但可以提前识别暴恐装置和其他一般违禁品，确保普通乘客的乘行安全，还能在一定程度上控制客流通行速度，平衡站点内部安检厅和候车厅的乘客淤滞水平；同时，强有力的安检措施会向潜在暴恐分子传递一种威慑信号，将暴恐袭击抑制在候车厅外。但是，在选择不同安检策略时，安检部门还必须考虑暴恐风险水平，否则容易造成安检投入过度或投入不足等问题。一般情况下，当暴恐风险较低时，安检部门通常采取侧重通行速度、兼顾安全性的防御策略，如拉横幅、播放广播警示等；当暴恐风险一般时，安检部门通常采取平衡通行速度和安全性的防御策略，如引进人脸抓拍系统、使用新型安检设备等；当暴恐风险较高，且不考虑关闭站点时，安检部门通常采取侧重安全性、兼顾通行速度的防御策略，如引入智能安检系统、派驻武警力量等。

　　基于我国地铁安检应用现实背景和国内外地铁安防差异性，本书针对地铁安检存在的安防信号作用不显著、安检员难作为、高峰大客流冲击影响大等现象，致力于解决安检子系统运行效率低下、安检资源配置效率低、安检暴恐防御能力差等现实问题。在恐怖主义和极端情绪的威胁下，我国政府以"人民至上，生命至上"为基本理念打造了针对违禁品的设卡式地铁安检，并一般遵循"逢包必检、人身抽检"的原则。但在高峰大客流冲击作用下，设卡式安检始终面临着提升安检通行速度和确保安检安全性的平衡难题。另外，暴恐分子的袭击策略选择也会提升地铁安检优化的决策难度，一方面，暴恐分子通过安检后，袭击候车厅内的乘客和列车通常可造成更大的袭击损失，而针对这种袭击候车厅的行为，安检部门必须加强安检安全性；另一方面，较高标准的安检安全性同时意味着较低的安检通行速度，因此会抬升安检厅的乘客淤滞水平，此时暴恐分子直接袭击安检厅时也可造成更大损失。可见，暴恐分子的袭击行为对新时期地铁安检提出了更高的要求，即新时期的地铁安防网络建设必须立足于从根源上抑制暴恐袭击、从安检安全性上提高对违禁品的拦截效率和对潜在暴恐分子的识别能力、从安检通行速度上提升普通乘客的乘行体验。

通过对现实问题根源的挖掘和总结，本书提出了几个地铁安检核心问题及解决办法。

一是安检子系统间协同性差、安检信号作用难评估，容易造成投入过度或投入不足。本书通过构建以违禁品自弃箱和违禁品处理箱中违禁品数量为反馈信号载体的安检模型，给出了安检信号强度的评价模型——自弃效应模型，同时给出了增强各安检子系统间协同性的策略机制。

二是资源受限下的技防建设方式选择与其配套资源紧密相关，难以保证安检策略的有效性。引进人脸抓拍系统和升级原有安检系统是地铁技防建设的重要方式，但两者间存在着地铁安防系统建设的本质性差异，故本书通过构建地铁安检人脸抓拍策略权衡的序贯博弈模型，给出了不同情景下的决策选择，进一步丰富了安检部门决策库。

三是高峰大客流冲击将加剧暴恐风险，甚至会改变暴恐袭击策略，并不利于暴恐防御和无辜群众保护。与现有多数安检策略不同，本书通过构建基于白名单策略权衡的地铁安检序贯博弈模型，为该问题开辟出了一条制度性新道路，同时分析研究了地铁安检白名单策略实施过程中的关键问题。

四是较高的暴恐风险影响相关防御策略的资源配置，并对智能安防提出更高的要求。本书基于一体化联勤联动思想和现有地铁安防子系统，构建了联合人脸抓拍系统和白名单策略的地铁二级智能联防信号博弈模型，为探究信号策略和安检系统优化方向提供了可行方案，该方案具有一定前瞻性，同时对其他领域的智能安防建设也具有较高的参考价值。

第一节　选题背景

地铁安检不仅是保障地铁设施安全运营的重要手段，更是社会安全网络建设的重要组成部分（沈小清，2010），本书以地铁安检实践和理论两个层面为选题背景，围绕地铁安检现状和发展中面临的核心问题加以研究。从实践层面上看，地铁始终面临着暴恐分子的暴恐威胁，相对宽松的安保措施会提升暴恐分子的袭击欲望，而设卡式地铁安检是确保乘客基本生命财产安全的重要措施，更是抑制暴恐袭击、快速处置暴恐事件的重要屏障（Romyn D，2014）。但从地铁安检现状来看，还普遍存在安检方式阻止暴恐袭击效率低、大客流冲击影响普遍偏大、各安检子系统间调度不协调等问题。从理论层面来看，地铁安检不但是政府向暴恐分子释放强威慑信号的重要窗口，还是一体化联勤联动（联防联控）机制构建的重要实践场景。本书从安检优化模型构建入手，给出地铁安检信号反馈机制模型、基于白名单的制度优化模型、新技术权衡模型以及暴恐防御信号策略模型，为进一步解决地铁安检新问题、探究地铁安检新方向提供参考价值较高的理论模型，同时为其他公共场所在平衡暴恐防御和通行速度上提供借鉴思路。

一、选题的实践背景

恐怖分子可能会选择袭击交通枢纽、娱乐场所、商场等城市软目标，制造公众心理恐惧局面和政治压力，以迫使政府或国际组织、社会团体做出让步。

通过对 The Global Terrorism Database（GTD）数据库的统计分析可知，暴恐分子的袭击目标具有一定可预见性。例如，1998～2016 年在我国境内发生的 268 个恐怖袭击事件中，超过 34.8% 的袭击目标为交通枢纽设施，在各类袭击目标统计中占比居首位，与此同时，暴恐手段也多集中于隐蔽性较强的爆炸袭击，占比超过 64.9%（叶小琴和康倩飞，2018）。通过对暴恐分子袭击目标和袭击手段的研究可以发现，公共交通枢纽是暴恐时期的重点防御区域，而提前识别和排除可疑爆炸物、违禁品等是防御暴恐袭击的必要手段。通常情况下，可设置安检流程的城市交通枢纽包括机场、火车站和地铁站，而地铁站又具有客流密度大、安检环节松散、疏散和救援难度大等特点，更是暴恐袭击的重灾区（吴凤山等，2016）。

安检措施是交通枢纽预防暴恐袭击和潜在违禁品危害的重要措施，但也与交通枢纽的类型有关，在世界范围内，机场安检普遍得到政府重视，而对地铁安检的态度却呈现多样性（沈小清，2010）。在多数没有引入安检系统的国家，暴恐分子通常将地铁站作为暴恐袭击的首要目标之一。例如，2016 年 3 月 22 日，比利时布鲁塞尔机场先后发生两起自杀式爆炸恐怖袭击，造成多人死亡，数百人受伤。在机场爆炸后不久，欧盟工会附近的 Maalbeek 地铁站也发生了爆炸，造成多人死亡的重大恐怖袭击伤亡事故，这次恐怖袭击甚至一度使比利时将全国警戒水平提升至最高级。自 20 世纪 90 年代起，已有数十起震惊世界的地铁恐怖袭击事件，而大多数都是由安检措施过于简陋导致的。一个个惨痛的事件告诉我们，公共部门的管理疏忽为暴恐分子提供了更多袭击选择，地铁安检的升级和优化势在必行。

作为拥有约占 1/5 世界总人口数量的中国，也拥有世界上最长里程的地铁干线，并且随着我国城市化进程的整体推进，地铁需求还远未饱和。截至 2020 年 12 月 31 日，我国内地已开通城市轨道交通线路长度共计 7978.19 千米，其中地铁线路长度为 6302.79 千米，面临的安全挑战和压力也十分巨大。GTD 数据库统计显示，由于整体治安水平较高，我国内地并不是暴恐袭击的重灾区，但普通乘客无限制地携带违禁品也会给社会带来巨大的安全隐患。安检系统的设定不仅对防控暴恐分子袭击产生较大抑制作用，还可以提升普通乘客的安全意识，确保出行安全。

随着安防新技术的不断发展，地铁安检也呈现出重技防建设的趋势，尤其在暴恐时期，充分应用现代信息技术已成为地铁安检升级的必然选择。其中，先进的身份识别技术为地铁安检提供了另外一条思路，即将快速违禁品识别转换为高速身份识别，此举不仅能在第一时间精准识别已备案的暴恐分子，还能对具有暴恐特征的人物进行模糊识别和集中筛查。现代化身份识别技术的引入使地铁安检具备了一定信号释放功能，可以从心理上干预袭击行为，打击暴恐分子信心（李德龙和刘德海，2020）。随着时间推移，安检部门和恐怖分子行为策略达到稳定状态，双方都拥有其他参与者的特征、策略集及收益函数等方面的准确信息，属于完全理性的分析范式，安检部门如何权衡效率与安全，以有效保障地铁高效、平稳运行和成功抑制恐怖组织，是管理学界面临的重要科学问题。

二、选题的理论背景

现有针对地铁安检的研究相对较少，而关于机场安检的研究相对比较丰富，但多数研究集中于优化安检流程（Song C 和 Zhuang J，2017a，2017b）、升级安检设备（Cavusoglu H 等，2010）、加载新技术模块（卫静和刘德海，2017），以及采用信号手段（李德龙和刘德海，2020）等。通过对相关研究的进一步分析可知，地铁安检也可借鉴机场安检相关理论进行研究，与此同时，也应充分考虑地铁安检的特殊性。

在暴恐风险较低时期，地铁安检部门会通过广播宣传、拉横幅等措施加强安检对乘客的信号作用，使携带违禁品的乘客主动提前丢弃违禁品，但信号的有效性测量还存在一定理论不足。本书根据反馈理论，探究了一种可测量安检信号强度的模型，即通过对比分析违禁品自弃箱和违禁品处理箱中违禁品数量进行预测。

在暴恐风险一般时期，技防建设是安检部门的常用手段，尤其是引进技术水平相对成熟的人脸抓拍系统，但在高峰大客流的冲击下，技防手段的暴恐防御能力易因人防和物防建设水平的局限性而大打折扣。从地铁技防建设重点方向看，引进人脸抓拍系统和升级原安检系统是地铁部门资源受限下的重要权衡点。与机场、火车站、码头等交通枢纽不同，地铁通常面对着更大、更集中的高峰大客流冲击，并因此激化出客流高峰时期安检员难作为、乘客淤滞水平严重、暴恐风险升高等问题。全国政协十三届三次会议中部分代表建议，为了解决地铁安检不理想现状，在 2019 年北京、南京等城市地铁安检试点实施"快捷通道"的基础上，进一步扩大地铁安检白名单策略的实施范围（李博，2019）。这一举措不但可以显著降低安检员工作强度、提升安检速度、提高安检资源二次优化配置效率，同时有助于完善公众信用体制、推广身份识别技术以及完善联防联控机制等。地铁安检白名单策略的基本原理是乘客分流安检，而地铁安检技防升级手段与乘客身份特征无直接关系，两者间既有一定替代性，也有一定互补性。

在暴恐风险较高且不考虑关闭站点时期，包括信号手段在内的联合防御策略是确保普通乘客安全的必要选择。信号博弈通常是打击暴恐犯罪的常用方法，在与暴恐分子持久对抗中，信号的效用越来越大，政府部门可通过强力打击信号对暴恐分子进行威慑，令高能力袭击者望而生畏，也可通过防御能力不足信号使低能力袭击者放松警惕，掉入虚假防御陷阱（Payyappalli V M 等，2017）。如设定虚假目标诱导袭击者进行低效能袭击（Zhai Q 等，2020），通过升级武器装备、装配先进技术装备等方式释放强力防御或主动打击信号，促使暴恐分子进行高成本袭击或放弃袭击等，但一般也应充分考虑暴恐分子情绪类型对防御策略的影响（刘德海等，2017）。在交通枢纽暴恐防御中，安防部门也取得了丰硕的信号博弈成果（李德龙和刘德海，2020；Bagchi A 和 Paul A，2014），不同的是，在地铁站、机场等城市公共场所，首先要将充分抑制突发暴恐次数作为信号策略的首要目标，其次要兼顾信号稳定性和信号特征对普通乘客的潜在影响。尤其在以"人民至上，生命至上"为基本理念的中国，更需考虑如何将暴恐袭击抑制在公共场所之外，或完全抑制暴恐袭击的发生（汪广龙，2020）。

第二节　城市交通枢纽安检研究综述

安检一般也被称为安全检查，在工程领域，石振武（2007）认为，安检是对施工项目贯彻安全生产法律法规的情况、安全生产状况、劳动条件、事故隐患等进行的检查。在针对乘客乘行行为的交通枢纽安检领域，Song C（2017a）和卫静（2017）等认为，安检可以检查乘客是否携带威胁交通枢纽安全运营的违禁品，是一种预防威胁地铁运行安全违禁品进入的识别和拦截方式，具有降低运行风险的功能。李德龙（2020）认为，安检形式和安检措施还具有信号传递功能，可以从根本上优化乘客的乘行行为。因此，梳理并进一步认识交通枢纽安检的内涵，是针对特定问题制定解决方案的必要步骤，尤其在安检理论和措施还有待进一步完善的地铁安防领域，制定情景匹配度较高、安检效率较高的安检策略，需要借鉴其他类型交通枢纽安检的成功经验。就交通枢纽安检现状看，关于机场安检、集装箱安检和出入境安检的研究最为丰富和成熟，其中，机场安检更加关注于如何针对乘客身份信息设计多阶段安检流程（Song C 和 Zhuang J，2017a，2017b），集装箱安检主要集中于货物检测效率提升（Bakshi N 和 Gans N，2010），出入境安检主要围绕身份核验效率和安检资源优化配置展开（柴瑞瑞等，2017a）。

一、城市交通枢纽安检内涵和需求研究

交通枢纽是国家或区域交通运输系统的重要组成部分，一般指不同运输方式的交通网络运输线路交汇点，主要包括码头、机场、地铁、火车站、客运站等（胡永举和黄芳，2012）。车怡雯（2020）认为，安检具有执法性、强制性、"索取"性和被动性四个典型特征。其中，执法性一般指安检是安全管理部门按章执行的必要步骤，具有法理依据（《中华人民共和国反恐怖主义法》《公安部、交通运输部关于切实加强城市公共交通安保工作的通知》）；强制性一般指安检对象有义务接受安检，是一种强制性行为，而不是自愿性行为（《反恐怖防范管理规范-地铁》DB4403）；"索取"性指安检通常会向安检对象索取违禁品、时间等，但对乘行行为较好的安检对象来说，这种"索取"水平一般也较低（李德龙和刘德海，2020）；被动性指因安检对象对安检法规理解不透彻，而造成的不主动配合安检的行为，这也是拉低安检效率的重要因素（梁红芳，2010）。

在交通枢纽安检领域，尤其是客运交通枢纽领域，政府部门逐渐重视安检的过程，也可以看成是对暴恐的重视和认识的过程。根据我国民用航空局的规定，航空运输的

首要原则是保证安全，在接受安检的过程中需要进行身份验证，出示登机牌和有效身份证件，通过身份验证后才可以携带包裹进入安检通道，同时进一步规定了必要条件下乘客应遵循的安检义务。在面对常规人流和低暴恐概率时，这种传统安检模式完全可以满足航空安全的基本要求。暴恐分子对城市交通枢纽的袭击具有袭击和游击结合、爆发突然等特征，并且受害群众的"跑、躲、报"等自发性应激反应还可造成二次灾害（Pearce J M 等，2019）。在政府与暴恐分子的攻防博弈演化进程中，暴恐分子不但可以通过袭击交通枢纽获得暴恐直接收益，还能通过瘫痪交通网络的方式获得更高间接收益，根据叶小琴和康倩飞（2018）对 GTD 数据库的统计研究也印证了这一点，因此，政府对核心交通枢纽的防御越来越重视。

基于航空器犯罪影响逐渐扩大的考量，国际民航组织于 1963 年 9 月 14 日，在东京签订了"Convention on Offences and Certain Other Acts Committed on Board Aircraft"（Bantekas I，2003），自此以后，能够有效预防暴恐袭击的航空安全检查策略应运而生。近年来，很多国家在火车站、地铁站等城市轨道交通枢纽的防护中也增加了安防环节，甚至具备了针对暴恐袭击事件的事前精准识别、事中低危处置、事后高效恢复的能力，这一举措显著提升了暴恐防御能力水平和均衡性。但这也引发了效率侵蚀现象（Yu H 等，2019；Knol A 等，2019）。安防部门不但需要反思安防措施的反恐防御效能，还应平衡好安防成本与通行速度问题。

基于平衡安全与效率的研究始终是推进交通枢纽安防研究的原动力，也是安检模式设计、安检策略优化的重要参考因素（Bagchi A 和 Paul A，2014）。在安全性方面，安检必须具备识别违禁品的能力，而检测目标的增加势必会拉升隐患（李德龙和刘德海，2020）；在通过速度方面，在技术方法还不成熟的情况下，过于强调安全性意味着将大幅牺牲安检通过速度（Cavusoglu H 等，2010）。一般情况下，安防服务能力可分为"安全有利""安全不利"或"安全不可行"三个类别，这三种类别的成本和对普通过检人员影响通常存在较大差异，但通过建立基于乘客等待时间的成本函数方式，可以解决安全性和客户服务目标的一致性或冲突性问题（Li L F 等，2014）。也就是说，检测目标到达速率和潜在风险是影响安检策略的重要因素，在地铁安检领域主要体现为高峰大客流冲击和暴恐袭击风险（卫静和刘德海，2017；李德龙和刘德海，2020）。因此，在不同类型的交通枢纽中，安防部门对安全和效率的倾向性略有不同，可分为倾向于安全性安防（如机场、货运码头、边境入口等）和倾向于通行速度安防（如地铁站、火车站等）。

在面对较高潜在风险时，安检部门倾向于选择安全性更高的安防策略。对检测乘客或物品进行标记分流（Cavusoglu H 等，2010；Nguyen K D 等，2017）、设立多阶段检测流程（Song C 和 Zhuang J，2017a，2017b）、优化升级识别检测装置（Cavusoglu H 等，2010；Baveja M 和 Wein L M，2009）等方式是目前实现安检安全性的主要手段。其中，对潜在高危乘客或物品进行标记分流一般分为两个阶段：第一阶段为身份标记但不检测；第二阶段为针对不同分类采取不同的检测策略，也就是说，该方法并不是通过多轮检测降低漏报率。多阶段检测流程一般分为两种：一种为先对所有目标进行初步检测，再对特定目标进行细致检测；另一种为对所有目标均进行多轮检测。优化检测设备策略具有较高的技术依赖性，通常面临着成本与效率的权衡问题。一味地追求高安全性很可能意味着较低的通行速度，"过度"安防通常会对安防部门造成较大成本负担，甚至引发社会不满情绪，并且这种不满情绪在人身检查时更加突出（Bakshi N 等，2011）。同时，在安全性上，具有一定歧视性筛选策略总是优于非歧视性筛选策略，但当效率与安全的矛盾并不突出时，非歧视性筛选策略更加人性化，凸显公平性原则（Wang X F 和 Zhuang J，2011）。

在面对较低潜在风险、较高通行需求压力时，安检部门倾向于选择通行速度更高的安防策略。在倾向于效率性安防研究中，多采用分级排队（Zhang Z G 等，2011）、增加初始资源配置（Bagchi A 和 Paul J A，2014；Kroshl W M 等，2015）等方式应对突发性暴恐事件。但这些方式的有效引入成本很高，很难惠及城市内所有类型交通站点，还易造成防御能力不均衡等问题。尤其是地铁站点，虽然"9·11"事件后各国均加强了地铁站点的安保措施，但安保实施方通常不是安防部门，而是政府治安部门，这存在较严重的部门协调不足和联合防控欠缺等问题。一般情况下，交通枢纽站防御资源的不均衡性和部门间配合不协调性，会提升暴恐分子的袭击欲望。也就是说，安防优化不但需要设备投入，更需普通乘客、公安部门、消防部门、应急指挥部门等各方的协调配合（Chung J，2015；Espia J C P 和 Fernande Z P，2015；Yi H T 等，2017）。

二、城市交通枢纽安检模式研究

交通安检的主要形式与安检拦截对象紧密相关，当安检部门具备提前防御暴恐袭击的能力时，一般会选择针对特定潜在暴恐分子识别的安检策略，如纽约地铁站选择引进基于人脸抓拍系统的非设卡式安检模式（Bhatia G M，2015）；当安检部门没有充足的事前防御资源配置时，一般会选择针对违禁品检测的设卡式安检模式（卫静和刘德海，2017）。非设卡式安检与设卡式安检的选择差异主要体现在两个方面：一方面，检测目标差异决定安检模式选择差异，如在商场、影院等低危、高聚集场所通常采取非设卡安检模式，在机场、边境等对目标识别要求较高的场所通常采用设卡式安检；另一方面，安检意识与收益侧重差异，如在我国的地铁安检领域，基于对民众生命财产安全的保护，普遍采用设卡安检模式，而在其他国家，其运营方通常在收益权衡下选择通行速度更高的非设卡安检模式。从安检模式的安全性和通行速度对比分析看，若要使非设卡安检模式下的安检安全性处于较高水平，则须借助高技术含量的仪器设备，而在设卡式安检模式下，常需要通过增加额外安检资源的方式提高安检通行速度。

在非设卡式安检模式下，人脸识别、指纹识别等身份识别技术及其配套的专业部门是其主要组成部分。由于暴恐分子对地铁站的袭击方式主要以常规爆炸物袭击为主，这就要求地铁安检部门具备提前识别暴恐分子或袭击工具的能力。就地铁安检现状看，对袭击工具的检测已不具备较大挑战性，最难的是对暴恐分子袭击前的识别或威慑。通常情况下，有经验的安检员可以通过肢体动作、外貌特征、面目表情、行为特征等识别潜在暴恐分子（Hofmann D C，2018），随着人脸识别技术的不断完善，适用于机场、商场等人流密集场所的身份识别跟踪设备已得到较好的验证和应用（Bhatia G M，2015）。目前来看，人脸识别技术已经在一定水平上克服了光照、面部特征、遮挡、姿态、表情、身份等变化引起的识别差异，并在机场、商场、路网等场所的犯罪分子识别跟踪领域得到了广泛应用（Sadiq S S 和 Ahmad K R，2016）。这对暴恐分子来说是一个较大的打击，因为一旦派遣被人脸抓拍系统记录在案或暴恐经验不足的袭击者，很容易被安检部门识别并抓捕，而派遣低识别度的袭击者，通常需要支付更高的培训、伪装、策反成本。

在设卡式安检模式下，针对违禁品的安检设备及其配套安检部门是主要组成部分，这种安检方式对违禁品的普筛效果也最好（张宁和朱金福，2015）。设卡式安检的历史较为悠久，甚至难以追溯，当人们通过验身、验货等方式判断是否存在违禁品或违禁品时，设卡式安检就已具备了雏形。早在 1963 年，国际民航组织签订的确保航空器飞行安全的安保条约 *Convention on Offences and Certain Other Acts Committed on Board Aircraft* 中，就包含了乘机前安检的要求。随着"9·11"事件的发生，乘机安检被进一步强化（Song C 和 Zhuang J，2018），但针对城市公共交通车辆（包括地铁）的安检并未得到广泛重视，当然，这也与政治背景、意识形态、站点初始结构等因素紧密相关。我国自 2008 年起陆续在全国范围内实施并推广了地铁安检制度，此举不但弥补了城市公共交通枢纽设卡式安检的应用空白，还为打造智慧城市、完善社会治安网络奠定了基础（张淼等，2020）。

与此同时，利用制度手段对目标分类安检也是安检模式创新的重要方向。在信息技术领域，白名单制度被认为是提升访问效率的重要技术手段（陈万志和李东哲，2018）。黄长慧等（2021）在网络空间对抗防护技术及措施研究中，提出一种基于 URL 智能白名单的 Web 应用未知威胁阻断防护方案，通过建立业务白名单动态模型、URL 访问控制白名单，实现应对 Web 应用未知威胁的主动防御体系。汪锋和周大水（2011）在应对党政机关遭受恶意攻击的研究中，考虑到基于黑名单技术的传统杀毒软件特征库更新是在恶意袭击发生后，也就是说，黑名单技术更注重应对二次攻击，因此提出了一种基于白名单技术的主动防御系统，可通过运行前校对的方式遏制恶意软件运行和传播。在地铁安检领域，白名单制度可以理解为融合设卡式安检模式和非设卡式安检模式的新型安检模式（裴剑飞，2020）。即安检部门可通过设立白名单制度使白名单乘客享受通行速度较高的非设卡安检模式，而对非白名单乘客采取更注重安全性检测的设卡式安检。该模式不但可以有效缓解高峰大客流对安检厅的冲击，还能进一步降低安检资源投入水平，提高安检资源配置水平，但仍存在暴恐分子渗透白名单安检通道获得更高袭击成功概率的风险（李德龙和刘德海，2021）。

在突破常规安检模式方面，信号战通常是出奇制胜的法宝，政府部门可通过强力打击信号对暴恐分子进行威慑，令高能力袭击者望而生畏，也可通过释放打击或防御能力不足的信号，使低能力袭击者放松警惕，掉入虚假防御陷阱（Payyappalli V M

等，2017）。Dersher M（1961）是最早将信号博弈应用到军事战略领域的学者，随着信号理论的不断发展和应用场景的不断延拓，Zhuang J 和 Bier V M（2007）在研究暴恐问题时发现，当暴恐分子观测到防御努力水平增加信号后，通常会存在两种极端策略，即彻底放弃袭击策略和提升袭击努力水平策略。Levitin G 和 Hausken K（2009）通过引入虚假目标，诱导暴恐分子误袭的方式，也实现了信号优势的以小博大价值。Hausken K（2016）发现，当防御目标成串联关系时，暴恐分子袭击情绪更高，但当防御目标相互独立时，暴恐分子的投入产出比较低，更容易防御。Zhuang J 等（2010b）在研究多周期博弈中的防御者保密和欺骗信号问题时发现，当攻击者不明确防御者费用的有效性和资产价值时，保密策略可实现均衡；当袭击者不清楚防御成本时，欺骗信号也可实现均衡。在与暴恐分子持久对抗中，信号的效用越来越大，安检部门比较常见的信号策略包括：设定虚假目标诱导袭击者进行低效能袭击（Zhai Q 等，2020）；通过释放升级武器装备、装配先进技术装备等方式释放强力防御或主动打击信号，以威慑暴恐分子高成本袭击或放弃袭击（Song C 和 Zhuang J，2018）；通过媒体宣传、虚假情报释放等方式，诱导暴恐分子采取激进袭击策略，进而对其全面反扑打击（Rubin H，2004）。显然，在机场、地铁站等城市公共场所，充分抑制突发暴恐次数是信号战的首要目标，其次要兼顾信号对平民的潜在影响。

三、城市交通枢纽安检策略研究

交通枢纽是国家或区域交通运输系统的重要组成部分，一般是由若干种运输方式所连接的固定设备和移动设备组成的整体，并且共同承担着枢纽所在区域的直通作业、中转作业、枢纽作业以及城市对外交通的相关作业等功能（胡永举和黄芳，2012）。通常情况下，城市内部的交通枢纽设施包括机场、火车站、地铁站（含轻轨）等。但在安检研究领域，由于飞机运行需要较高的安全要求，且在国内外具有相对统一的认知，关于机场安检策略的研究也最为丰富，同时具备为其他类型交通枢纽安检策略研究提供较强参考价值的基础。因此，本章重点阐述机场安检策略为地铁安检带来的研究启示。

（一）针对特定暴恐防御需求的安检流程设计策略

一般包括对特定乘客增加新的安检环节（卫静和刘德海，2017）、设立多阶段安检模式（Song C 和 Zhuang J，2017a）、根据乘客身份信息设定不同种类的安检通道（李德龙和刘德海，2019；彭凯贝等，2020）等方式。

在增加新的安检环节方面，为提高对潜在暴恐分子的筛查效率，美国多数机场会根据数据库比对的方式，在特定高危乘客的登机牌上标记"SSSS"字样，而被标记的乘客会在安检阶段接受更细致的安全检查，甚至包括具有针对暴力威胁的问讯，虽然此做法可以显著提升对潜在暴恐分子的筛查力度，但也会引发歧视争议。为提高跨境安检中高危人员的筛查精度，Baveja M 和 Wein L M（2009）采用了增加指纹识别的方式，这种生物身份筛查方式具有极高的筛查精度，但在通行需求较高的地铁安检领域还需进一步优化。在设立多阶段安检模式方面，为提高美国与加拿大间的陆路安检通关效率，Zhang Z G 等（2011）采用分级排队理论构建了两阶段安检模型。

为进一步提高港口安检站核材料集装箱筛选效率，Mclayab L A（2012）利用背包问题模型，提出了一种线性规划模型，并得出阈值策略不能明显提升筛选策略的结论。这类安检研究均为机场、火车站及地铁站等交通枢纽的安检提供了大量参考价值，如Song C 和 Zhuang J（2017a）基于博弈论和排队论，提出了多阶段机场安检博弈模型，显著提升了后续安检阶段的参数优化。在设立具有身份信息指向性的安检通道方面，李德龙和刘德海（2019）通过引入身份筛查机制，将乘客依次分流安检，不但显著提升了对暴恐分子识别和暴恐袭击抑制的概率，还提升了普通乘客的社会福利。

（二）针对特定暴恐防御需求的安检新技术应用策略

技防建设是新时期地铁安检优化的重要方向之一，一般包括升级原有安检系统（卫静和刘德海，2017；Cavusoglu H 等，2010）和引进人脸抓拍系统（闵剑，2018）。

在升级原安检系统方面，卫静和刘德海（2017）通过引入手持金属探测器提升对暴恐分子的威慑，同时，手持金属探测器的应用也明显降低了安检对 X 射线安全检查设备精度的依赖程度。Cavusoglu H 等（2010）通过对 X 射线安全检查设备准确率和错误率的研究发现，准确率与错误率呈现一种二次型的 ROC 受试曲线特性，即准确率与错误率正相关，该研究也为技防建设中安全与速度权衡提供了优化参考模型（Tan H等，2016）。蒋林华等（2019）认为，太赫兹人体成像安检技术正在向阵列化、多频段、复合式方向发展，而这种发展趋势很可能为地铁安检带来革命性发展。在引进人脸抓拍系统方面，国外多数发达国家普遍在地铁站安装了人脸抓拍设备，并设立专门的图像识别跟踪团队，以保证对潜在威胁的提前识别。2014 年 3 月，香港中文大学汤晓鸥团队发布基于原创的人脸识别算法研究成果，准确率达到 98.52%，首次超越人眼识别能力（97.53%）。与此同时，人脸识别技术还具有非接触、非强制性、可并发等优点，可在特定监控区域内实现人员跟踪的功能，在商场、机场、地铁等人流密集区域具有十分广阔的应用前景。

随着客流量和乘客乘行体验需求的不断提高，单一模块的技防建设难以满足新需求。裴欢和赵伟（2019）以南京地铁"安全管理一体化"信息系统为例，给出了融合安全管理体系、安全信息共享技术和风险隐患双重预防机制的信息管理系统搭建经验，并介绍了风险管控模块、隐患排查模块、应急管理模块、消防管理模块和安全教育模块等主要核心部件的内容及作用，为新时期地铁安检技防建设提供了新思路。陈文彪（2017）根据我国地铁反恐怖安检研究现状，给出了建立地铁信息平台的建议，并阐述了加快智慧警务建设，落实地铁管理主体责任、优化防范与应急处置机制、做强作战单元、打造"1.3.5"处置圈等多层面提升地铁涉恐防爆能力的操作方式。

（三）针对特定暴恐防御需求的安检流程设计策略

安检制度策略改进是从根本上解决"安检量力不平衡"问题的重要途径，主要体现为具有免检或低概率抽检特性的白名单策略。

2020 年，全国政协十三届三次会议中所提出的地铁安检白名单策略构想，为构建地铁乘客可识别、可追溯机制提供了可行思路。地铁安检白名单策略的实名制乘车原则不但可以规范乘客的乘行行为，还可显著提升事后追责效率（裴剑飞，2020）。2019年下半年，我国在北京、南京等地区陆续试点了"快捷通道""绿色通道"等地铁安检白名单策略。从试点形式上看，主要存在两种典型的设置方式：一种是在不改变原有普通通道空间布局的基础上，额外开辟一条与普通通道存在一定间距的白名单安检通道（异位独立设置）；另一种是将原有普通通道升级改造为普通通道和白名单通道（并行设置）。从试点结果上看，地铁部门全面执行白名单策略还须克服准入标准统一难、白名单乘客乘行行为监测效率低、社会歧视声音高等系列问题（王亮，2020），这也意味着地铁在一定时期内将同时存在普通安检通道和白名单安检通道。

值得注意的是，地铁安检白名单策略并不是专门为应对暴恐袭击所提出的应急策略，而是为解决大客流通行与安检能力矛盾日益突出而设计的安检制度优化手段，但却可以显著降低高峰大客流冲击对暴恐防御的负面影响程度。为给出一种地铁安检白名单策略的阶段性实施方案，宋优才（2020）提出了一种融合人脸识别、AI辅助判图和无感支付等技术的两阶段地铁安检白名单策略布局实施路径，进一步提升了地铁安检的智能化水平。

四、城市交通枢纽安检研究方法

在城市交通枢纽安检相关研究中，学者一般针对不同问题采取不同的研究方法，尤其在场景匹配度要求较高的地铁安检领域，对乘客的研究主要集中于调查法和数学模拟法，对暴恐分子的研究主要集中于博弈论和数学模拟，对安检策略的研究主要集中于排队论、博弈论、数学模拟和系统科学法。

（一）调查法可辅助了解乘客乘行行为和地铁安检的真实现状，有助于安检部门制定更高效的安检策略

首先，在了解乘客基本需求和对暴恐风险感知方面，设卡式安检模式下的乘客安全意识水平显著影响了安检通过速度，甚至还会影响安检策略的有效性。Shi X M 等（2019）对 880 名中国地铁乘客进行问卷调查发现，大多数乘客愿意以牺牲出行效率和隐私换取安全性的提高，而有一小部分人倾向于以牺牲出行效率换取更舒适的候车和乘车体验。邱实等（2020）通过问卷调查的方式对北京地铁乘客安全意识进行了研究，发现北京地铁乘客的整体安全意识处于中等水平，安检策略还应更具信号传递功能。为更加科学地认识地铁恐怖袭击下乘客疏散交通方式，王媛媛等（2020）通过随机抽样调查方法揭示了乘客心理特征及疏散交通方式选择行为差异，研究发现，在地铁站点遭受暴恐袭击后，存在部分乘客仍选择通过地铁列车逃离现场，而这种行为的发现对安检暴恐防御策略设计起到重要作用，即仍需在地铁列车可正常运行下，通过地铁列车转运聚集乘客，或在候车厅预留容量更大的逃生通道。但 Nguyen K D 等（2017）通过对美国 222 名受访者进行调研发现，分级安检被认为存在一定歧视，多数受访者愿意牺牲"公平溢价"来避免导致差别待遇的安检程序。

其次，在地铁安检现状调研评估方面，闵剑（2018）通过对近年来各国发生的暴恐袭击事件进行对比分析后，给出了地铁暴恐风险的基本特征以及防御要点。Yu R F 等（2017）对 205 名 X 射线安检人员进行问卷调查并发现，工作压力和工作倦怠对视觉疲劳强度有直接的正向影响，身体特征和工作环境条件的满意度与视觉疲劳强度呈负相关。也就是说，在面对高峰大客流时，尤其是持续时间较长的大客流冲击影响下，安检员难以有效保证工作效率，容易造成漏检、误报等情况。陈文彪（2017）通过对我国地铁安检运营现状和暴恐风险现状进行调查分析后发现，在地铁交通具有抗击风险能力弱、安全防范与处置难度大、疏散救援难度高、损害后果影响广等特点的前提下，我国地铁安检仍存在信息平台不完备、管理主体责权不明确、防范与应急处置不理想等问题，该发现也是未来地铁安防建设的落脚点。

（二）模拟法是系统分析安检有效性的重要工具，可以发现现实难以遇到但仍存在较大隐患的潜在影响因素

首先，在分级安检模型刻画方面，按照《交通运输行业反恐怖防范基本要求》对暴恐分级的划定，乘客淤滞水平与暴恐风险显著正相关。陈治亚等（2020）依据车站内部的三级控制策略和单线多站协调客流控制影响因素，对乘客的乘车过程进行动态建模，并找出了应对高峰大客流冲击的客流控制模型，此模型不仅对列车编组具有一定指导意义，还可影响暴恐防御策略制定。李德龙和刘德海（2019）通过对安检流程进行数学建模，给出了联防联控机制下的乘客分流安检模型，发现安检部门对乘客属性安检前分类、分流可提升整体系统中乘客社会福利。彭凯贝等（2020）运用 Anylogic 软件构建安检模拟场景，验证了旅客按风险等级分类安检可显著提高安检安全性和安检通过速度，并给出了基于安检通道数量的乘客风险分级阈值设置建议。与此同时，Bagchi A 和 Raul J A（2014）采用数学建模优化的方法，给出了分流安检资源配置优化的解决方案。

其次，在安检策略实施评估方面，为进一步提升乘客属性分级效率，有学者提案全面实施地铁安检白名单制度，目前地铁安检白名单制度仍处于试点阶段，从北京、上海、南京等试点单位对白名单制度的实际运营方式看，白名单制度的准入标准、清出标准、抽检标准等均存在一定差异。宋优才（2020）根据白名单制度的实名制准入要求和低概率抽检特性，通过流程建模方法模拟了基于白名单制度的快速安检方案，并给出了结合 AI 辅助判图的乘客分流速率提升建议。李德龙和刘德海（2021）在白名单制度的低抽检率要求下，构建了基于白名单制度的地铁涉恐防爆安检博弈模型，通过数学建模的方法详细分析了不同安检制度标准下的暴恐防御能力，并给出了关于抽检率、白名单乘客占比、安检策略优化的相关建议。Song C 和 Zhuang J（2017a，2017b）通过构建与实际情景匹配度较高的安检流程模型方式，解决了分阶段安检策略的有效性分析问题，并系统分析了各参数影响下的暴恐风险。

（三）排队论是对比分析安检策略通行速率的重要工具

张天炫等（2020）通过构建基于社会力模型的机场旅客排队模型，并运用 Anylogic 软件对出发大厅旅客安检排队服务流程进行仿真发现，优化模型和原模型在安检通

道利用率和实际运行情况方面无明显差异，但优化模型更符合安检区域高峰时段的实际运行情况。Nie X F 等（2012）为最大限度地提高筛选系统的真实报警概率，提出了一种基于仿真的选择性车道排队设计框架，首先讨论了一个稳态模型，将其描述为一个非线性二元整数规划，并提出了一种基于规则的启发式算法。其次构造了一个仿真框架，提出了一种基于稳态模型启发式解的邻域搜索方法来生成可能的解。并最终从启发式解出发，通过邻域搜索过程，在系统的真警概率和期望时间两方面得到更优解。在安检员配置方面，Li Y L 等（2018）通过构建基于网络的机场安检站旅客吞吐量排队模型，发现开放式网络结构的性能明显优于限制性网络结构，在保证安全人员总数不变的前提下，为行李检查分配更多的安全人员可以提高网络性能。

（四）博弈论常被用于安检策略有效性的对比分析和优化

首先，在暴恐风险预测方面，赵国敏等（2006）借助零和博弈构建了安检部门与暴恐分子的攻防博弈模型，引用信息搜索理论构建了暴恐袭击下的目标损失概率模型，基于此最终得出了暴恐防御资源配置优化建议。

其次，在安检策略选择方面，在地铁安检决策过程中，基于地铁的公共设施属性，地铁安检部门通常被要求先根据暴恐风险制定安检策略，而暴恐分子在观测到安检策略后进行袭击策略选择，因此，序贯博弈是地铁安检策略选择分析中的常用工具。李德龙和刘德海（2021）在分析地铁安检白名单制度决策时，通过建立是否实施白名单制度的序贯博弈模型，给出了白名单制度实施前提和优化落脚点。

最后，在提升防御策略有效性方面，李德龙等（2020）在提升安检信号与安检策略协同水平的研究中，通过加载信号装置构建了乘客自弃效用模型，使安检信号与乘客乘行为得到统一。同时，利用信号博弈可在一定程度上提升防御资源的配置效率，Zhuang J 和 Bier V M（2007）发现，暴恐分子在观测到防御努力水平增加信号后，通常会采取极端策略，安防部门基于此可制定效率更高的防御策略。Levitin G（2009）利用信号博弈手段，通过设置虚假目标干扰暴恐分子袭击决策，顺利实现了消耗暴恐分子袭击资源的目的。Zhuang J 等（2010b）在研究多周期攻防信号博弈中发现，防御信息不对称不但可以降低暴恐分子的袭击效率，还能提升防御方的资源配置水平，强化关键防护目标防御。

（五）以系统论方法、控制论方法和信息论方法为代表的系统科学方法，是分析智能安检系统的重要理论工具，可融合分析多维度相关因素

周继彪等（2020）在考虑疫情传染风险对安检策略的影响时，依照分区分类管控原则对城市公共交通非常规防疫策略进行了改进，在常规公交非常规防疫策略系统融合方面，主要融合了网格化运营策略、需求响应式运营策略、应急公交接驳策略；在城市轨道交通非常规防疫策略系统融合方面，主要融合了暂停运营策略、分车厢隔离策略和需求响应式策略。裴欢和赵伟（2019）在地铁安检优化研究中提出了信息系统优化方案，通过安全信息共享平台打造了风险隐患双重预防机制，并利用系统反馈方法进一步提升了安检系统的智能化水平。在针对核材料走私的边境安检策略研究中，Mclay L A（2012）

利用背包理论构建一个基于风险的筛选框架，提出两个港口保安站核材料集装箱筛选的线性规划模型，最终发现强制阈值策略下的检测概率没有显著改变。

综上可知，在交通枢纽安检的相关研究中，研究方法一般具有较强的问题依赖性，尤其在涉恐防爆安检策略研究中，博弈论和数学模拟方法是最常用的理论工具，当然，这也符合科学问题研究的基本范式。

五、相关研究总结

综上可知，在城市交通枢纽安检相关研究中，安检部门进行安检决策的主要落脚点是潜在风险水平和检测目标对通行速度的需求。在考虑潜在风险时，安检策略包括多阶段安检、升级检测设备、制定新安检制度等；在考虑检测目标对通行速度的需求时，安检策略包括分级分类安检、引进新技术方法、制定新安检制度等。按应用场景分类来看，机场安检、集装箱安检和边境安检的相关研究最为丰富和成熟，不难看出，这些应用场景对安全水平的需求更高，这从侧面说明暴恐潜在危害与安检研究程度正相关。

在交通枢纽安检模式研究方面，传统设卡式安检模式仍是保证安检安全性的重要措施，尤其在科技水平和经济水平欠发达、潜在风险高的地区，设卡式安检更被列为主要手段。但随着技术的发展，非设卡式安检可以在提升安检通行速度的前提下，确保安检安全性满足基本标准要求，但这种模式的高技术依赖性通常伴随着高运营成本和高维护成本。通过制度手段建立融合模式是安检部门权衡安全、通行速度和成本的重要举措，例如白名单制度，但这种模式下的目标筛选机制、目标分流比例、不同通道安检原则以及优化落脚点等的相关研究还比较薄弱。与此同时，借助信息手段提升安检模式效率是安检模式研究的重要方向，但针对地铁、商场等难实施安检制度化标准的特定场景研究，也存在一定欠缺。在安检策略方面，现有研究针对特定场景、目标类型、违禁品类型等做了丰富研究，如分类分流、升级设备、加载信号装置、改进安检流程、采取新制度等，同时针对不同场景进行了较为丰富的策略融合、策略优化研究，但从目前的研究看，选择的场景仍是存在较规范安检区域的较高安全级别需求场景，地铁、商场等软目标的相关研究仍不足。在研究方法方面，安检不仅应考虑如何检测违禁品的问题，还应考虑违禁品携带对象、影响人群、违禁品种类及危害、通行速度需求、一般目标的社会福利等，因此涉及的研究方法较为广泛，如调查法、模拟法、排队论、博弈论、系统论等，这些方法的使用为后续研究指明了方向，同时也提供了优化参照基础。

基于上述研究总结，笔者认为相关研究成果可以为地铁安检提供一定参考，与此同时，对地铁安检深入研究也弥补了交通枢纽安检场景的一大空白。从现有研究看，地铁安检研究仍十分欠缺，尤其在国际领域更为薄弱。一方面，不同国家对地铁安检的基本看法不同，有的国家认为用持续性效率牺牲预防难以控制的突发性暴恐袭击并不明智，而我国始终秉承"人民至上，生命至上"的社会治理理念。另一方面，地铁安检面对的高峰大客流冲击影响更为突出，多数安检策略难以保证普通乘客的通行需求。可见，在地铁安检策略选择和优化过程中，务必要权衡好安全与效率问题，对于安全性，必须明确地铁是暴恐分子袭击的主要软目标，对于通行速度，必须明确普通乘客始终具有较高的通行速度需求，同时高峰大客流冲击还可提升局部（安检厅）被袭击风险。

第三节　核心问题的提出

地铁安检策略选择始终面临着应对暴恐风险的需要，本书正是基于暴恐风险水平、暴恐袭击特征、地铁安检现状和人脸抓拍技术特性，对地铁安检策略进行博弈分析研究。从暴恐风险对防御策略选择影响上看，为尽量避免安检投入不足或安检投入过度，安检部门应针对不同的暴恐风险水平制定不同的安检策略。从地铁安检现存问题上看，现有安检资源始终难以解决高峰大客流的冲击，更难以在客流高峰时期发挥出对暴恐袭击的高级别防御水平，甚至在普通乘客看来，地铁安检有些形同虚设，甚至还会降低安检通行速度。但从安检投入上看，相较于其他国家，我国安检部门投入了大量的安检人员、充足的安检设备、高识别能力的人脸抓拍系统等资源，但安检效果仍与理想存在较大差距。

归根结底，地铁安检策略选择取决于安防部门对暴恐风险的感知，当安防部门判定暴恐风险较低时，通常采取侧重通行速度、兼顾安全的安检策略，此时更期望寻求如何激活现有安检资源配置的安检策略；当判定暴恐风险上升为一般时，安检部门采取安全和通过速度兼顾的策略，即会额外投入部分防御资源，同时面临某些新技术间权衡的难题，随着高峰大客流冲击效应影响水平的提高，安防部门还会寻求可从根本上缓解高峰大客流冲击的制度优化策略；当判定暴恐风险较高时，在不关闭站点的情况下，安防部门通常采用侧重安全、兼顾通行速度的安检策略，即寻求融合多种手段的安检策略，在决策过程中，通常会重点关注如何充分发挥系统效能。为从根本上解决这些问题，本书特提炼了四个地铁安检核心问题。

一、如何提升地铁安检策略和安检信号协同性问题

在暴恐风险较低时期，为在兼顾安全性的同时，进一步提高通行速度，地铁安检部门通常采取加载信号装置，并释放常规安检信号的方式。但信号强度也会影响资源投入水平和乘客的基本乘行体验。在高峰大客流的冲击下，较强的筛查力度通常意味着较低的安检通行速度和安检厅较高的乘客淤滞水平（Bagchi A 和 Paul J A，2014），此时，安检部门通常会根据需要向乘客释放强安检信号，努力使携带违禁品的乘客主动将违禁品丢弃至违禁品自弃箱，以提升安检速度、降低安检厅乘客淤滞水平。但是，乘客对强安检信号的反应不同，例如，部分乘客存有侥幸心理，对广播信号、横幅信号等不敏感，但对武警、警犬等信号敏感；也有乘客并不清楚自己是否已经携带了违禁品，即对特殊时期违禁品的划定范围不清楚，此时需要通过进一步广播违禁品名录

等方式解决。

目标对象对信号的敏感性会直接影响决策部门的科学决策（徐向阳，2018），但从现有研究和实践中看，还欠缺此类具有可指导安检部门决策的研究。从现实角度出发，在不改变原有地铁安检基础资源配置的前提下，探索出一个可协同安检策略和安检信号的解决方案，不但可以提高安检部门的信号决策效率、提升资源配置效率，还能从信号差异化入手，进一步提高安检信号对暴恐分子的威慑能力。根据地铁安检系统基本配置，本书探索出了一条基于违禁品自弃箱和违禁品处理箱的信号反馈机制，且该机制能解决安检策略触发条件模糊等问题。

二、如何在资源受限下决策人脸抓拍策略实施问题

在暴恐风险一般时期，安检部门通常需要平衡安全性和通行速度，即通常面对有限资源下的地铁安检策略选择问题。基于地铁的公共服务设施属性和普遍市场化运营现状，安防部门通常更倾向于投入水平低、流程简单、通行速度高的违禁品检测和暴恐防御方式（陈文彪，2017；Shi X，2019）。这种君子行为规范措施显然难以有效完成暴恐防御工作。为进一步加强地铁的暴恐防御能力，各国采取了截然不同的安防模式。例如：我国自 2008 年起逐步实施了逢包必检、人包统检、逢液必检等设卡式安检防御策略（卫静和刘德海，2017），并在必要时增加分流联检、逢疑必查等环节（李德龙和刘德海，2019）。这种以拦截违禁品为切入点的安防策略大幅抑制了地铁列车人为安全事故的发生，但对突发型暴恐袭击的防御明显不足（Arce D G 和 Siqueira K，2014），同时这种"生命至上，人民至上"式的暴恐防御手段也存在投入过度、安检通行速度影响过大的质疑。反之，欧美等国家基于国内地铁站点结构特性、国人意识形态等因素，实施了以拦截潜在高危人群为切入点的安防策略，通过引进人脸抓拍系统实时识别、跟踪潜在暴恐分子的方式，实现暴恐袭击的事前防御。但是，这种安防策略的效率也通常因安防部门的接警反应时间过长而大打折扣（Aranguren M 和 Tonnelat S，2014；Mcclain N，2018）。

可见，两种典型的地铁安防模式具有显著的拦截对象差异性，同时也是造成暴恐拦截概率、安检通行速度、乘客淤滞水平等不同安防结果的主要原因。随着我国社会治安联防联控机制的不断完善，在地铁站点广泛布置人脸抓拍系统已经成为地铁技防建设的核心构想之一（李恒，2016）。然而，在面对暴恐袭击策略的目标价值依赖性和暴恐防御资源的有限性时，安防部门通常只能二选一，即通过选择引进具有身份识别功能的人脸抓拍系统，构建基于人脸抓拍系统和原安检系统的二级防御系统；或者通过提升原安检系统的安检准确率，打造安检精度更高的一级防御系统。资源受限下的人脸抓拍策略选择权衡问题是一个复杂的系统性问题，不但要充分考虑引进人脸抓拍系统和升级原安检设备对地铁安检安全性和安检通行速度的改善水平，还要考虑激活两策略应用潜能的配套资源等。也就是说，做好新技术权衡问题的研究，要尽可能充分地考虑地铁部门现实状况，并结合实际需求，给出不同情景下的决策方案。

三、如何从制度层面设计安检白名单策略

在暴恐风险一般时期，高峰大客流冲击会显著影响人脸抓拍系统、安检系统对暴恐分子的拦截效率，探索并从安检流程上分析具备乘客分级分类安检的新制度，是解决该问题的必要选择（冯文刚和姜兆菲潘，2020）。我国是率先全面实行地铁安检的国家，随着大中城市人口数量不断增加，高峰大客流对地铁安检的冲击效应越来越显著。全国政协十三届三次会议中部分代表建议，为了解决地铁安检不理想现状，在2019年北京、南京等城市地铁安检试点实施"快捷通道"的基础上，进一步扩大地铁安检白名单策略的实施范围（裴剑飞，2020）。这一举措不但可以显著降低安检员工作强度、提升安检速度、提高安检资源二次优化配置效率，同时有助于完善公众信用体制、推广身份识别技术以及完善联防联控机制等。地铁安检的重点拦截对象不仅是普通乘客携带的一般违禁品，还有暴恐分子潜藏的爆炸装置。地铁安检白名单策略所构想的免检或低概率抽检机制，存在地铁安检涉恐防爆能力不足的疑虑（王亮，2020）。如何增强地铁安检白名单策略的涉恐防爆拦截能力，从而避免白名单策略被暴恐分子利用，成为业界迫切需要解决的又一焦点问题。

白名单策略一般指通过对系统中的进程标记特定标识的方式，使特定进程被允许在特定系统内运行的一种识别机制（冯伟等，2015），白名单策略设计和优化的相关研究多集中于信息安全、计算机资源优化等信息技术领域（Li L F 等，2014）。随着应用领域的不断延拓，白名单策略已经成为推动行业发展与信息揭示、垂直监督与社会监督深度融合的重要工具（龚强等，2015）。在地铁客流高峰期，安检部门通常难以平衡大客流冲击下安全与效率的矛盾，普遍存在暴恐风险高、安检秩序混乱、候检乘客淤滞严重、安检不细致等现象（徐成永等，2019）。在地铁安检领域，白名单策略指安检部门对较低乘行风险乘客进行特殊身份认证，并允许其通过低抽检率通道过检乘车的新型安检制度。

四、如何通过信号提升智能安检系统的暴恐防御能力

在暴恐风险较高且不考虑关闭站点时期，构建联合人脸抓拍系统和白名单策略的地铁安防体系、挖掘提升联合手段下地铁安防暴恐防御能力的切入点，是目前业界关注的系列重点问题之一，也是未来地铁智能安防建设亟须解决的前置问题（裴剑飞，2020；颜佳华和王张华，2020）。在地铁安防领域，现有两种拦截对象倾向性不同的涉恐防爆手段，一种是针对违禁品的防御手段，另一种是针对具有特定身份信息的潜在暴恐分子。我国自2008年起率先成为全面实施地铁设卡式安检的国家，通过定向拦截违禁品的方式实现高安保障，但这种方式普遍存在安检通行速度偏低、应对高峰大客流冲击能力弱等问题（李德龙等，2020）。部分欧美等国家一般采取人脸抓拍系统识别、预警，并由巡防警员排查高危乘客的方式，通过定向拦截高危乘客实现安保要求，但这种方式普遍存在对高危乘客识别能力不理想、接警后反应不及时的问题。而通过

联合人脸抓拍技术和白名单安检制度完善地铁涉恐防爆安防体系，不仅是解决当前地铁安检应对大客流冲击不充分、安检员走过场等问题的高效途经（裴剑飞，2020），还有助于进一步完善社会治安一体化联勤联动网络（李德龙，2017），提升政府坚决打击违法犯罪的信号功能。从目前地铁安检实施现状看（李德龙等，2020；O'Elaherty K，2019），我国地铁站点基本实现了摄像设备的全覆盖（Xie Z G 和 Zhan M H，2019），并已有多个单位试点实施了地铁安检"快捷通道"（李博，2019），但安防部门仍未打通这两种安防策略的联防路径，这在一定限度上限制了人脸抓拍系统和白名单安检通道的潜在价值发挥。可见，以多参与主体联勤联动为基本思路，构建并分析联合两种手段的地铁二级智能联防系统，对提升地铁安防系统暴恐防御效能具有较高的现实意义和理论价值。

从现有地铁安检白名单策略试点现状中看，与选择普通安检通道的一般乘客不同，白名单乘客具有显著的身份确定性，具有与人脸抓拍系统信息同步的前提基础。若将人脸抓拍系统和安检白名单策略进行有效信息同步，便可打造一种既具有安检厅乘客淤滞疏导功能，又可对特定乘客进行定向拦截的二级智能联防系统。此模型既符合地铁一体化联勤联动机制的基本思路（陈文彪，2017），又能充分发挥人脸抓拍系统和白名单策略的暴恐防御能力，还能在一定水平上弥补安保人员接警反应不及时、白名单安检通道安检安全性差等问题，甚至可从信号角度干扰或引导暴恐分子决策，进一步增强联合手段下地铁安检的暴恐防御能力。

第四节　研究目标、方法、内容和框架

针对不同暴恐风险水平下的四个地铁安检问题，本书从系统化角度给出了解决办法，围绕这四个问题进行了基本框架梳理和研究内容编排。下面将从研究目标、研究方法、研究内容和框架四方面进行详细介绍。

一、研究目标

在暴恐防御需求下，地铁安检重点识别对象分为特定违禁品和特定身份乘客，但基于地铁高密度、高运力的功能特性，安检安全性、安检通行速度以及资源协调配置间的平衡问题，始终都是业界重点关注的问题。

地铁的核心功能是具备对乘客的高效运力，而地铁安检通常间接意味着牺牲部分运力。我国在地铁安检设计及实施领域处于世界领先地位，目前的地铁安检标准基本对齐火车站安检流程。但在传统安检流程下，"逢包必检、逢液必检、逢疑必检"的安检安全要求无疑会严重影响高峰时期普通乘客的乘行体验。通常情况下，客流高峰时地铁普遍"检包不检人"，同时，在高峰大客流冲击作用影响下，地铁安检往往难以实现100%覆盖，漏检不时发生。在一般时期，这种安检策略基本满足安全性需求，但在暴恐时期，这种过于倾向通行速度的防御策略会进一步加大地铁沦为暴恐目标的概率，

甚至被基地组织描述为"很简单就可达目的"的袭击目标。

在我国，政府在暴恐时期会加大安检投入水平以保证普通出行乘客的人身和财产安全，如采取人员分流、拆包检测、升级 X 射线安全检查设备、增加液体检测装置，甚至引入警犬等措施。虽然显著增大了人力、物力等资源配置，但从目前地铁安检运营状态和未来发展趋势上看，还存在安检效果不理想的问题，如仍存在各安检子系统间协同性差、安检通行速度提升瓶颈严重、安检威慑信号不足等问题。基于地铁的功能定位，以及地铁站与机场、火车站的安检差异性，本书特针对四个核心问题设计了暴恐风险下的地铁安检策略模型。

第一，在暴恐风险较低时，建立信号反馈机制，在不改变原有安检系统基本结构的基础上，提高安检信号子系统间的协同性。提升地铁安检子系统间协同性的方法有很多种，但从我国现有地铁安检资源配置水平看，更应从现有资源入手，而非再增加额外资源。

第二，在暴恐风险一般时，探索人脸抓拍策略的有效性，找出暴恐防御资源配置受限下引进人脸抓拍系统和升级原安检系统的决策路径，为处于不同情景下的安检部门提供匹配度更高的技防建设方案。引进人脸抓拍系统和升级原安检系统是新时期地铁技防建设的重要方向，但两者间还存在较大应用差异、拦截对象差异以及互补资源配置差异等，且在有限资源投入的约束下，科学决策将直接影响地铁涉恐防爆的结果。

第三，在暴恐风险一般时，为进一步控制高峰大客流的冲击影响，需完善地铁安检白名单策略，确保满足暴恐时期的暴恐防御能力要求。地铁安检白名单策略构想已有雏形，且在北京、南京、上海等客流密度较大的地铁站点进行了不同形式的试点，如"快捷通道""绿色通道"等。但从试点结果看，白名单通道抽检率设计、白名单通道与普通通道的协同等方面存在较大不足。

第四，在暴恐风险较高时期，在不考虑关闭站点的情况下，探索联合手段下的智能安检策略，并利用信号博弈理论工具，进一步提升联合手段下的地铁安检暴恐防御能力，并找出不同情景下的决策路径。信号博弈是抑制暴恐犯罪、干扰暴恐决策的重要工具，在新时期的地铁安防建设中，人脸抓拍系统和白名单策略是不可或缺的重要组成部分，并且对暴恐分子具有一定的威慑能力。但如何发挥出超越联防方式的暴恐防御能力，还需通过构建联防系统模型，并借助信号博弈工具实现。

二、研究方法

在解决上述四个问题时，本书针对不同问题给出了不同的解决方案，使问题的解决方式更符合实际应用。

在解决第一个问题时，本书通过决策论构建了安检流程模型，并在此基础上，利用反馈理论提出了加载信号装置的分级响应机制，进一步提升了安检子系统的协同水平。在挖掘地铁安检过程中现存策略与信号不协同现象背后成因时发现，导致该问题的主要原因是各子系统协同性差，各自为政现象显著。而反馈理论恰好可以融合各子系统的实时状态，并给出基于协同视角下的暴恐防御解决方案（翟丹妮，2014）。与此同时，由于地铁安检部分实施标准存在一定差异性，故需要通过决策理论构建具有普遍适用性的地铁安检模型（李德龙等，2020）。在分析乘客排队对安检通行速度、安检成本和排队成本时，排队论是常用的方法（姚加林和潘学成，2020），但本书的主要研究内容与高峰大客流冲击影响相关性较大，即本书基于地铁客流高峰时期的满负荷运转的实际情况，不考虑安检通道空闲的情况，故本书也未采用排队论刻画相关模型。

在解决第二个问题和第三个问题时，本书通过决策论构建了相关安检流程模型，并在此基础上，利用序贯博弈分析了人脸抓拍策略和白名单策略的有效性（Baron O 等，2014）。首先，地铁安检中新技术应用的落脚点有很多种，其中最主要的技防建设手段是引进人脸抓拍系统和升级原安检设备，而这两种方式的制约条件差异性较大，在资源受限情况下对两者进行权衡时，序贯博弈模型可以辅助找出不同决策情景下的最优决策（李飞飞等，2018）。其次，地铁安检白名单策略是一种全新的制度改进策略（武红利，2020），可以通过序贯博弈理论构建是否引入白名单策略的理论模型，并在充分考虑白名单策略特点的基础上，给出基于不同管理视角的决策方案，同时能得到白名单策略的优化方向。

在解决第四个问题时，本书通过决策论构建了相关安检流程模型，并在此基础上，利用信号博弈分析了联合手段下智能安检策略的有效性（Negro G 等，2015）。就目前我国智能安防的建设速度看，融合多种防御手段的地铁安防网络建设将逐步实现。也就是说，技术手段选择很快将不再是安检部门重点的权衡对象，而如何利用信号提高联合手段下的地铁安检暴恐防御能力，才是新时期地铁安检部门面临的核心课题。在解决类似问题时，信号博弈是一个有效的、可靠的理论工具（Connelly B L 等，2011；Hofmann D C，2018；Zhuang J 等，2010b），并可以充分考虑暴恐分子情绪对双方策略的影响。同理，为使研究结果更加贴近现实，本书仍采用决策论刻画了安检流程模型。

三、研究内容和框架

本书以暴恐风险水平为主轴，结合地铁安检特殊性，分析了暴恐风险下四个地铁安检现存问题的策略纾困方案。为进一步突出四个问题的系统性，本节特给出研究的内容、框架和技术路线，如图1-1所示。

为进一步细化研究内容，本书从六部分入手进行研究分析：

第一部分，综述安检相关研究成果，找出针对四个问题的研究不足、研究难点、研究突破口，使本书研究既有继承性，又有创新性。在第二章，由于关于地铁安检的相关研究相对欠缺，故本书首先结合交通枢纽类安检的最新进展和常见策略选择，为地铁安检提供策略选择提供了高价值借鉴蓝本；其次给出地铁安检与其他交通枢纽类安检的差异性，为建立具有较高匹配性的地铁安检优化模型提供了现实基础；再次考虑高峰大客流和暴恐袭击对地铁安检优化的新要求，旨在使研究成果在应对这两种重要冲击因素时，具有较高的适用性和有效性；最后给出现有研究对解决本书四个地铁

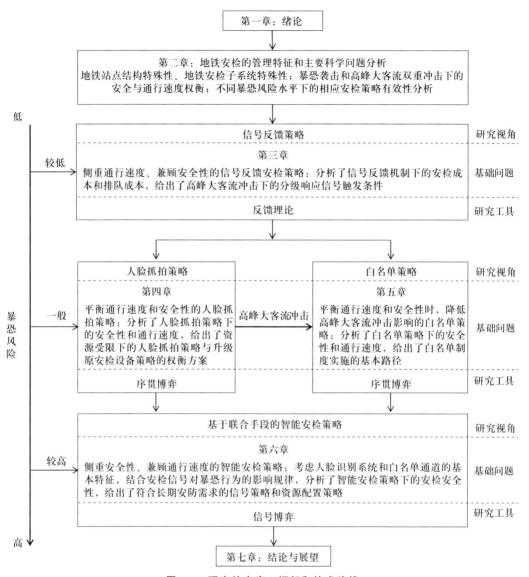

图 1-1 研究的内容、框架和技术路线

安检问题的不足，也为本书研究创新做了充分铺垫。

第二部分，针对暴恐风险较低时期的防御需求，第三章构建了以违禁品自弃箱和违禁品处理箱中违禁品数量为反馈信号载体的安检模型，给出了激活现有安检子系统间协同性的低成本、可行性解决方案。地铁安检信号策略难把握的一个重要原因是缺乏可靠的信号反馈机制，容易造成投入过度或投入不足，但若从安检流程策略改进角度出发，较高的安检信号敏感性通常意味着较高的资源投入水平。违禁品自弃箱一般设置在安检通道入口前方，以便于乘客在安检前主动丢弃违禁品，而违禁品处理箱在安检通道内部，主要用于存放被筛查出来的一般违禁品，由违禁品自弃箱和违禁品处理箱的设置和功能可知，两者的违禁品统计信息存在可衡量安检信号强弱的反馈机制。故在第三章中，将地铁安检部门和携带违禁品的潜在袭击者作为博弈双方，建立了客流高峰时期通过引入信号装置使地铁安检具有高安高效特性的地铁安检博弈模型。安检部门通过释放强化安检的激励信号，如引进先进仪器设备、增加身份筛查等，降低乘客携带违禁品进入安检通道的比例，提升主动丢弃违禁品的乘客比例，通过调控安检通行速度，降低乘客淤滞所带来的潜在风险。在研究信号强度时，结合违禁品自弃箱和违禁品处理箱的统计结果，给出自弃效用模型；通过考量地铁列车乘载能力、列车运行间隔，以及候车厅和安检处的乘客淤滞潜在风险，给出安检通行速度模型；同时，通过分析得出安检部门释放信号的策略触发条件。

第三部分，针对暴恐风险一般时期的防御需求，第四章构建了地铁安检人脸抓拍策略权衡的序贯博弈模型，给出了不同情景下的人脸抓拍策略权衡标准。在 ID 识别、指纹识别、掌纹识别等众多身份识别技术中，只有人脸抓拍技术能够满足人流密集场所的高速精准识别和模糊识别效能。但是，为起到提前识别潜在暴恐分子的作用，人脸抓拍系统通常设置在地铁入口处，在确保防御效果的前提下，还须联勤部门在第一时间对其实施抓捕。而升级原安检系统则可提升针对违禁品的检出率，且违禁品的识别区域与安检员工作区域完全一致，即安检员可充当联勤安保人员。故在第四章中，以我国现行地铁安检系统为蓝本，从安防部门引进人脸抓拍系统和升级原安检系统的二选一决策角度出发，基于暴恐分子采取过检袭击或不过检袭击的目标价值依赖特性，构建了有限资源约束下的地铁暴恐防御序贯博弈模型。第四章考虑了接警反应时间对人脸抓拍系统有效性的影响，突出了地铁安防中技防建设与人防建设、物防建设相互补充发展的必要性。在地铁站点客流淤滞预测模型的基础上，基于暴恐分子决策的目标价值依赖性，分析了安检厅和候车厅乘客淤滞水平对暴恐分子决策的影响。同时，在安检仪器准确率和错误率满足 ROC 受试曲线函数关系基础上，分析了升级安检系统对安检厅和候车厅乘客淤滞分布及暴恐分子决策的影响。最后，以北京地铁积水潭站为例，进一步挖掘了两策略下的最优决策问题，并分析了高峰大客流对双方决策的影响。

第四部分，针对暴恐风险一般时期的防御需求，为进一步降低高峰大客流的冲击影响，第五章构建了基于白名单策略权衡的地铁安检序贯博弈模型，从制度设计上解决安检安全性和安检通行速度平衡问题。白名单策略基本构想可高效地解决高峰大客流对地铁安检的冲击作用，但也存在对暴恐防御能力不足的担忧。在第五章，首先基于白名单策略的地铁分流安检流程模型，给出了普通通道和白名单通道的安检通行速度模型、爆炸装置漏检率模型、安检成本模型，并进一步构建了安检厅和候车厅的爆炸伤亡损失预测模型，为地铁部门控制安检厅和候车厅爆炸袭击损失提供了模型分析工具，也为安检部门优化安检白名单策略提供了决策参考。其次构建了基于白名单策略的地铁涉恐防爆安检序贯博弈模型，得出四种情景下的 Nash 均衡路径，并重点给出了安检部门执行白名单策略的子博弈完美 Nash 均衡路径的触发条件，为安检部门设立和优化地铁安检白名单通道提供了坚实的理论基础。

第五部分，针对暴恐风险较高时期的防御需求，第六章构建了联合人脸抓拍系统和白名单策略的地铁二级智能联防信号博弈模型，为新时期地铁安检体系建设提供了优化资源配置的解决方案。地铁涉恐防暴存在着安防子系统间协调性差、高峰大客流冲击作用负效应显著等现状，面临安防整体投入量大，但暴恐防御能力和安防威慑力显著不足等问题。在第六章中，为探索出一条以人脸抓拍系统和白名单安检系统融合发展为前提，以信号博弈为辅助工具的新阶段地铁安防路径，解决当前地铁安检面临的安防子部门间协调水平差、高峰大客流冲击影响大、安检形同虚设等影响暴恐防御的问题。首先，给出了地铁二级智能联防系统的安检流程图，并分析了不同指标参数间的互补性和替代性，为有限防御资源下的暴恐资源配置提供了参考依据。其次，在考虑暴恐分子乐观情绪和悲观情绪的基础上，给出了暴恐分子针对安防信号的贝叶斯信念更新规则，并进一步得出安防部门与暴恐分子间的三条理想精炼贝叶斯均衡路径，为地铁安防部门打造长期稳定的暴恐防御信号策略提供了实施方案。最后，详细分析了均衡路径下双方的收益，给出了抑制暴恐袭击的切入点和提升安防收益的入手点，并结合地铁二级智能联防系统的性能参数，给出了相关决策建议。

第六部分，归纳总结了本书针对地铁安检四个问题的研究成果和研究不足，并给出了进一步研究的重点方向。

第五节 研究意义

在面对暴恐风险时，地铁安检存在两种典型的安检策略，一种是利用摄像设备对潜在高危乘客进行实时监控，另一种是通过设卡式安检通道对违禁品进行拦截。第一种方式更注重安检通行速度，而第二种方式更注重安检安全性。针对地铁设卡式安检的基本特征和存在的普遍问题，本章特提出了四个应对不同暴恐风险的安检策略选择问题，并给出了四个问题间的逻辑关系和对地铁安检体系完善的重要性。

第一，本书从管理学视角分析了地铁安检问题的特殊性和核心挑战，借鉴安检类研究成果，构建了地铁安检领域的涉恐防爆安检策略模型，为地铁安检研究提供了管理理论借鉴。本书从管理学视角研究了不同暴恐风险时期的地铁安检策略选择问题，应用决策理论、反馈理论、序贯博弈理论和信号博弈理论等工具实现了地铁安检模型化和工具化，使安检部门具备了较完备的应急管理手段。首先，针对暴恐风险较低时期的防御需求，本书提出了如何提升地铁安检策略和安检信号的协同性问题，并可通过构建信号反馈机制提高安检策略与安检信号的协同水平，使安检部门信号策略更具科学性，可在较大程度上避免安检信号源投入不足或投入过度。其次，针对暴恐风险一般时期的防御需求，根据地铁安检白名单策略基本构想和实践经验，本书提出了如何在资源受限下决策人脸抓拍策略实施问题，并结合引进人脸抓拍系统和升级原安检系统的差异性，通过安检流程模型和序贯博弈模型给出了不同情景下的技防手段选择方案，为资源受限下的地铁安检技防手段选择提供了参考模型。再次，针对暴恐风险一般时期的防御需求，为进一步降低高峰大客流的冲击影响，本书提出了如何从制度层面设计可实现乘客分级分类安检的白名单策略问题，并给出了具有降低高峰大客流冲击功能的地铁安检白名单策略实施方案，为推进地铁安检白名单策略的落地推广提供了高价值安检参考模型。最后，针对暴恐风险较高时期的防御需求，本书提出了如何通过信号手段提升联合手段下智能安检系统的暴恐防御能力问题，并借助信号博弈方法，联合人脸抓拍系统和白名单安检通道，给出了可激活各安检子系统的协同性的信号策略和资源配置策略。

第二，本书针对不同暴恐风险水平给出了符合实际应用需求的安检策略，分析了相关策略的有效性和优化方向，并充分考虑了高峰大客流冲击对地铁安检涉恐防爆中安全性和通行速度权衡的影响。首先，在暴恐风险较低时期，给出了侧重通行速度、兼顾安全性的安检策略，即基于安检子系统中的违禁品自弃箱和违禁品处理箱的统计结果，给出了基于安检信号反馈的分级响应机制，不但进一步提升了地铁安检各子系统间的协同性，还可基于此提升安检信号的有效性和安检资源的配置水平。其次，在暴恐风险一般时期，给出了平衡通行速度和安全性的安检策略，即从安检流程模型出发，基于人脸抓拍系统和安检系统的应用特点，通过构建多种实际应用情景，分析了两项技术选择的优劣势，为安检部门根据不同情景选择合适的技防手段提供了参考模型。再次，在暴恐风险一般时期，考虑到高峰大客流冲击影响，给出了针对暴恐袭击防御的地铁安检白名单策略设计思路，进一步给出了白名单策略对高峰大客流冲击的抑制能力预测模型，解决了当前对地铁安检白名单策略的主要忧虑。最后，在暴恐风险较高时期，给出了侧重安全性、兼顾通行速度的安检策略，即充分考虑了人脸抓拍策略和白名单策略在暴恐防御领域应用的特点，给出了具有协同地铁安检子系统智能安检方案，相关的研究成果对地铁暴恐防御信号设定、一体化联勤联动网络打造等均具有较高的实践价值。

第三，本书以引进人脸抓拍系统和升级原安检设备为例，通过构建地铁安检特定场景下的新技术应用模式，反向推动了新技术未来发展的新趋势，进一步促进了新技术发展与地铁安检应用场景的匹配水平。技防建设已经成为地铁安防体系构建的新课题，但新技术的应用受制于其技术本身性能、相关匹配系统以及应用场景差异，本书通过构建安检流程决策模型、策略权衡博弈模型、信号博弈模型等方式给出了新技术在地铁安检领域的应用局限性，同理，相关研究成果也是新技术在地铁安检领域发展的重要契机。首先，在解决如何提升地铁安检策略和安检信号的协同性问题时，提出在违禁品自弃箱和违禁品处理箱间建立统计协同系统的建议。其次，在解决如何在资源受限下决策人脸抓拍策略实施问题时，提出提升人脸抓拍系统对伪装暴恐分子的识别能力建议，如融合微表情识别、瞳孔识别、肢体语言识别等模块。再次，在解决如何从制度层面设计可实现乘客分级分类安检的白名单策略问题时，提出白名单策略分级分类准入和清出的建议。最后，在解决如何通过信号手段提升联合手段下智能安检系统的暴恐防御能力问题时，提出一体化联勤联动智能系统打造的建议。

第六节　研究创新

本书研究以不同暴恐风险下的地铁安检策略选择为视角，结合已有交通枢纽类安检优化成果和地铁安检现存四个重要问题，给出了相应的解决方案。

第一，本书将机场安检、码头安检、集装箱安检等场景下较成熟的安检优化理论迁移至地铁安检，并基于地铁安检的特殊性进行更加符合实际应用的优化。相对于机场安检来说，地铁安检并未得到国内外专家学者的广泛重视，因此，现有关于地铁安检优化类的研究比较少。为使相关研究更具有科学性，本书大量参考了其他交通枢纽类安检优化的成熟研究成果，但此类研究与实际地铁安检还存在较大差异性，很多优化方案无法在地铁安检场景中实现。故本书在充分考虑地铁站点空间结构、地铁安防体系组成、地铁安检目标、客流特征等因素的情况下，将部分成熟的交通枢纽类安检优化成果进行了迁移和改进。

第二，结合四个不同暴恐风险下的地铁安检问题，本书构建了匹配度和一致性水平较高安检流程模型，并通过分析安检关键细节，给出了决策建议和优化建议。解决实际问题是本书的核心理念，为突出相关问题的特殊性，本书在构建地铁安检流程基础模型时，充分考虑了影响不同问题的关键因素，弥补了相关研究的理论模型空白。围绕地铁安检现存问题的安检优化是一个系统性工程，还要充分考虑地铁安检的特性，因此，本书首次采用反馈理论和决策论，解决了现有地铁安检各子系统协同性差的问题；首次采用序贯博弈，解决了地铁安检白名单策略实施问题和人脸抓拍策略权衡问题；首次采用信号博弈，给出了提升地铁安检联合手段下暴恐防御能力的信号策略和优化路径。

第三，充分考虑了高峰大客流和暴恐袭击对安检策略的影响，进一步验证了不同暴恐风险需求下安检策略的有效性。地铁安检最主要的拦截对象是暴恐分子及其暴恐装置，而高峰大客流通常使得地铁安检安全性和安检通行速度的不平衡性水平进一步加剧，且原有研究多数并未考虑两者间相互作用对安检优化策略的影响。本书创新性地通过建立安检流程模型、模拟高峰大客流冲击等方式，进一步检验了优化模型的暴恐防御性能和降低高峰大客流冲击影响的能力。

第二章

地铁安检的管理特征和主要科学问题分析

根据 GTD（Global Terrorism Database）数据库的相关统计信息可知，城市交通枢纽仍是暴恐分子最青睐的袭击目标，而地铁站更是首当其冲。按袭击目标统计，地铁作为大中型城市重要的公共交通工具，贯穿城市各主要交通节点，同时具有区别于机场、火车站等交通枢纽的分布广泛特性和高运力要求。例如：分布贯穿城市各大商业、文娱、政治中心；注重运载效率，安检流程单一薄弱等（北京城建设计研究总院有限责任公司，2014）。部分国家甚至为了进一步提升运力，不采取类似机场安检的设卡式安检措施，这致使地铁的安检体系更为脆弱，更容易沦为暴恐袭击者的目标，其伤亡程度和社会损失均不低于其他恶性恐怖袭击。

在实践中发现，地铁安检始终面临着安检安全性和安检通行速度的权衡问题（卫静，2017；李德龙，2020），尤其在高峰大客流和恐怖主义的冲击下，地铁安检问题越发复杂。但由于各国对地铁安检没有相对统一的看法和基本策略，对地铁安检的相关研究仍处于发展阶段。因此，本书为解决新时期地铁安检存在的四个典型问题，特参考了机场安检、集装箱安检等相对成熟的交通枢纽安检模型，并充分考虑了地铁安检的特殊性。

第一节　地铁安检特殊性

机场安检是目前最成熟和最严格的交通安检体系（Cavusoglu H 等，2010；De G M 等，2017），但不能保证乘客的绝对安全。并且，由于地铁运行体系脆弱、空间密闭、安全风险较大，在面对具有连锁性广、破坏性强、影响恶劣的恐怖主义袭击时，地铁的反恐防范及应急处理难度都存在较大问题，不能直接借助机场、火车站的安检模型进行地铁安检分析。与此同时，地铁乘客在安全行为、安全态度和安全意识三个层面均处于不理想水平，这为地铁安检优化带来新挑战（陈文彪，2017）。可见，从地铁站点结构和地铁安检子系统两个基础设施出发，进一步突出地铁安检特殊性，才能高效解决地铁安检现存问题。

一、地铁站点的结构特殊性

风险突发、复合叠加、时空压缩、危害全面等新兴风险特质在地铁安全风险领域表现得特别显著，而这些突出风险特质与地铁站点的结构密切相关（王伯承，2020）。地铁站与机场、码头具有显著的结构设计差异，而这种差异性一方面影响安检策略的制定和实施，另一方面影响暴恐分子袭击策略的制定。一般情况下，地铁站点的安检厅与候车厅呈上下复式结构，乘客需要先通过安检和检票闸机后才能进入空间位置更低的候车厅。对于机场和码头，这种结构设计并不是最被普遍采用的，而是安检厅与候机厅呈平行结构。廖灿（2020）在研究隧道行人在突发事件下的疏散时间时发现，空间结构的复杂性会显著拉升受害群众的疏散时间，并且会进一步加剧伤亡情况。

对于安检部门来说，设卡式安检不仅可以有效控制乘客携带违禁品进站的概率（卫静，2017），还能有效控制乘客的进站速度，降低乘客通过楼梯、扶梯进入候车厅过程中发生踩踏等次生危险的概率。而采用视频监控的安检措施通常只能识别潜在暴恐分子，并且难以有效控制乘客的通行速度。孙世炜（2016）发现，地铁站内不同类型设施结合处的行人速度变化不同，而地铁站点的相对狭小更会提高行人步行速度的变化频率，这也会进一步提升地铁站点的安防压力。对于暴恐分子来说，暴恐袭击收益与袭击目标显著相关，袭击候车厅不仅可以重创地铁列车，还能借助地铁候车厅地理位置较低的结构特征，提高暴恐袭击对乘客的伤亡水平。

二、地铁安检子系统的特殊性

地铁安检子系统在设置和实施上与机场安检具有一定相似性和差异性，相似性决定了两者间的相关研究具有一定可参考性，差异性决定了同一方法的适配性和有效性。一方面，地铁安检一般也参考机场安检配置了警务人员、安检员、摄像探头、X 射线安全检查设备、手持金属探测器、违禁品处理箱、违禁品自弃箱等基础安检子系统，但安检人员综合职业素质、设备参数标准、系统协同性等方面都存在明显的不足，而在地铁站点高峰大客流的冲击下，这种不足进一步凸显（李德龙，2020；Shi X，2019）。另一方面，设卡式地铁安检口的防护措施仍比较简陋，很难设计并完成类似机场安检完全有序的安检模型，既要依靠安检部门的人力投入，又要依靠乘客的自觉性。

相对于机场安检中子系统的设计，在人脸抓拍系统应用上，地铁站点内部摄像头对乘客识别的能力较低，很难提前识别进行简单伪装的潜在暴恐分子，而缺乏虹膜识别、微表情识别、肢体语言识别等技术模块是导致该问题的主因，这在一定程度上也与地铁安检与机场安检的安全级别要求差异有关。在安检设备选择上，基于违禁品管控标准的差异性，地铁安检中配置的 X 射线安全检查设备和手持金属探测器的参数选择相对较低，即准确率和错误率均相对较低（Cavusoglu H，2010），而这种差异性也为地铁安检优化升级提供了技术优化思路。在安检原则上，机场安全检查包括证件检查、人身检查、随身行李物品检查、托运行李检查等，安全检查方式包括设备检查、手工检查及民航局规定的其他安全检查方式（《民用航空安全检查规则》2017 版）。而地铁安检一般遵循"逢包必检、人身抽检"原则，在个别地区还存在"逢液必查、逢疑必查"等形式，并且，地铁安检在全国范围内的差异性较大，并与客流量、乘客乘行行为、区域风险等原因紧密相关。

第二节　暴恐袭击和高峰大客流对安检策略选择的影响

通过对安检基本内涵和应用背景的研究可知，地铁安检优化应围绕两个核心问题进行。一个是应对暴恐袭击对安检安全性的需求，研究发现，普通乘客携带的一般违禁品对地铁安全性的威胁并不大，发生危险的概率较低，这也是部分国家不进行设卡式地铁安检的主要原因，同时地铁站点对暴恐袭击的抑制能力有限，暴恐分子可以较容易地突破一般性地铁防御。另一个是高峰大客流对安检通行速度的需求，安检资源的配置水平很难高效应对高峰大客流的冲击，容易造成安检员难作为、安检步骤弱化、安检厅乘客淤滞严重、候检乘客情绪不稳定等问题，而暴恐分子也常常借此获得更高的袭击收益（Keeney R L，2007；Santifort C，2012）。

一、暴恐袭击对地铁安检策略选择的影响

恐怖主义活动一般被定义为通过制造社会恐慌、借助于有预谋和有组织的威胁暴力等残忍手段，最终达到某种政治或社会目的的犯罪行为。李健和（2008）对恐怖主义的特征、发展形势做出了详细描述，明确提出恐怖主义呈现非国家主体性、鲜明政治性、宗教性、组织性、隐蔽性、突发性等非常规特征，同时指出，恐怖袭击正呈现为手段多元化、组织类型多样化、暴恐活动国际化、组织形式分散化和网络化等发展趋势。这些新特征对安检体系的冲击具有较大影响，针对暴恐安检的应急研究，国内外学者提供了大量可参考的研究成果。

在暴恐时期，安检部门面临的压力十分巨大，地铁更是作为"软目标"，沦为了暴恐袭击的重点关注对象（张峥，2003；朱素梅，2014），此情景下的被检乘客特征发生质变，暴恐分子渗透在普通乘客中间。近年来，暴恐分子袭击软目标也会采取极端措施，如自杀式暴恐袭击（刘霞，2015；严俊，2015；张雪鹏，2010），团伙协同作案等（柴瑞瑞，2016；种鹏云，2014）。因此，第一时间识别并控制住暴恐分子是安检部门在暴恐特殊时期的重点工作之一（赵国敏，2006）。研究表明，通过心理干预可以有效改变目标对象的行为策略，而安检部门通过释放干扰信号可实现对暴恐分子的心理干预，甚至可以改变暴恐时期的乘客特征（陈小梅，2016；贾凤翔，2010；姜树广，2013；Bagchi A，2014）。李德龙（2019）通过增加警示信号的方式，干预暴恐分子的乘行策略，并通过分流安检显著提升了安检安全性和安检通行速度，通过增加信号干

预环节进一步升级了传统安检模型。快速有效地判断暴恐人群的动作特征也是辅助地铁安检部门高效安检的利器。张宁（2015）基于视频人群行为特征 POI 数据与混合高斯背景模型的匹配度来检测异常人群，实现了这一要求。恐怖分子和安检部门均具有非常明显的情境决策甚至非理性决策的特征。刘德海（2017）基于等级依赖期望效用理论，分析了情绪因素对传统博弈均衡结果的影响，研究发现，当仅有某一方存在着非理性情绪时，能够准确地研判事态发生概率的对手将调整选择策略的均衡概率，即任何一方的情绪因素都将影响到对手的策略选择；当双方都存在着情绪因素时，存在乐观情绪的恐怖分子更加倾向于采取非理性的冒险行动，从而造成事态均衡结果具有更大的不确定性。

对标地铁安检与机场、集装箱安检的特殊性，多目标防御是地铁安检部门需要解决的核心问题，Haphuriwatb N（2011）运用博弈论构建并求解了基于目标强化与总体保护之间资源优化配置的模型，并在恐怖分子离散袭击策略下，得出了对目标强化和边境安全整体强化的资源配置优化方案。Shan X（2013）研究政府与恐怖分子之间的国土安全博弈时，提出新的混合博弈模型，即当恐怖分子处于战略或非战略状态时，中央政府在多个潜在目标之间分配防御资源，以使总的预期损失最小化。王雷（2017）通过多目标线性规划理论解决了多地点发生协同恐怖袭击的警务资源分配问题。同时，Nikoofal M E（2015）认为，暴恐分子的私人信息、袭击偏好、理想水平等都会影响防御方的防御信号策略和资源配置水平。

二、高峰大客流对地铁安检策略选择的影响

在一般时期，高峰大客流是地铁安检部门需要面对的最主要挑战，尤其在北京、广州等超一线城市，早高峰和晚高峰的大客流冲击使地铁安检部门不得不降低对普通乘客的抽检率，甚至会使原有的"逢包必检"原则退化为"大包检、小包过"。为解决类似问题，在其他交通枢纽安检领域，Song C（2017a）考虑特殊时期机场安检中，对并行排队的乘客进行严格筛查会导致严重的拥塞，甚至导致部分乘客不能按时乘机等安检效率低下的问题，但通过建立不具备威胁乘客绿色通道后，可在一定水平上解决类似问题。Wong S（2015）认为，通过风险筛查机制将高潜在危险乘客和低潜在危险乘客进行分流安检是提升安检效率的高效方法之一。但是，暴恐势力的扩散渗透及威胁形式的演化，是建立真正基于风险识别方法的一大挑战，这需要监管机构、机场、航空公司和乘客，甚至国家之间和国家内部机构之间的共同努力。Li Y（2018）通过建模仿真对不同类型安检口进行分析发现，在保证安全人员总数不变的前提下，为行李托运配置更多的安全人员可以提高通行性能。李德龙（2020）通过构建安检强度信号反馈机制，给出了不同淤滞水平的分级响应触发条件，使地铁安检具有应对高峰大客流的可调节能力。

但考虑到乘飞机乘客、乘地铁乘客与目标搭乘工具间具有显著的指向性差异，机场安检中的应急模式不能完全适配地铁安检，即乘飞机乘客根据所搭乘班次指向不同

班次和时间段，高峰大客流冲击作用并不显著；乘地铁乘客几乎指向同一班次地铁列车，且早晚高峰期间乘客流量较为集中，高峰大客流冲击作用十分显著（陈治亚，2020）。李德龙（2019）根据地铁安检通道布局宽度较大的特点，通过设立安检隔离区对乘客进行识别分流后，不但可提升整体安检效率，还能充分发挥地铁作为公共交通枢纽的联防功能，为社会整体稳定做出贡献。韩豫（2013）更从地铁运营事故角度出发，采用系统分析法，得出了地铁系统的脆弱性对事故发生有严重影响的结论，这为地铁安检中的人流智能控制降损模型设计提供了参考。柴瑞瑞（2017a）从优化安检资源配置角度，通过构建政府防御部门和恐怖分子间的斯塔克伯格博弈模型，解决了难民跨国流动安置过程中恐怖分子潜入的安检问题。并发现在站点潜入成本约束条件下，恐怖分子可供选择的最优潜入站点具有差异性；在侦测概率呈现递减情景下，政府防御部门从恐怖分子潜入站点到后续安检站点间配置资源并不是均等的。车怡雯（2020）提出综合提升应对高峰大客流的安检优化建议，如建立应急响应机制、完善法律法规、提高乘客乘行意识、引进智慧安检系统、提升安检员业务素质等。

第三节　不同暴恐风险下地铁安检策略选择的技术难点

地铁已经成为缓解大中城市地面交通压力的主要运载工具，其"零拥堵"特性更是吸引多数上班族，因此，显著的早晚高峰大客流特征使其沦为暴恐袭击的主要软目标。但若因存在暴恐风险而关闭站点，则表明在安全与效率权衡过程中失衡，一方面，暴恐风险始终存在，难以确保绝对零风险，同时，普通乘客携带的违禁品也存在伤亡风险；另一方面，安检部门具备应对不同暴恐风险的策略工具和能力，可以平衡安全与效率问题。但是，不同风险级别下相应策略有效性有待进一步研究，尤其是如何根据具体场景对安检策略进行优化分析。

一、暴恐风险识别与安检分级响应要求

针对不同暴恐风险制定不同安检策略符合行业规范和普通乘客的乘行收益（《交通运输行业反恐怖防范基本要求》（JT/T 961－2015）、《反恐怖防范管理规范·地铁》（DB4403/T 2－2018））。《国家城市轨道交通运营突发事件应急预案》中第3条对风险检测预警做了明确规定，要求各级单位依照强化职责范围内各类风险的研判能力，同时确保预警及时性和有效性。在第4条中，明确了不同风险下的分级响应原则，并规定，"运营突发事件发生在易造成重大影响的地区或重要时段时，可适当提高响应级别。应急响应启动后，可视事件造成损失情况及其发展趋势调整响应级别，避免响应不足或响应过度"。张峥（2003）认为，应基于设施易受攻击性和损失严重性划定风险分级，其中，设施易受攻击性为设施作为袭击目标的吸引力与现有预防措施提供的遏制和防护作用的耦合，损失严重性为设施功能被特定恐怖袭击削弱的程度。在地铁涉恐风险防控方面，通过对比《反恐怖防范管理规范地铁》（DB4403/T 2－2018）第7条

常态反恐怖防范和第8条非常态反恐怖防范发现，不同风险级别的资源配置和技术手段存在较大差异。同时，《交通运输行业反恐怖防范基本要求》中第4条反恐怖防范目标分类管理和第5条反恐怖防范等级管理，对风险分级标注和分级响应都做了较为详细的规定，但均主要从被袭击后的潜在损失为基准。

也就是说，在安检策略选择层面上，当暴恐风险较低时，安检部门应充分考虑地铁的服务功能属性，在兼顾安检安全性基础上，选择更加倾向通行速度的安检策略。当暴恐风险一般时，安检部门应兼顾安检安全性和安检通行速度，既不能麻痹大意，也不能矫枉过正。当暴恐风险较高时，安检部门应充分考虑地铁暴恐危害，在兼顾安检通行速度基础上，选择更加倾向于安全性的安检策略。在安检策略实施方面，首先，安检部门应结合地铁安检资源配置现状，找出激发系统潜能的实施方案，否则容易造成投入—产出不理想问题；其次，结合安检策略的技术特征，进一步挖掘不同场景下策略实施的有效性，以免出现水土不服问题；再次，分析安检策略的属性，进一步研究相关配置资源的约束；最后，找出安检策略的优化路径，进一步提高安检策略的效率和应用范围。

二、不同暴恐风险下安检策略选择的差异性

不同暴恐风险不仅体现在暴恐分子比例上，还体现在暴恐形式、暴恐装置上，但本书为进一步聚焦不同暴恐风险下的地铁安检策略选择问题，故重点结合《交通运输行业反恐怖防范基本要求》（JT/T 961－2015）及其他相关文件的要求和地铁安检常用策略，给出了相关解决方案。

当暴恐风险较低时，地铁部门通常不会额外提高安检资源配置水平，而是更倾向于投入水平低、流程简单、通行速度高的违禁品检测和暴恐防御方式（陈文彪，2017；Shi X，2019）。虽然这种安防策略伴有无法拦截暴恐袭击的质疑声音，但对一般乘客仍具有一定约束作用。而这种约束作用需要有效的信号、高效的随机抽检、一定的违规惩戒来维持，否则很容易因行为惯性而显著降低地铁安检的安全保障功能。考虑到地铁运营市场化的基本现实，在较低暴恐事件触发的前提下，安检部门通常采用投入少、形式显著的加载信号装置策略。但这种策略只是在形式上具有对潜在暴恐分子的威慑作用，当暴恐分子或携带违禁品的普通乘客识别安检部门的真实低能力属性后，安检信号将失去效用（李德龙，2020）。因此，安检部门还需进一步构建可分析信号有效性的信号反馈机制。

当暴恐风险升高后，在国家监督和政策指导下，地铁部门会额外增加涉恐防爆的资源配置水平，否则会因不作为而承担相应责任（李恒，2016）。根据暴恐风险一般时期的各国地铁安检策略选择发现，引进人脸抓拍系统和升级原安检设备是最常见的两种方式，而这通常基于地铁客流特点的考量。一方面，在高峰大客流冲击下，普通乘客较高的乘行需求难以支持指纹识别、ID识别等一对一式精准生物识别方式，而拥有快速大规模识别能力的人脸抓拍系统具有较为广阔的应用前景，但高识别能力并不代

表高反恐能力，也就是说，人脸抓拍系统的有效性还取决于相关警力配置水平（张宁，2015；张东平，2019）。另一方面，为确保候车厅的安全，升级原安检设备可提高安检系统的识别能力，并可借助安检系统与安检员位置重叠的特征，充分发挥安检员在暴恐防御中的作用，但此策略难以提前识别暴恐分子，无法抑制暴恐分子袭击安检厅。综上可知，资源受限下的人脸抓拍策略有效性问题是一个系统性问题，应在考虑识别能力、安检流程、接警反应时间等因素基础上，对比升级原安检设备策略进行综合权衡。

与此同时，在暴恐风险一般时期，高峰大客流冲击影响会进一步压缩安检部门的有效策略空间，甚至会显著提高暴恐防御资源配置水平。为解决此类问题，李德龙（2019）设计了一种根据乘客身份属性的分流安检模型，即通过人脸抓拍系统识别并跟踪潜在高危乘客，由引导员将其引入相应通道，并对其采取更严格的安检。但在面对初犯或无犯罪记录的高危乘客时，该方法难以实现较高级别的安全性需求。2020 年两会期间提出的地铁安检白名单策略给出了另外一种分类思路，即标记低危乘客，并对其采取低概率抽检的安检策略。但地铁安检白名单策略也面临着对低危乘客犯罪的担忧（王亮，2020）。可见，白名单通道的抽检率设计、规模控制、准入和清出标准等都是值得深入探讨的问题，即在白名单策略实施前，应充分分析白名单策略的暴恐防御有效性。

通常情况下，当地铁暴恐风险高于某一阈值时，地铁部门会根据要求关闭地铁站点，单方面结束与暴恐分子的博弈；但当暴恐风险低于某一阈值时，地铁部门仍会开启地铁站点（《交通运输行业反恐怖防范基本要求》（JT/T 961－2015））。因此，本书在分析暴恐风险较高情景时，并未考虑地铁部门关闭地铁站点的策略。可见，当暴恐风险较高时，单一模式的暴恐防御策略难以满足高概率暴恐的防御需求，应结合现阶段技术水平和常用安检策略，构建联合手段下的智能安检策略。与此同时，安检部门也可充分借助暴恐防御能力信息的不对称性，通过信号手段进一步提高联合手段下地铁智能安检策略的暴恐防御策略（Tamilla M，2012）。但基于哪些手段构建智能安检系统、在分析其暴恐防御问题时重点考虑哪些影响因素等，都是进一步研究的重点和难点。

三、不同暴恐风险下安检策略实施的差异性

不同安检策略的实施在资源配置、安检安全性、安检通行速度等方面都有显著差异，而这些差异既是防御策略选择的原因，也是限制安检策略应用的主要因素。

暴恐风险较低情景下的信号反馈策略更倾向于安检通行速度的保障，额外资源配置水平也最低。一般情况下，安检部门在此情景下所加载的信号装置功能较为单一、成本较低，如横幅、广播等，此类信号装置通常只具备信息单向传输功能，其信息有效性难以及时反馈。为解决信号反馈问题，从现有安检子系统出发便可找到相关解决方案，如安检处附近设有违禁品自弃箱，可以统计信号激励下的自弃人次，安检处内

部设有违禁品处理箱，可以统计信号激励下仍保有违禁品的人次，通过两者间统计信息的对比分析便可得出信号有效性，为实现此过程，一般仅需要将违禁品自弃箱和违禁品处理箱加载投入行为识别模块（李德龙，2020）。

暴恐风险一般情景下的人脸抓拍策略是平衡安检安全性和安检通行速度的常用方案，但为实现事前识别暴恐分子的目标，人脸抓拍系统通常设置在地铁入口，而地铁站点的常规安防人员配置一般较低，难以应对数量较多、能力较强的暴恐分子，故人脸抓拍策略的有效性与联勤部门的接警反应时间紧密相关。从应用经验上看，人脸抓拍系统难以与普通安检通道的安检资源相协同（程明，2011），也就是说，人脸抓拍系统所识别的潜在暴恐分子在普通通道被拦截的概率并不显著。一方面，人脸抓拍系统与普通通道一般不建立直接的信息对称通道；另一方面，安检员基本暴恐防御能力有限，尤其在高峰大客流冲击下更受影响。

暴恐风险一般情景下的白名单策略是从根本上解决高峰大客流冲击影响的制度性方案，不但可以显著降低其他安检策略的资源投入压力，还能大幅度提高普通乘客的乘行体验。从北京、上海等试点单位上看，白名单通道是独立于普通通道的低概率抽检通道，需要建立科学高效的准入标准，一般需要公安部门、第三方信用机构的支持（李蕾，2019；宋优才，2020）。人大代表王先进建议白名单策略具备对乘客的分级分类功能，以应对不同暴恐风险下的安全性需求（裴剑飞，2020）。可见，制定公平性和科学性较高的分级标准是确保白名单策略实施效果的重要组成部分。

暴恐风险较高情景下的联合手段智能安检策略是资源配置要求最高、安全性最高的安检策略（张宙，2020）。考虑到安检资源循环利用，安检部门应从人脸抓拍、白名单策略等现有资源或安检策略上打造智能安检策略。人脸抓拍系统可实现对高危乘客的事前识别，不但可以预警联勤部门迅速调集警力，还能向具有身份识别功能的白名单通道发出联防请求。也就是说，智能高效的子系统间协同指令可显著提高暴恐防御能力。而为实现此过程，安检部门应构建协同性较高的联防系统，并制定接警反应时间更短的警力配置方案，从防御形式和防御能力属性上向暴恐分子传递强威慑信息。

本章小结

随着应用场景的不断拓展，关于安检涉恐防爆的相关研究也发生着较大变化，但主要形式、策略选择和待解决的核心问题，仍具有一定的相似性和可迁移性。飞机、集装箱的安检研究已处于相对成熟的阶段，并在主要优化方向上均进行了较前沿的研究，但在地铁安检场景中的实践还较少。根据城市交通枢纽安检成果和地铁安检的特殊性可知，地铁涉恐防爆安检的相关研究应向更符合场景应用的方向侧重，即在现有研究成果迁移过程中，更应注重地铁站点相对密集、高峰大客流冲击影响显著、安检员综合能力有限、安检子系统协同性差等问题。

第一，暴恐风险较低时，提升原有安检子系统的协同性是安检策略选择的重要参考方向。对标现有安检类研究成果发现，虽然有相关研究给出了解决安检策略与安检信号不协同的方案，但安检部门的信号更新触发条件并不显著，很容易出现滞后效应，这对通过构建信号反馈机制，制定信号策略触发决策模型提出了现实理论需求。

第二，在暴恐风险一般时期，引进人脸抓拍系统、升级原安检设备等安检策略是符合新时期发展需求的安检策略选择参考方向，现有研究成果给出了基于参数改进和流程改进的解决方案，为进一步解决问题，还需进一步结合地铁安检特性和技术特征，探寻资源受限情景下的策略选择指导方案。

第三，在暴恐风险一般时期，白名单策略是降低高峰大客流冲击的重要途径。虽然有人大代表提出了全面实施白名单策略的建议，但还缺乏针对白名单策略设计和暴恐防御能力系统性研究的成果，且相关应用也处于试点阶段，亟须通过构建系统化安检流程模型来刻画该制度优化模型，并从安检流程模型中进一步挖掘优化着手点。

第四，在暴恐风险较高时，结合当前信息化水平，联合手段下的智能安检策略是抑制暴恐袭击的有效方法。信号战是应对暴恐袭击的重要手段，在城市交通枢纽中运用信号博弈理论应对暴恐袭击已具有较成熟的研究范式，但与安检子系统间安检性能融合的相关研究还比较欠缺，而这种研究恰恰是未来智能安防建设的重要一环。

涉恐防爆安检已是一个比较成熟的概念，但如何在不同暴恐风险水平下选择符合安全性与通行速度权衡需求的安检策略，仍是值得进一步研究和探讨的科学问题。随着科技水平和反恐经验的积累，暴恐防御的可用策略越来越丰富。同时，这也为涉恐防爆安检研究提出了新课题、新挑战。地铁是解决城市客运交通的重要力量，而我国地铁在里程数、运力等方面更处于世界第一的位置，随着城市化进程的逐渐推进，地铁发挥的作用越来越显著，但恐怖主义仍是威胁公共安全的重要因素，因此，亟须不断丰富地铁涉恐防爆安检研究、不断提升不同暴恐风险水平下的安检策略有效性，并努力使相关研究成果具备一定前瞻性。

第三章

暴恐风险较低情景下信号反馈策略的博弈分析

在暴恐风险较低时期，安检部门通常采取侧重通行速度、兼顾安全性的安检策略，因此会较为容易地暴露各子系统间信号协同性差的问题，尤其在面对高峰大客流冲击时，很容易造成安检系统多点拥堵、乘客排队时耗陡增的后果，并不利于暴恐防御和安检信号的有效性保障（张天炫，2020；Wei Z H，2020）。因此，地铁安检部门从系统融合角度出发，构建基于信号反馈机制的地铁安检优化模型，是激活各安检子系统协同潜能的重要途径，更符合解决暴恐风险较低时期常规安检问题的实际需求（李德龙，2020）。

为解决地铁安检因子系统间反馈机制不健全而造成的安检效果不理想问题，本章将地铁安检部门和携带违禁品的潜在暴恐分子作为博弈双方，构建了以违禁品自弃箱和违禁品处理箱中违禁品数量为反馈信号载体的安检优化模型。需要说明的是，为突出本章对现有安检子系统协同性优化效果，以及优化后安检安全性的提升水平，特将潜在暴恐分子泛指携带违禁品的乘客。首先，安检部门通过释放强化安检的激励信号，如引进先进仪器设备、增加身份筛查等，降低乘客携带违禁品进入安检通道的比例，提升主动丢弃违禁品的乘客比例；通过调控安检通行速度，降低乘客淤滞所带来的潜在风险。其次，在研究信号强度时，结合违禁品自弃箱和违禁品处理箱的统计结果，给出可供安检部门信号更新参考的自弃效用模型指标。再次，通过考量地铁列车运力以及候车厅和安检厅乘客淤滞的潜在风险，构建安检通行速度模型。最后，通过分析给出安检部门更新信号策略的触发条件。

本章充分结合我国地铁安检资源配置现状，提出暴恐风险较低时期的信号反馈策略。第一节给出地铁安检亟须构建信号反馈机制的理论背景，解决了"为什么"强化地铁安防信号反馈功能的疑虑，并基于现阶段地铁安检基础设施和地铁站点内部结构，提出基于违禁品自弃箱和违禁品处理箱中违禁品数量的信号反馈机制基本构想；第二节从安检流程模型出发，给出考虑信号反馈机制的地铁安检落地实施基础模型，解决了"是什么"的问题;第三节从地铁安检部门与潜在暴恐分子攻防博弈中存在的策略更新问题出发,结合高峰大客流对地铁安检系统的冲击效应,给出以分级响应思想为基础的策略更新机制,解决了"如何执行"的问题;第四节详细分析信号反馈机制下的双方收益问题,并为安检部门找出收益提升路径,解决了"如何优化"问题;第五节针对自弃效应临界阈值设置、乘客乘行行为等重要参数影响进行数值分析,解决了"如何综合治理"问题;第六节给出本章的重要结论和管理启示。

第一节　问题提出与前提假设

一、问题提出

在暴恐风险较低时期,地铁安检部门通常借助安检信号装置规范乘客的乘行行为,但始终没有可使安检部门信号与乘客乘行行为紧密结合的系统化分析模型,这在一定水平上造成安防资源配置效率低下的结果(李德龙等,2020)。安检部门一般采用媒体广播、引入巡防警察、设置警犬等方式向普通民众和潜在暴恐分子传递威慑信号。当威慑信号起作用时,携带违禁品的乘客会主动将违禁品丢弃至违禁品自弃箱;当威慑信号不起作用时,携带违禁品的乘客将冒险继续携带违禁品进入安检通道,而能否将违禁品查获取决于安检系统的安检能力,即安检安全性,若安检员检测出违禁品,违禁品将被丢弃至违禁品处理箱。即违禁品自弃箱和违禁品处理箱中的违禁品数量,可从侧面反映出安防信号的威慑力。

由于地铁运行体系脆弱、空间密闭、安全风险较大,在面对具有连锁性广、破坏性强、影响性大的恐怖主义袭击时,地铁的反恐防范及应急处理难度都存在较大的问题,不能直接借助机场、火车站的安检模型进行地铁安检分析,因为即使能够及时检测出携带违禁品的暴恐分子,也不能保证其彻底无法实施暴恐(沈小清,2010)。通过对现有文献(黄涛,2009;李莉,2015;Zhuang J,2010a,2010b)的分析整理发现,从降低潜在袭击者比例、激活各安检子系统协同性角度出发,引入具有反馈功能的信号装置,不但可以实时掌握自身信号策略的有效性,还能在一定程度上干扰暴恐分子的袭击决策。在现实应用中,过强的安防信号或较严的安防手段,不仅会造成资源浪费,还可能会延长单位安检时间,牺牲普通乘客的部分乘行收益(柴瑞瑞,2017b)。

综上所述,从系统化多目标权衡角度出发,安检部门应根据地铁安检信号实时反馈结果,制定基于信号反馈机制的安检优化策略。与此同时,为了提高特殊时期的安检通行速度,确保未携带包裹乘客的乘行权益,地铁部门一般还会借助安检通道结构特性设置无包裹通道(赖智平,2020;李德龙,2020),这也是地铁安检白名单试点的常用准入标准。为了更准确地描述本章所研究的问题,特做如下定义:

定义 3-1:安检部门为了使携带违禁品的乘客,主动将违禁品丢弃至违禁品自弃箱所施加的信号,称为正向激励信号,用 δ(t)表示。例如:增加广播宣传、增设警犬、增加安检流程、增加身份证筛查等。

其中，τ 为正向激励信号的激励强度，即信号强度越小，则主动将违禁品丢弃的乘客比例越小；信号强度越大，则主动将违禁品丢弃的乘客比例越大。在某些情况下，即使安检部门增设了一些正向激励信号，但仍不能使部分乘客主动丢弃所携带的违禁品，此时可定义该正向激励信号为正向小信号，也即无效激励信号；当安检部门加载激励信号后，所有携带违禁品的乘客均主动丢弃违禁品，可定义该正向激励信号为正向绝对信号，也即绝对激励信号；能使一部分乘客主动丢弃违禁品的正向激励信号，称为正向大信号。

定义 3-2：自弃效用指接收到安检部门释放的正向激励信号后，在携带违禁品进入地铁站的乘客中，主动将违禁品丢至违禁品处理箱的乘客比例，用 I_t 表示。

定义 3-3：安检通行速度指每分钟顺利通过安检的总人次，用 $N_{total}(t)$ 表示。

在特殊时期，较高的自弃效用和安检通行速度是乘客社会福利的重要体现要素，若仅优化安检流程，易因过度依赖安检流程模型而造成应急资源浪费，不能高效应对潜在突发暴恐事件（周超，2015）。通过引入激励信号簇，促使其在安检前自弃违禁品，不但可以节省安检硬件资源，还能大幅提高自弃效用，保障较高水平的安检通行速度。通常情况下，暴恐事件发生前后，安检部门会通过增加安检流程、身份识别等方式提升违禁品的检测效率，但会因此大幅牺牲安检通行速度，并造成列车负载率低下、乘客淤滞率较高、乘客安检成本显著拉高等现象（卫静，2017；李德龙，2019）。基于上述问题的考量，本章在研究信号更新策略激励触发点的同时引入安检通行速度因素，此举不但可以保证较高的自弃效用，还能保证较高水平的安检通行速度、降低乘客的排队损耗、降低乘客淤滞带来的潜在风险。

二、前提假设

在地铁涉恐防爆安检场景下，安检设备性能、地铁列车运力、安检通道数量等都会影响函数模型的过检，一般也会因现实问题的复杂性而导致模型的求解困难，缺乏普遍适用。因此，本章为突出研究问题，特提出如下前提假设，以便简化基础安检模型。

假设 3-1：只考虑 X 射线安全检查设备和手持金属探测器的准确率，不考虑错误率，并且假定手检完全准确，不存在遗漏和疏忽。违禁品的自弃和检测是本章的切入点之一，错误率并不会影响安检部门对违禁品的检出率，而会影响安检通行速度（李德龙，2019；卫静，2017）。但在实际应用中，手持金属探测器鸣响后对普通乘客造成的额外安检时延并不显著（卫静，2017），与此同时，随着检测设备品质的逐渐提升，安检部门不必通过牺牲错误率提升准确率，为突出研究重点，特做出上述假设。

假设 3-2：在客流高峰时期，地铁列车在沿途各站的运力不变，列车运行间隔固定不变。在客流高峰来临时，第一位通过安检通道的乘客恰好不能搭乘刚刚驶过的列车，并且该乘客及后续乘客均知悉该情况。根据地铁列车的排班制度可知，在未发生特殊事件的情况下，地铁列车排班严格按照既定时间进行，且在进站后，开门时间和关门时间也与乘客数量等外部因素无直接关系（张标，2020）。为进一步细化安检模型，提高信号更新策略的灵敏度，特提出此假设。

假设 3-3：地铁站只计 1 条安检通道，且乘客计划乘坐的地铁列车线路及行进方向一致。在实际生活中，地铁站点普遍拥有 2～4 个安检通道，但各安检通道间一般并不存在显著的互通性，即各通道间的间隔具有显著的地铁入口指向性，且存在一定空间距离。故本章为强化局部分析的合理性，特提出此假设，同时，该假设也会影响数值分析部分的数据选择。

假设 3-4：为了防范恐怖袭击事件，地铁安检部门加强了乘客安检流程，由此产生的乘客安检成本包括客流高峰时段的候检排队时间成本、安检仪器鸣响时手检所带来的检测时间成本，以及收缴违禁品的成本。这里仅考虑了恐怖活动造成的机会成本，未考虑执行反恐活动的直接打击成本。

第二节　基于信号反馈策略的地铁安检模型

一、加载信号装置的地铁安检工作原理

在地铁安检模型中加载信号装置后，潜在暴恐分子会根据对安检能力信号的认知生成关于是否丢弃违禁品的两种策略，即〔主动丢弃，不主动丢弃〕，此时，安检部门根据对安检信号自弃效用和安检通行速度的综合评定，执行信号更新策略，即〔更新较强信号，不更新，更新较弱信号〕。通过分析可得出潜在暴恐分子的安检信号自弃效用函数和安检通行速度函数，进一步分析可以得到乘客排队成本函数及不同策略下的乘客安检成本函数。

安检部门对安检流程的优化可向潜在暴恐分子传递一种安检变严的信号。引入身份识别装置、升级安检仪器等均可作为该类信号，并发挥对潜在暴恐分子的威慑作用。在接收到该类信号后，潜在暴恐分子会根据自己对信号的判断选择执行"主动丢弃"或"不主动丢弃"策略，即携带违禁品的潜在暴恐分子的策略集合为〔主动丢弃，不主动丢弃〕。故此，本章在暴恐风险较低时期的安检模型前加载一个信号发送装置，使潜在暴恐分子的自弃效用可控，进而实现对安检通行速度的控制，并最终使乘客的安检成本达到最低水平。通常情况下，地铁的安检通道数量设置为 2～4 个，但通道间相隔较远，难以实现相对高效的交互分流，与此同时，增加安检项目、提高安检精度等措施，均可造成乘客大量淤滞、安检通行速度较低等问题。本章基于信号具有威慑作用（Pinker E J，2007）及地铁安检口空间布局特性，提出了引入信号装置的地铁分流安检模型，其主要特点是根据乘客包裹携带行为进行分流，如图 3-1 所示。

图 3-1 是一种基于暴恐风险较低时期的地铁安检信号反馈策略模型，本模型在一般地铁安检模型前，加载了一个基于潜在暴恐分子自弃效用和安检通行速度的信号装置，

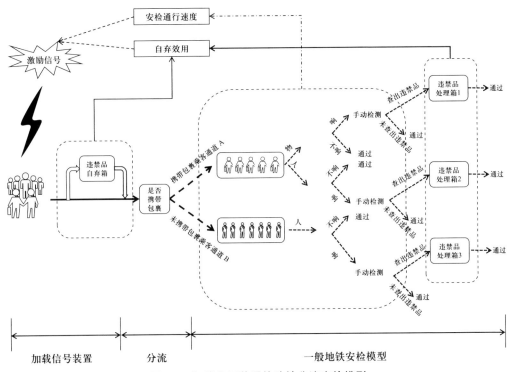

图 3-1　加载信号装置的地铁分流安检模型

使原地铁安检模型具备了可传递激励信号和可实时检测信号强度的功能特性，成为具备可动态调节安检信号的智能安检系统，并在控制携带违禁品的潜在暴恐分子乘行行为中占据信号发送方的主导优势。与此同时，通过乘客分流设计可以充分利用安检通道空间资源，提升安检通行速度。

　　该加载信号装置的地铁分流安检模型的工作原理如下：

　　第一步：当乘客进入地铁站时，安检部门对其释放一个激励强度为 τ 的信号簇，促使携带违禁品的乘客主动丢弃违禁物品。该过程即为博弈的第一阶段，作为信号发送方的安检部门先对乘客释放一个正向激励信号簇，如广播提示、身份抽检、警犬筛查等。

　　第二步：携带违禁品的乘客根据自己接收到的信号簇，判断安检部门能否检测出所携带的违禁品，并决定是否执行丢弃策略，未携带违禁品的乘客，不受该信号簇的影响。该过程即为博弈的第二阶段，作为信号接收方的乘客对安检部门释放的信号簇进行判断，并执行自己的策略。

　　第三步：乘客通过违禁品自弃箱后，根据自己是否携带包裹进行排队，并执行先到先服务的排队规则。携带包裹的乘客被分流至 A 通道，未携带包裹的乘客被分流至 B 通道，该方案即为基于地铁安检通道相对较宽的空间布局特性所设计的快速、低成本分流模型。

第四步：在 A 通道中，对包裹执行 X 光检测，对乘客执行手持金属探测器安检。如果 X 射线安全检查设备和手持金属探测器均不响，则乘客顺利通过安检；如果 X 射线安全，检查设备鸣响，则对包裹执行手工检查，若检测出违禁品，执行丢弃处理后通过，若没有搜出违禁品，则直接通过；如果手持金属探测器鸣响，则对乘客进行手工检查；若检测出违禁品，执行丢弃处理后通过，反之直接通过。安检部门对 B 通道的乘客执行手持金属探测器安检，如果检测设备不响，则乘客顺利通过安检，反之对其执行手工检查，若搜出违禁品，执行丢弃处理后通过。

第五步：通过对违禁品处理箱和违禁品自弃箱的统计结果，可得出信号激励下的自弃效用，并基于自弃效用重新决策下一阶段的激励信号。此过程是博弈的第三阶段，即信号发送方根据信号接收方的行为反馈，制定下一阶段信号发送策略。

根据上述地铁安检的工作原理，可以得到不同类型乘客的安检流程模型及乘客安检成本模型，如图 3-2 所示。

在图 3-2 中，P_{car} 为携带违禁品的乘客占比；P_{Ndis} 为携带违禁品且不主动丢弃的乘客占比；P_{YA} 为携带违禁品但主动丢弃，且进入通道 A 的乘客占比；λ 为未携带违禁品且进入通道 A 的乘客占比；P_{NA} 为携带违禁品且不主动丢弃，并进入通道 A 的乘客占比；P_{PB} 为通道 A 携带违禁品的乘客中，通过人身携带违禁品的比例；P_{PB}^{+} 为通道 A 携带违禁品的乘客中，通过人身和包裹同时携带违禁品的比例；C_P 为违禁品的总成本；C_{P1} 为人身与包裹同时携带时，包裹中违禁品的成本；C_{P2} 为人身与包裹同时携带时，人身携带的违禁品成本；C_{AT} 为 A 通道中普通乘客的排队成本；C_{BT} 为 B 通道中普通乘客的排队成本；L_{in} 为淤滞所产生的潜在损失。

在分析安检部门决策成本的过程中，卫静（2017）、李德龙（2019）和 Zhuang J（2010b）等对乘客的安检成本进行了较为详细的分析，主要包括客流高峰时段的候检排队时间成本和安检仪器鸣响时手检所带来的时间成本。时间成本是由乘客对进站所乘列车的班次的期望不同而产生的，当期望班次与实际班次相同时，时间成本为 0；当期望班次与实际班次不同时，时间成本大于 0。本模型首次将收缴违禁品的成本计入安检成本中，以便后续对袭击成本进行研究分析。

二、加载信号装置的地铁安检基本流程

在客流高峰时期，大量乘客在短时间内涌入地铁站，地铁安检部门要同时控制候车厅和安检厅乘客密度，以免造成大面积乘客淤滞，严防冲突、踩踏等次生恶性事件发生。当即时淤滞乘客量 $N_w(t)$ 接近候车厅饱和容量 N_w^* 时，安检部门应执行"更新较弱信号"策略，以降低安检通行速度，控制候车厅乘客淤滞水平，优先确保候车厅安全。在 $0 < N_w(t) < N_w^*$ 的前提下，当安检厅淤滞乘客量 $N_C(t)$ 较大时，安检部门可通过执行"更新较强信号"策略，提升安检通行速度，降低安检厅风险隐患；当 $N_C(t)$ 接近安检厅饱和容量 N_C^*，候车厅滞留乘客也接近饱和时，安检部门应采取劝离、限流等措施，将乘客分流至其他交通工具，确保地铁站点的整体安全水平。

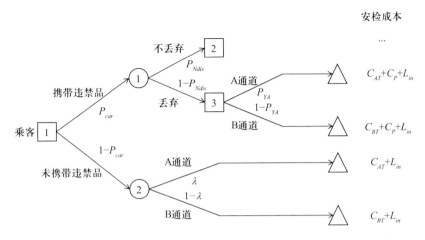

（a）未携带违禁品和携带违禁品并主动丢弃的乘客安检流程及乘客安检成本

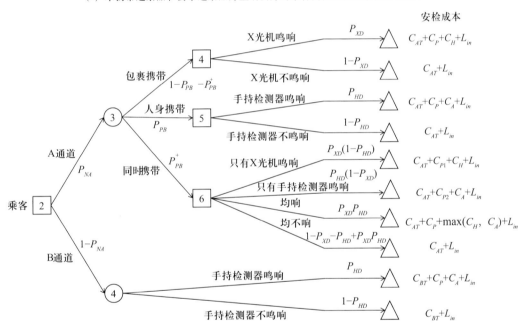

（b）携带违禁品进入安检通道的乘客安检流程及安检成本

图 3-2 不同类型乘客的安检流程及乘客安检成本模型

通过上述分析，可得博弈过程如图 3-3 所示。

由图 3-3 可知，当自弃效用或安检通行速度未达到预期效果时，安检部门应通过更新激励信号进行调整；当自弃效用和安检通行速度均满足要求时，安检部门执行"不更新"策略，即维持原信号进行持续发送。此过程属于安检部门多阶段、特定乘客单阶段的不完全信息博弈过程，特定乘客只接收安检部门单阶段的正向激励信号，并根

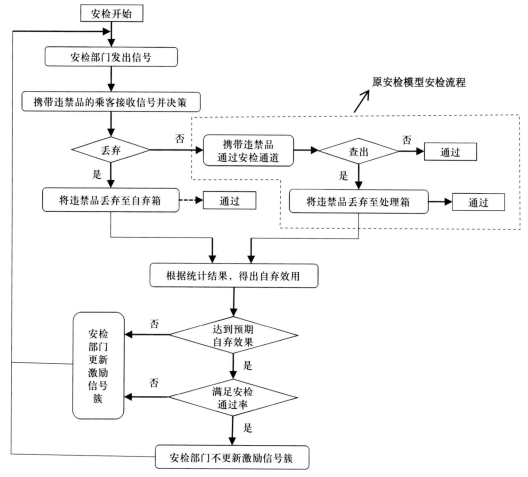

图 3-3　加载信号装置的地铁安检博弈流程

据信号决策是否自弃违禁品，而安检部门根据各个历史阶段的安检激励信号反馈，决策如何更新下一阶段的激励信号簇。

第三节　考虑信号反馈机制的安检部门信号更新策略

安检部门的信号反馈结果，一方面可以检验安检信号的有效性，另一方面可以为安检部门进一步制定信号策略提供决策依据。根据本章的基础安检流程模型可知，潜在暴恐分子的自弃效用是安检信号的直接反馈结果，同时，安检通行速度也是安检部门决策的重要参考依据。

一、信号反馈策略下潜在暴恐分子的自弃效用模型

地铁作为大城市重要的公共交通工具，始终面临着两种相互冲突的目标权衡：如何提高安检通行速度、满足乘客的快速出行需求的同时，加强地铁安全检查、满足乘客的平安出行需求？其中，地铁安检部门的安检效果可以通过潜在暴恐分子采取自弃违禁品行为的比例加以定量刻画。

由图 3-2 可得潜在暴恐分子的自弃效用，即主动遗弃违禁品的潜在暴恐分子比例为：

$$I_t = 1 - P_{Ndis} \tag{3-1}$$

其中，P_{Ndis} 为携带违禁品乘客中，不主动丢弃违禁品的数量占比。当 $P_{Ndis} = 1$ 时，$I_t = 0$，即无自弃行为，此时的地铁安检模型退化为不考虑加载信号装置的一般安检模型。通常情况下，地铁安检通行速度用单位时间内的乘客通过数量来度量，即单位时间内通过的人数越多，安检通行速度越高。同时，由图 3-2 还可得，两通道的总体安检通行速度可表示为：

$$N_{total}(t) = N_A(t) + N_B(t) \tag{3-2}$$

其中，$N_A(t)$ 为通道 A 每分钟通过的乘客数量，$N_B(t)$ 为通道 B 每分钟通过的乘客数量。安检部门可以根据主动将违禁品丢至自弃箱的乘客数，以及被安检部门检测出并将违禁品丢至违禁品处理箱的乘客数，得出即时的自弃效用。接收到正向激励信号并不主动丢弃违禁品的乘客，一般会携带违禁品进入安检通道，由前文可知，违禁品被没收并丢至违禁品处理箱 1 的概率为 $P_{NA}(1 - P_{PB})P_{XD}$；被没收违禁品并丢至违禁品处理箱 2 的概率为 $P_{NA}P_{HD}(P_{PB} + P_{PB}^+)$；被没收违禁品并丢至违禁品处理箱 3 的概率为 $(1 - P_{NA})P_{HD}$；分批携带，同时被查出并分别丢至违禁品处理箱 1 和违禁品处理箱 2 的概率为 $P_{NA}P_{PB}^+ P_{HD} P_{XD}$。在安检通道 A 中，假设分批携带违禁品，并使 X 射线安全检查设备和手持金属探测器均响的人次为 M_{12}，则可推测出分批携带违禁品的乘客数为 $M_{12}/(P_{HD}P_{XD})$，进而可以推出分批携带但只引发 X 射线安全检查设备鸣响的人次为 $M_{12}(1 - P_{HD})/P_{HD}$，分批携带但只引发手持金属探测器鸣响的人次为 $M_{12}(1 - P_{XD})/P_{XD}$。假设违禁品处理箱 1 和违禁品处理箱 2 的统计人次分别为 M_1、M_2，其中包含分批携带违禁品，并使 X 射线安全检查设备和手持金属探测器均响的人次，即只通过包裹携带违禁品的乘客人次表示为 $(M_1 P_{HD} - M_{12})/(P_{XD}P_{HD})$，只通过人身携带违禁品的乘客人次表示为 $(M_2 P_{XD} - M_{12})/(P_{XD}P_{HD})$。在安检通道 B 中，若违禁品处理箱 3 统计人次为 M_3，可得安检通道 B 中携带违禁品的人次为 M_3/P_{HD}。此时可以得出携带违禁品进入安检通道的乘客数量 M_P（携带违禁品乘客中的漏检量）为：

$$
\begin{aligned}
M_P &= \frac{M_1 P_{HD} - M_{12}}{P_{HD} P_{XD}} + \frac{M_2 P_{XD} - M_{12}}{P_{HD} P_{XD}} + \frac{M_{12}}{P_{HD} P_{XD}} + \frac{M_3}{P_{HD}} \\
&= \frac{M_1 P_{HD} + M_2 P_{XD} + M_3 P_{XD} - M_{12}}{P_{HD} P_{XD}}
\end{aligned}
\tag{3-3}
$$

此时，对式（3-1）进一步分析可得：

$$I_t = 1 - P_{Ndis} = \frac{M_0}{M_0 + M_P} \tag{3-4}$$

其中，M_0 为携带违禁物品并主动将违禁品丢弃至违禁品自弃箱的乘客人次，由公式（3-4）可得，$\partial I_t / \partial M_0 > 0$，$\partial^2 I_t / \partial M_0^2 < 0$，即违禁品自弃箱统计人数越大，自弃效用越大，且自弃效用的增长速度会逐渐降低，也即自弃效用较高时，提升信号强度，自弃效用显著度提升并不明显。根据相关研究成果（李德龙，2020；Cavusoglu H，2010），为更加直观地理解潜在暴恐分子在激励信号下的自弃效用，不妨令 $P_{XD} = 0.95$，$P_{HD} = 0.85$，$I_t^* = 0.75$，同时取 $M_1 = 10$，$M_2 = 6$，$M_3 = 3$，$M_{12} = 4$，可得自弃效用随违禁品自弃箱的自弃人次统计结果变化的关系如图 3-4 所示。

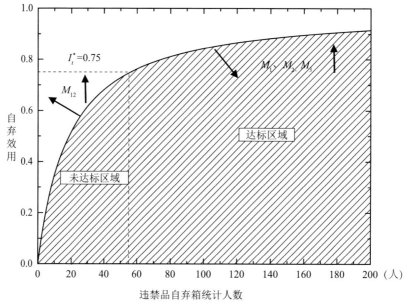

图 3-4　自弃效用与违禁品自弃箱的自弃人次关系

由图 3-4 可知，当违禁品自弃箱统计人次 $M_0 \leqslant 57$ 时，自弃效用低于预期，故须执行"更新较强信号"策略。当违禁品自弃箱统计人数固定时，若 M_1、M_2、M_3 增大，则自弃效用曲线将向下偏移；若 M_{12} 增大，则自弃效用曲线将向下偏移。此规律为自弃效用的函数特性，根据 3 个违禁品处理箱内违禁品统计人数的变化，可判断自弃效用满足预期时，违禁品自弃箱的统计人数下线。

二、信号反馈策略下安检部门的通行速度模型

地铁安检部门面临的另一个重要目标是提高安检通行速度，即满足高峰大客流冲击下的乘客出行需求。安检通行速度可以采用单位时间内通过安检的乘客数量加以定

量刻画。

由图 3-2 可得，在通道 A 中，X 射线安全检查设备和手持金属探测器均不响的概率 P_{A0} 可以表示为：

$$P_{A0}=P_{car}P_{YA}(1-P_{Ndis})+\lambda(1-P_{car})+$$

$$P_{car}P_{NA}P_{Ndis}\begin{bmatrix}(1-P_{PB}-P_{PB}^+)(1-P_{XD})+P_{PB}(1-P_{HD})\\+P_{PB}^+(1-P_{HD}-P_{XD}-P_{HD}P_{XD})\end{bmatrix} \quad (3\text{-}5)$$

只有手持金属探测器响的概率 P_{A1} 可以表示为：

$$P_{A1}=P_{car}P_{NA}P_{Ndis}[P_{PB}P_{HD}+P_{PB}^+P_{HD}(1-P_{XD})] \quad (3\text{-}6)$$

只有 X 射线安全检查设备响的概率 P_{A2} 可以表示为：

$$P_{A2}=P_{car}P_{NA}P_{Ndis}[(1-P_{PB}-P_{PB}^+)P_{XD}+P_{PB}^+P_{XD}(1-P_{HD})] \quad (3\text{-}7)$$

X 射线安全检查设备和手持金属探测器均响的概率 P_{A12} 可以表示为：

$$P_{A12}=P_{car}P_{NA}P_{PB}^+P_{Ndis}P_{HD}P_{XD} \quad (3\text{-}8)$$

由式（3-5）～式（3-8）可知，每位乘客顺利通过安检通道 A 的平均时间 $T_{aveA}(t)$ 为：

$$T_{aveA}(t)=\frac{T_{A0}P_{A0}+T_{A1}P_{A1}+T_{A2}P_{A2}+\max(T_{A1},T_{A2})P_{A12}}{P_{A0}+P_{A1}+P_{A2}+P_{A12}} \quad (3\text{-}9)$$

其中，T_{A0} 为 X 射线安全检查设备和手持金属探测器均不响时，单个乘客的通行时间；T_{A1} 为只有手持金属探测器响时，单个乘客的通行时间；T_{A2} 为只有 X 射线安全检查设备响时，单个乘客的通行时间。且单位均为分钟。

由式（3-9）可得，通道 A 中，每分钟通过的乘客数量 $N_A(t)$ 可以表示为：

$$N_A(t)=1/T_{aveA}(t) \quad (3\text{-}10)$$

在通道 B 中，手持金属探测器不响的概率 P_{B0} 可以表示为：

$$P_{B0}=P_{car}(1-P_{Ndis})(1-P_{YA})+(1-P_{car})(1-\lambda)+P_{Ndis}(1-P_{car})(1-P_{HD}) \quad (3\text{-}11)$$

在通道 B 中，手持金属探测器响的概率 P_{B1} 可以表示为：

$$P_{B1}=P_{car}P_{Ndis}P_{HD}(1-P_{NA}) \quad (3\text{-}12)$$

由式（3-11）和式（3-12）可知，通道 B 中，每位乘客顺利通过安检通道的平均时间 $T_{aveB}(t)$ 为：

$$T_{aveB}(t)=\frac{T_{B0}P_{B0}+T_{B1}P_{B1}}{P_{B0}+P_{B1}} \quad (3\text{-}13)$$

其中，P_{B0} 为手持金属探测器不响时，单个乘客的通过时间；P_{B1} 为手持金属探测器响时，单个乘客的通过时间。通道 B 每分钟通过的乘客数量 $N_B(t)$ 可以表示为：

$$N_B(t)=1/T_{aveB}(t) \quad (3\text{-}14)$$

由式（3-2）、式（3-10）和式（3-14）可得，整体的安检通行速度可以表示为：

$$N_{total}(t)=N_A(t)+N_B(t)=1/T_{aveA}(t)+1/T_{aveB}(t) \quad (3\text{-}15)$$

由上述模型可得：$\partial N_{total}/\partial P_{car}<0$，$\partial N_{total}/\partial I_t>0$。当 $I_t=0$ 时，潜在暴恐分子无自弃行为，信号装置的作用变为 0，则式（3-15）退变为无信号装置的一般安检模型。

结论 3-1：在不改变检测仪器精度的前提下，携带违禁品乘客比例越大，则激励信号强度越小，安检通行速度越低；信号激励强度越大，则自弃效用越大，安检通行速度越高。

推论 3-1：较强的激励信号可以规范乘客的乘行行为，并间接提高安检通行速度。

携带违禁品进站的乘客比例与多方因素有关，尤其在暴恐时期，随着地铁违禁品收缴范围的扩大，具有恐袭意向的不法分子增多会导致携带违禁品乘客比例升高。为了保证较高的安检通行速度，政府部门须增大宣传力度，从根源上降低违禁品携带率，如通过媒介手段加大普及安全乘车的广度和深度；安检部门应提高安检正向激励信号强度，进一步增强乘客意识认知，使更大比例携带违禁品的乘客主动将违禁品丢弃至违禁品自弃箱。

三、考虑高峰大客流冲击的分级响应信号更新机制

分析可知，当 $N_{toatl}(t) \leqslant M_B/T_u$ 时，$N_W(t)=0$，$N_C(t)=\int_0^t \pi(t)\,\mathrm{d}t - \int_0^t N_{total}(t)\,\mathrm{d}t$。此时候车厅淤滞乘客量为 0，大量客流淤滞在安检厅，当 $N_C(t)$ 趋近 N_C^* 时，安检部门会采取限制乘客进入地铁站的策略，这一策略不但使部分乘客被迫离开地铁站，转投其他交通工具，还会因乘客大面积淤滞造成较大的安全隐患。故此，安检部门应执行"更新较强信号"的策略，提升携带违禁品乘客的自弃效用，进而提升安检通行速度，使 $N_{total}(t) > M_B/T_u$，此时，部分淤滞乘客将被分流至候车厅。当 $N_{total}(t) > M_B/T_u$ 时，候车厅和安检厅均存在淤滞乘客，随着客流高峰的持续，候车厅淤滞乘客越来越多，当突发事件发生时，候车厅内乘客需要通过更长时间、更复杂的安全通道撤离地铁站。因此，当安检厅淤滞乘客量处于安全水平线下时，无须提高安检通行速度；当安检厅淤滞乘客较多时，可以适当地提高安检通行速度，将部分乘客分流至候车厅。

在突发事件响应预案研究领域，为了最小化次生危害，政府部门通常采用事件分级响应处理方案（魏永忠，2007；张艳琼，2007），该方案不但可以高效快速地响应突发事件，还能显著地节约响应资源。本章结合地铁站分层建造的结构特性，建议地铁部门根据乘客淤滞的潜在危害，对安检厅和候车厅的乘客淤滞量进行分级划分，以便更科学地控制安检通行速度，充分保障普通乘客的社会福利。本章将安检厅设定 3 级安全线，风险级别由低到高依次为 1 级安全线、2 级安全线、饱和容量安全线；将候车厅处设定 2 级安全线，风险级别由低到高依次为 1 级安全线、饱和容量安全线。当客流高峰开始，且 $N_W(t)=0$ 时，安检部门制定安检厅 1 级安全线 N_{C1}，即不向候车厅分流时，潜在损失最小的安检厅淤滞乘客量。当 $N_C(t) < N_{C1}$ 时，安检部门执行"不更新"策略；当 $N_C(t) > N_{C1}$ 时，安检部门执行"更新较强信号"策略，提升安检通行速度，向候车厅分流，直至候车厅内乘客淤滞量 $N_W(t)$ 趋近 N_{W1}，其中，N_{W1} 为安检部门制定的候车厅 1 级安全线。当 $N_W(t) > N_{W1}$

时，安检部门执行"更新较弱信号"策略，降低安检通行速度，直至 $N_C(t)=N_{C2}$，其中，N_{C2} 为安检厅 2 级安全线。安检部门按照此规律进行更新信号簇及分流，当候车厅的淤滞乘客量 $N_W(t)=N_W^*$ 时，安检部门应严格控制安检通行速度，并使 $N_{total}(t)=M_B/T_u$；当安检厅的淤滞乘客量 $N_C(t)=N_C^*$ 时，安检部门应控制乘客进入地铁站的速率 $V_i(t)$，并使其不大于 M_B/T_u。

通过建立分级响应机制，实现了对客流淤滞情况所带来的潜在危害的评估。此时，可根据安检部门所制定的淤滞响应分级得出安检部门更新信号簇的触发条件（见表 3-1），更加科学地降低客流淤滞而产生的潜在危害，使安检信号装置具备调整潜在暴恐分子自弃效用和安检通行速度功能的同时，仍可实现减低潜在次生危害的作用。

表 3-1　安检部门更新信号簇条件及更新策略触发条件

触发条件	$I_t<I_t^*$	$I_t>I_t^*$		
		$N_{total}<M_B T_u$	$N_C(t)<N_{C1}$	$N_C(t)=N_{C1}$
策略终止	更新↑	更新↑	不更新 $N_{total}(t)=M_B T_u$	更新↑ $N_{total}(t)>M_B T_u$
触发条件	$I_t>I_t^*$			
	$N_W(t)=N_{W1}$	$N_C(t)=N_{C2}$	$N_W(t)=N_W^*$	$N_C(t)\geqslant N_C^*$
策略终止	更新↓ $N_{total}(t)=M_B T_u$	更新↑ $N_{total}(t)>M_B T_u$	更新↓ $N_{total}(t)=M_B/T_u$	更新↓ $V_i(t)\leqslant M_B/T_u$

其中，符号"↑"表示安检部门执行"更新较强信号"策略；符号"↓"表示安检部门执行"更新较弱信号"策略。更强的信号簇可促使更多乘客主动丢弃违禁品，进而提升安检通行速度；当信号变弱后，不主动丢弃违禁品的乘客比例上升，进而抬高了安检仪器鸣响的概率，安检通行速度下降。

结论 3-2：当自弃效用低于安全预期时，安检部门执行"更新较强信号"策略；当自弃效用高于安全预期时，安检部门的策略选择取决于安检通行速度。

推论 3-2：当需要向候车厅分流乘客时，应执行"更新较强信号"策略，提高安检通行速度；当候车厅乘客淤滞风险较大时，应执行"更新较弱信号"策略，进而降低安检通行速度。

地铁安检信号博弈不但可以调控自弃效用，还能控制安检通行速度，实现科学调控的目的。安检部门应着力调研、丰富适合自身的正向激励信号库，使激励信号与自弃效用的预期效果相对应，以便后续更加快速、科学地响应突发事件。

第四节　信号反馈策略下的博弈双方成本分析

一、信号反馈策略下暴恐分子的暴恐成本

由图 3-2 可知，潜在暴恐分子的成本包括四部分：第一部分为排队成本，根据是否携带包裹对乘客进行分流，携带包裹的乘客被分流至通道 A 进行安检，其排队成本为 C_{AT}；未携带包裹的乘客被分流至通道 B 进行安检，其排队成本为 C_{BT}。第二部分为被收缴的违禁品成本，乘客携带违禁品的方式有三种，分别为只用包裹携带、只用人身携带、包裹和人身分批携带，此处只计检测仪器鸣响并被收缴部分。第三部分为检测成本，检测仪器鸣响后，安检部门对乘客进行手工检查时会产生时间成本，若 X 射线安全检查设备鸣响，则对包裹进行手工检查；若手持金属探测器鸣响，则对人身进行手工检查。第四部分为乘客淤滞产生的潜在安全损失，一旦出现突发事件，乘客淤滞量越大，产生的次生危害越大。

根据图 3-2 可得乘客的单位安检成本 W 为：

$$W = L_{in} + (1-P_{car})[\lambda C_{AT} + (1-\lambda)C_{BT}] + P_{car}(1-P_{Ndis})[P_{YA}C_{AT} + (1-P_{YA})C_{BT} + C_P] +$$

$$P_{car}P_{Ndis}\begin{Bmatrix}(1-P_{NA})[P_{HD}(C_P+C_A)+C_{BT}]+P_{NA}(1-P_{PB}-P_{PB}^+)\cdot \\ [P_{XD}(C_P+C_H)+C_{AT}]+P_{NA}P_{PB}[P_{HD}(C_P+C_A)+C_{AT}]\end{Bmatrix} +$$

$$P_{car}P_{Ndis}P_{NA}P_{PB}^+\begin{bmatrix}P_{XD}(1-P_{HD})(C_{AT}+C_{P1}+C_H)+P_{HD}(1-P_{XD})(C_{AT}+C_{P2}+C_A)+ \\ P_{XD}P_{HD}(C_P+\max(C_H,C_A))+(1-P_{HD}-P_{XD})C_{AT}\end{bmatrix}$$

$$(3\text{-}16)$$

当 $P_{Ndis}=1$ 时，自弃效用为 0，信号作用消失，信号反馈策略失效，W 退变为一般安检模型的乘客安检成本。

通道 A 和通道 B 中乘客的安检成本 W_A 和 W_B 分别为：

$$W_A = C\cdot\begin{Bmatrix}(C_{AT}+L_{in})[(1-P_{car})\lambda+P_{car}P_{YA}(1-P_{Ndis})+P_{car}P_{Ndis}P_{NA}] \\ +P_{car}P_{YA}C_P(1-P_{Ndis})+P_{car}P_{Ndis}P_{NA}[(1-P_{PB}-P_{PB}^+) \\ P_{XD}(C_P+C_H)+P_{PB}P_{HD}(C_P+C_A)+P_{PB}^+P_{XD}(1-P_{HD}) \\ (C_{P1}+C_H)+P_{PB}^+P_{HD}(1-P_{XD})\cdot(C_{P2}+C_A)+P_{PB}^+P_{XD}P_{HD} \\ (C_P+\max(C_H,C_A))]\end{Bmatrix} \quad (3\text{-}17)$$

其中，$C=\dfrac{1}{(1-P_{car})\lambda+P_{car}P_{YA}(1-P_{Ndis})+P_{car}P_{Ndis}P_{NA}}$。

$$W_B = D\cdot\begin{Bmatrix}(C_{BT}+L_{in})[(1-P_{car})(1-\lambda)+P_{car}(1-P_{Ndis})(1-P_{YA}) \\ +P_{car}P_{Ndis}(1-P_{NA})]+P_{car}C_P(1-P_{Ndis})(1-P_{YA}) \\ +P_{car}P_{Ndis}P_{HD}(1-P_{NA})(C_P+C_H)\end{Bmatrix} \quad (3\text{-}18)$$

其中，$D = \dfrac{1}{(1-P_{car})(1-\lambda)+P_{car}(1-P_{Ndis})(1-P_{YA})+P_{car}P_{Ndis}(1-P_{NA})}$。

对式（3-16）进一步分析，如表 3-2 所示：

表 3-2　安检成本模型的关键影响指标分析

项目	$\partial W/\partial L_{in}$	$\partial W/\partial C_{AT}$	$\partial W/\partial C_{BT}$	$\partial W/\partial P_{XD}$
符号	+	+	+	+
项目	$\partial W/\partial C_P$	$\partial C_{P1}/\partial C_P$	$\partial C_{P2}/\partial C_P$	
符号	+	+	+	

由上述分析可得如下结论：

结论 3-3：违禁品漏检后产生的潜在危害越大，排队等待时间成本越大，则安检成本越大；当违禁品的潜在危害固定不变时，检测仪器精度越高，乘客所携带的违禁品成本越大，此时乘客的安检成本越大。

推论 3-3：加强高危害违禁品的防控力度有助于提高普通乘客的社会福利、提高普通乘客的乘行体验。

在暴恐概率较大的紧张时期，违禁品引发恶性事件的频率提高，潜在危害影响也增大，安检部门应提升检测仪器的精度，进而确保较高的安全水平；在暴恐概率较低的一般客流高峰期，违禁品发生恶性事件的概率较低，影响乘客安检成本的主要因素是排队时间成本和检测时间成本，在保证基本自弃效用的基础上，安检部门应通过控制安检通行速度，降低乘客整体的排队时间和检测时间，使用成本较低、精度较低的安检仪器设备。

二、信号反馈策略下普通乘客的排队成本

在客流高峰时段，大量乘客聚集在安检厅等候安检进站乘车，为了使研究更具有普遍适用性，在此使用体现乘客实时到达分布的函数 $\pi(t)$ 表示乘客的到达情况。通过对图 3-2（a）和图 3-2（b）的进一步分析可知，到达的乘客被分流至通道 A 的概率为 $\lambda + P_{car}P_{Ndis}(P_{NA}-P_{YA})$，被分流至通道 B 的概率为 $1-\lambda-P_{car}P_{Ndis}(P_{NA}-P_{YA})$，进而可得两通道的队列长度分别为：

$$L_A(t) = [\lambda + P_{car}P_{Ndis}(P_{NA}-P_{YA})]\int_0^t \pi(t)\,dt - \int_0^t N_A(t)\,dt \qquad (3\text{-}19)$$

$$L_B(t) = [1-\lambda-P_{car}P_{Ndis}(P_{NA}-P_{YA})]\int_0^t \pi(t)\,dt - \int_0^t N_B(t)\,dt \qquad (3\text{-}20)$$

通常情况下，排队成本取决于乘客顺利搭乘列车的班次，当 $N_{total}(t) \leqslant M_B/T_u$ 时，乘客通过安检后便可乘坐即将到来的地铁列车，候车厅的乘客淤滞量 $N_W(t)=0$，安检厅的乘客淤滞量 $N_C(t)=\int_0^t \pi(t)\,dt - \int_0^t N_{total}(t)\,dt$，其排队成本主要取决于队列长度。在通道 A 中，当 $L_A(t) \leqslant N_A(t)T_u$ 时，乘客恰好可搭乘即将到来的第一班列车，故其排队成

本 $C_{AT}=0$；当 $n_A T_u N_A(t)<L_A(t)<(n_A+1)T_u N_A(t)$ 时，乘客可搭乘第 n_A+1 班列车，故其排队成本 $C_{AT}=C_{AT(n_A+1)}$，其中，$C_{AT(n_A+1)}$ 为乘客搭乘第 n_A+1 班列车产生的排队成本。由于乘客搭乘不同时间的列车，到达目的地的时间近似呈等距离散性分布，对乘客造成的损失也呈离散分布，即排队成本函数呈离散分布。在通道 B 中，当 $L_B(t)\leqslant T_u N_B(t)$ 时，排队成本 $C_{BT}=0$；当 $n_B T_u N_B(t)<L_B(t)<(n_B+1)T_u N_B(t)$ 时，排队成本 $C_{BT}=C_{BT(n_B+1)}$，其中，$C_{BT(n_B+1)}$ 为乘客搭乘第 n_B+1 班列车所产生的排队成本。当 $N_{total}(t)>M_B/T_u$ 时，即安检通行速度较高，通过安检通道的乘客并不能全部搭乘即将到来的列车，此时，候车厅的乘客淤滞量可以表示为：

$$N_W(t)=\begin{cases}\int_0^t N_{total}(t)\,dt\,; & t<T_u \\ \int_0^t N_{total}(t)\,dt-mM_B\,; & mT_u<t<(m+1)T_u\end{cases} \qquad (3\text{-}21)$$

安检厅的乘客淤滞量为：

$$N_C(t)=\int_0^t \pi(t)\,dt-\int_0^t N_{total}(t)\,dt \qquad (3\text{-}22)$$

此时，无论乘客何时到达，排队候检都不会影响乘客所乘车次，影响其成本的因素是乘客启程至地铁安检厅的时间损耗，故乘客的安检排队成本 $C_{AT}=C_{BT}=0$。

结论 3-4：安检通行速度决定乘客的排队成本，当 $N_{total}(t)<M_B/T_u$ 时，队列长度越长，安检成本越大，并呈离散阶梯式上升趋势；当 $N_{total}(t)>M_B/T_u$ 时，安检排队成本与乘客所排队长无关，且为 0。

推论 3-4：高峰大客流冲击效应会对安检厅产生直接影响，但在安检措施调控下，高峰大客流对候车厅的冲击影响可控。

安检通行速度较低时，客流淤滞影响时间较长，可选择错峰乘车或者提早进站，以降低排队成本；当安检通行速度较高时，客流淤滞影响时间较短，排队成本普遍较低，可根据自身安排进站乘车。

三、信号反馈策略下普通乘客的淤滞成本

通过上述分析可知，自弃效用和安检通行速度是影响乘客安检成本的核心要素。当自弃效用低于预期时，违禁品通过安检的概率较大，进而提高了乘客淤滞所产生的潜在损失 L_{in}，即 $\partial L_{in}/\partial I_t \geqslant 0$；当自弃效用满足预期时，违禁品导致的潜在损失较低。即潜在安全损失 L_{in} 主要与乘客淤滞情况相关，客流淤滞量越大，淤滞风险隐患越大。为了突出研究重点，本章将 L_{in} 离散化处理，如表 3-3 所示。

表 3-3　候车厅和安检厅乘客淤滞情况

乘客淤滞条件	$N_C(t)<N_{C1}$	$N_{C1}<N_C(t)<N_{C2}$		$N_C(t)<N_{C2}$
	$N_W(t)=0$	$N_W(t)=0$	$N_W(t)<N_{W1}$	$N_W(t)=N_{W1}$
淤滞损失	C_{S10}	C_{S20}	C_{S21}	C_{S21}^*

乘客淤滞条件	$N_{C2}<N_C(t)<N_C^*$		$N_C(t)<N_C^*$	
	$N_W(t)=0$	$N_{W1}<N_W(t)<N_W^*$	$N_W(t)=N_W^*$	
淤滞损失	C_{S30}	C_{S32}	C_{S32}^*	

C_{S10}、C_{S20}、C_{S30} 分别为候车厅淤滞量为 0 时，安检厅淤滞乘客量低于 1 级安全线时的潜在安全损失；安检厅淤滞乘客量低于 2 级安全线时的潜在安全损失；安检厅淤滞乘客量低于饱和容量时的潜在安全损失。C_{S21}、C_{S32} 分别为安检厅乘客淤滞量恰好高于 1 级安全线，并向候车厅分流时的潜在安全损失；安检厅乘客淤滞量恰好高于 2 级安全线，并向候车厅分流时的潜在安全损失。C_{S21}^*、C_{S32}^* 分别为候车厅乘客瘀滞量恰好等于 1 级安全线，并向安检厅分流时的潜在安全损失；候车厅乘客瘀滞量恰好等于 2 级安全线，并向安检厅分流时的潜在安全损失。为进一步分析高峰大客流的影响，本章将在后文结合数值分析，给出乘客淤滞成本的离散化分布规律。

第五节　数值分析

使模型结论更加直观，本章参考安检类文献相关参数取值（成琳娜，2016；李德龙，2020；卫静，2017；Cavusoglu H，2010；Sadek A W，2014；Song C，2017a），通过不同情景的数值分析来验证和展示该安检反恐模型优势。在选定某一客流高峰期乘客到达分布函数的情况下，通过设定不同安检通行速度，观测乘客的淤滞和排队情况；通过调整信号干扰直接影响的函数变量，观测加载信号装置前后，乘客淤滞、排队长度、淤滞风险及排队成本等核心要素的变化趋势。

一、安检通行速度需求下的排队成本

根据上述地铁安检排队规则，根据相关研究（成琳娜，2016；李德龙，2020；卫静，2017；Cavusoglu H，2010；Sadek A W，2014；Song C，2017a）和我国地铁站的相关情况，取 $P_{car}=0.2$，$P_{NA}=0.75$，$P_{YA}=0.65$，$\lambda=0.6$，$P_{Ndis}=0.5$，$T_u=5$，$M_B=120$，令 $N_A(t)=8$，$N_B(t)=14$，此时 $N_{total}(t)<M_B/T_u$，高峰时段为 40 分钟，同时不妨取高峰时段乘客到达的经验分布，如表 3-4 所示。

表 3-4　高峰时段乘客到达的经验分布

时段（分钟）	0—5	5—10	10—15	15—20	20—25
到达人数	80	150	200	170	70
累计到达	80	230	430	600	670
时段（分钟）	25—30	30—35	35—40	40—45	45—50
到达人数	60	40	30	20	20
累计到达	730	770	800	820	840

可得到通道 A 和通道 B 的实时队列长度，如表 3-5 所示。

表 3-5　通道 A 和通道 B 的实时队列长度

时刻（分钟）	5	10	15	20	25	30	35
分至通道 A 人数	49	140	262	366	409	445	470
分至通道 B 人数	31	90	168	234	261	285	300
通道 A 队列长度	9	61	143	206	209	206	190
通道 B 队列长度	0	0	8	5	0	0	0
时刻（分钟）	40	45	50	55	60	65	70
分至通道 A 人数	488	500	512	524	536	549	561
分至通道 B 人数	312	320	328	336	344	351	359
通道 A 队列长度	168	141	113	85	57	29	0
通道 B 队列长度	0	0	0	0	0	0	0

通过计算可知，在高峰时段到达的 800 人中，分流至通道 A 的乘客人数为 488 人，分流至通道 B 的乘客人数为 312 人。通道 A 的客流高峰对安检厅的客流淤滞影响持续到 65－70 分钟时段；而通道 B 的客流高峰对安检厅的持续影响在 25 分钟内。当 $N_{total}(t) < M_B/T_u$ 时，排队成本随到达通道先后次序变化关系，如图 3-5 所示，若乘客通过安检通道后恰好可以乘坐第 l 班列车，计排队成本为 $l-1$，其中，$l=1，2，3\cdots$。

取 $P_{car}=0.2$，$P_{NA}=0.75$，$P_{YA}=0.65$，$\lambda=0.6$，$P_{Ndis}=0.5$，$T_u=5$，$M_B=120$，令 $N_A(t)=12$，$N_B(t)=15$，此时 $N_{total}(t) > M_B/T_u$，同取表 3-4 中高峰时段的乘客到达经验分布，可得候车厅和安检厅乘客淤滞情况如表 3-6 所示。

表 3-6　候车厅和安检厅乘客淤滞情况

时刻（分钟）	5	10	15	20	25
安检厅的乘客淤滞量	0	32	97	137	120
候车厅的乘客淤滞量	0	0	18	25	0
时刻（分钟）	30	35	40	45	
安检厅的乘客淤滞量	97	61	19	0	
候车厅的乘客淤滞量	0	0	0	0	

通过分析计算可得，当 $N_{total}(t) > M_B/T_u$ 时，安检排队成本随到达通道先后次序变化的关系，如图 3-6 所示。

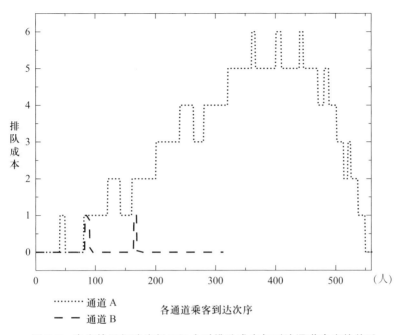

图 3-5　当安检通行速度低于运力时排队成本与到达通道次序的关系

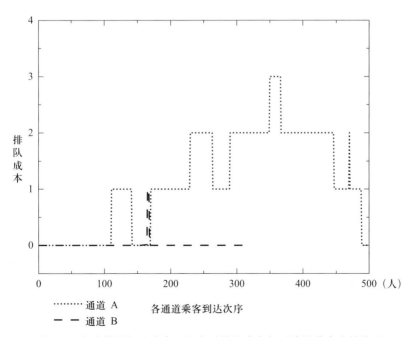

图 3-6　当安检通行速度高于运力时排队成本与到达通道次序的关系

由图 3-5 和图 3-6 对比可得：

观察 3-1：提高安检通行速度有助于提高乘客安检成本，且可显著降低高峰大客流对通道 A 的冲击作用。

当安检通行速度较高时，乘客将被分流至候车厅，并使列车达到满负荷运行状态，在此过程中，安检部门将安检成本顺利转移至乘客到达地铁站之前的过程中，进而使乘客的排队成本显著降，客流高峰影响时段也明显缩减。当安检通行速度较低时，列车一般难以满额运载，会附加因排队安检所产生的额外成本。综上可知，乘客应主动丢弃违禁品，安检部门也应适时降低手工检查概率。

二、未加载信号装置的安检成本

无正向激励信号加载时，假设所有携带违禁品的乘客均不实施自弃行为，即 $P_{Ndis}=1$，根据相关研究（成琳娜，2016；李德龙，2020；卫静，2017；Cavusoglu H，2010；Sadek A W，2014；Song C，2017a），取 $P_{car}=0.2$，$P_{NA}=0.75$，$P_{YA}=0.65$，$\lambda=0.6$，$P_{PB}^{+}=0.2$，$P_{PB}=0.3$，$T_{u}=5$，$M_{B}=120$，$T_{A0}=0.1$，$T_{A1}=0.25$，$T_{A2}=0.5$，$T_{B0}=0.05$，$T_{B1}=0.25$，高峰时段乘客到达的经验分布如表 3-4 所示，通过式（3-15）可得，安检通行速度 $N_{total}(t)=19.5483$，通道 A 的通行速度 $N_A(t)=5.5927$，通道 B 的通行速度 $N_B(t)=13.9556$，此时存在 $N_{total}(t)<M_B/T_u$，$N_w(t)=0$，即安检厅乘客瘀滞量为两队列长度之和。通过式（3-19）和式（3-20）可得通道 A 和通到 B 的队列长度如表 3-7 所示。

表 3-7 不加载激励信号时，通道 A 和通道 B 的实时队列长度

时刻（分钟）	**5**	**10**	**15**	**20**	**25**	**30**	**35**
通道 A 队列长度	**22**	**86**	**180**	**255**	**270**	**279**	**275**
通道 B 队列长度	**0**	**0**	**9**	**6**	**0**	**0**	**0**
时刻（分钟）	**40**	45	50	55	60	65	70
通道 A 队列长度	**265**	260	244	212	196	180	165
通道 B 队列长度	**0**	0	0	0	0	0	0
时刻（分钟）	75	80	85	90	95	100	105
通道 A 队列长度	149	133	117	101	85	69	53
通道 B 队列长度	0	0	0	0	0	0	0
时刻（分钟）	110	115	120	125	130	135	140
通道 A 队列长度	37	21	5	0	0	0	0
通道 B 队列长度	0	0	0	0	0	0	0

由表 3-7 可得，无正向激励信号加载时，通道 A 和通道 B 中的乘客排队成本如图

3-7 所示。在无正向激励信号加载时，通道 A 中乘客的排队成本较大，最多可因排队安检而错过 10 班列车；而对通道 B 中乘客的影响并不明显，最多可因排队安检而错过 1 班列车。基于研究结果，若在不加载正向激励信号时获得较低的排队成本，乘客应选择不携带违禁品、不携带包裹出行。但若必须携带包裹出行，乘客应选择较早到达或者错峰到达。

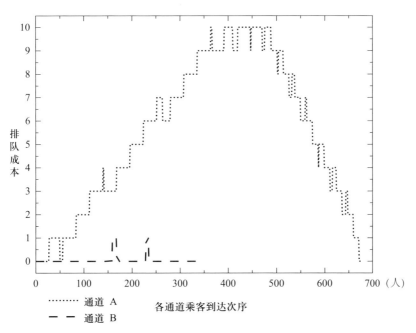

图 3-7　无正向激励信号加载时通道 A 和通道 B 中乘客的排队成本

令 $N_{C1}=80$，$N_{C2}=200$，$N_C^*=350$，$C_{S10}=2$，$C_{S20}=5$，$C_{S30}=10$，$C_P=25$，$C_{P1}=15$，$C_{P2}=10$，$C_H=3$，$C_A=1$，$P_{XD}=0.95$，$P_{HD}=0.85$，并设每错过一班车的成本为 3。由式（3-17）和式（3-18）可得到，无正向激励信号加载时，通道 A 和通道 B 的乘客安检成本如图 3-8 所示。

由图 3-8 可知，通道 A 中乘客的安检成本受排队时间损耗和淤滞损耗的影响较大；同一到达次序乘客的到达时间段可能不同，但通道 B 中乘客的安检成本较低。

三、加载信号装置后的安检成本

当安检部门加载一定的正向激励信号时，不但可以降低乘客淤滞的潜在危害，还可降低乘客的包裹携带率和违禁品携带率。当携带违禁品的乘客接收到安检激励信号后，部分乘客会主动丢弃违禁品，即 $P_{Ndis}<1$；当乘客知悉安检部门执行较为严格的安检策略后，会降低包裹的携带率，即 P_{NA}、P_{YA} 和 λ 均降低。基于上述分析和相关研究（成琳娜，2016；李德龙，2020；卫静，2017；Cavusoglu H，2010；Sadek A W，2014；Song C，2017a），取 $P_{car}=0.2$，$P_{NA}=0.55$，$P_{YA}=0.45$，$\lambda=0.35$，$P_{PB}=0.3$，$P_{PB}^+=0.2$，$T_u=5$，

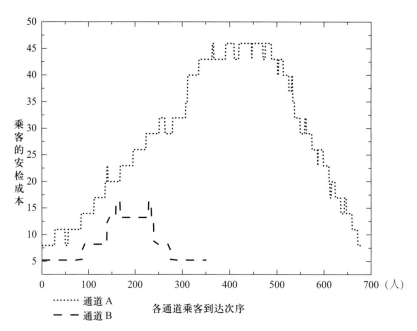

图 3-8 无正向激励信号加载时通道 A 和通道 B 中乘客的安检成本

$M_B = 120$，$T_{A0} = 0.1$，$T_{A1} = 0.25$，$T_{A2} = 0.5$，$T_{B0} = 0.05$，$T_{B1} = 0.25$，$N_{C1} = 80$，$N_{C2} = 200$，$N_C^* = 350$，$N_{W1} = 60$，$N_W^* = 150$，$C_{S10} = 2$，$C_{S21} = 4$，$C_{S21}^* = 6$，$C_{S32} = 8$，$C_{S32}^* = 12$，$V = 150$，$C_P = 25$，$C_{P1} = 15$，$C_{P2} = 10$，$C_H = 3$，$C_A = 1$，$P_{XD} = 0.95$，$P_{HD} = 0.85$，$I_t > I_t^*$，每错过一班车的成本为 3，高峰时段乘客到达的经验分布如表 3-4 所示。分流至 A 通道的乘客比例为 $0.35 + 0.02 P_{Ndis}$，分流至 B 通道的乘客比例为 $0.65 - 0.02 P_{Ndis}$。

当 $P_{Ndis} = 1$ 时，可得 $N_A(t) = 5.3996$，$N_B(t) = 13.1429$，$N_{total}(t) < M_B/T_u$；令 $N_{total}(t) = M_B/T_u$，可得 $N_{total}(t) = 24$，且 $P_{Ndis} = 0.598$，$N_A(t) = 7.2910$，$N_B(t) = 16.7090$；当 $P_{Ndis} = 0.2$ 时，$N_A(t) = 8.4516$，$N_B(t) = 18.2274$，$N_{total}(t) > M_B/T_u$。此时不妨令安检部门的激励信号 $\delta(\tau)$ 为 3 种，且均满足安全要求，第一种信号为正向小信号，此时产生的自弃效用 $I_t = 0$，记为 $\delta(\tau_1)$；第二种信号为正向大信号，产生的自弃效用 $I_t = 0.402$，记为 $\delta(\tau_2)$；第三种信号同样为正向大信号，其信号强度大于第二种信号，产生的自弃效用 $I_t = 0.8$，记为 $\delta(\tau_3)$。当客流高峰到达初始阶段时，安检部门首先采取成本较小的激励信号，也即信号强度较小的信号。基于表 3-1 可得出各通道乘客到达时段与信号策略的触发条件，如表 3-8 所示。

表 3-8 加载激励信号时各通道乘客到达与信号策略触发测算

时段（分钟）	0—5	5—10	10—15	15—20
乘客到达人数	80	150	200	170

续表

时段（分钟）	0—5	5—10	10—15	15—20
策略触发条件	$N_{total}(t)<M_B/T_u$ $N_{total}>80/T_u$	$N_C(t)<N_{C1}$ $N_{total}<150/T_u$	$N_C(t)>N_{C1}$ $N_W(t)<N_{W1}$ $N_{total}<200/T_u$	$N_C(t)>N_{C1}$ $N_W(t)<N_{W1}$ $N_{total}<170/T_u$
策略选择	$\delta(\tau_2)$	$\delta(\tau_2)$	$\delta(\tau_3)$	$\delta(\tau_3)$
通道 A 分流人数	29	54	71	60
通道 A 淤滞人数	0	18	47	65
通道 B 分流人数	51	96	129	110
通道 B 淤滞人数	0	12	50	69
安检厅淤滞人数	0	30	97	134
通过安检人数	80	120	133	133
候车厅淤滞人数	0	0	13	26
时段（分钟）	20—25	25—30	30—35	35—40
乘客到达人数	70	60	40	30
策略触发条件	$N_C(t)>N_{C1}$ $N_W(t)<N_{W1}$ $N_{total}>70/T_u$	$N_C(t)\approx N_{C1}$ $N_W(t)>0$ $N_{total}>60/T_u$	$N_C(t)>0$ $N_W(t)=0$ $N_{total}>40/T_u$	$N_C(t)<36$ $N_W(t)=0$ $N_{total}>30/T_u$
策略选择	$\delta(\tau_2)$	$\delta(\tau_1)$	$\delta(\tau_3)$	$\delta(\tau_2)$
通道 A 分流人数	25	22	14	11
通道 A 淤滞人数	54	49	21	0
通道 B 分流人数	45	38	26	19
通道 B 淤滞人数	30	2	0	0
安检厅淤滞人数	84	51	21	0
通过安检人数	120	93	70	51
候车厅淤滞人数	26	0	0	0

进一步分析可得通道 A 和通道 B 的乘客排队成本如图 3-9 所示。

通过对图 3-7 和图 3-9 的结果进行分析可得：

观察 3-2：加载正向激励信号可降低通道 A 中乘客排队成本，并在一定范围内延长了高峰大客流对通道 B 的冲击影响时间。

加载正向激励信号后，通道 A 中乘客的分流数量明显降低，排队成本显著下降，最多可因排队安检而错过 3 班列车；通道 B 中的乘客分流数量明显上升，受安检影响而产生排队成本的乘客数量也明显上升，但最多仅错过 1 班列车，与不加载正向激励信号时相同。加载信号可以显著降低乘客的平均排队成本，降低乘客淤滞量，进而还

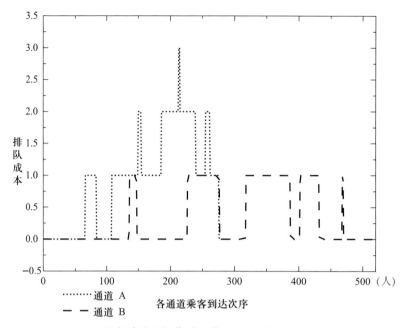

图 3-9　正向激励信号加载时通道 A 和通道 B 的乘客排队成本

可降低淤滞风险水平。

由式（3-16）可得到正向激励信号加载时，通道 A 和通道 B 的乘客安检成本，如图 3-10 所示。

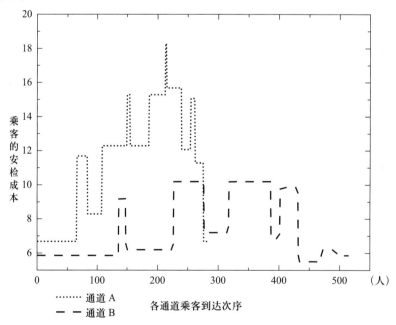

图 3-10　正向激励信号加载时通道 A 和通道 B 的乘客安检成本

通过对图 3-8 和图 3-10 的结果对比分析可得：

观察 3-3：加载正向激励信号可大幅降低通道 A 中安检成本，同理，通道 B 在安检成本上受高峰大客流影响时间变长。

加载正向激励信号后，携带违禁品乘客的比例下降，乘客的排队成本和淤滞风险损耗均降低，两通道中乘客的安检成本均降低。在特殊时期，安检部门可通过加载正向激励信号降低乘客包裹的携带率、降低乘客违禁品的携带率、降低暴恐分子的袭击概率等。这些举措均会显著提升自弃效用和安检通行速度，进而降低乘客的安检成本水平。安检部门应基于自身特性和其他地区的实际操作经验，积累信号种类并进行归类划分，以便快速响应各种突发事件。

本章小结

本章以暴恐风险较低时期，探寻信号反馈策略机制、强化现有地铁安检子系统间协同性为选题背景，通过系统建模的方式给出了相关的分析思路。在暴恐时期，地铁安检部门经常通过升级 X 射线安全检查设备、增设弃违禁引导员、引入警犬等方式来降低暴恐概率。这些措施不但可以检测出较为隐蔽的违禁物品，还可以作为安检部门实施严格安检策略的信号，传递给潜在暴恐分子，使其主动放弃实施暴恐的策略。本章将安检部门更新安检信号的强度作为安检策略进行建模，分析了潜在暴恐分子的自弃效用和安检通行速度，并结合高峰时段客流淤滞响应分级机制，得出更为科学的安检策略触发条件。

本章基于地铁安检口布局较宽的特点，设置了乘客分流安检环节；基于安检部门执行较强安检策略可作为信号传递给潜在暴恐分子，并会对其产生威慑作用的特性，在一般安检模型前加载了信号装置；在研究乘客淤滞的潜在危害中，制定了客流淤滞响应分级机制。

本章定义了自弃效用模型和安检通行速度模型。最终分析得出：第一，当潜在暴恐分子的自弃效用低于预期水平时，安检部门应执行"更新较强信号"策略，提升主动丢弃违禁品的潜在暴恐分子比例；当潜在暴恐分子的自弃效用高于预期水平，但安检通行速度低于期望水平时，安检部门仍须执行"更新较强信号"策略，进而降低检测仪器的鸣响概率、降低单位安检时间、提升安检通行速度；当潜在暴恐分子自弃效用和安检通行速度均高于期望水平时，会导致大量乘客淤滞在候车厅，并进一步拉升候车厅安全隐患，安检部门应执行"更新较弱信号"策略，控制候车厅内客流淤滞量，实现对安检通行速度的动态调整，并保证较高的综合安全指数。

第二，通过建立客流淤滞响应分级机制，得出了基于客流淤滞的安检策略触发条件，安检部门可基于此对候车厅和安检厅淤滞乘客进行科学调控，这一策略不但可以降低乘客淤滞的潜在风险，还可以显著缩短乘客淤滞时间段、充分发挥地铁运载效率。

第三，通过对乘客排队成本效用函数和安检成本效用函数进行分析可知，对地铁反恐安检模型加载信号装置后，乘客的排队成本、淤滞风险、客流高峰影响时段、乘客的安检成本等均显著下降。

本章通过对违禁品自弃箱和违禁品处理箱的人次统计，构建了自弃效用评价模型，但并未研究具体安检信号对暴恐防御的影响，如引入身份识别装置、升级安检仪器等。后续将致力于通过统计、归纳及反演等方法得到不同信号激励下，主动丢弃违禁品的乘客比例经验概率分布函数模型构建与分析；不同激励信号在不同安检体系中所产生的复合作用效果。并通过将最终分析结果建立信号激励数据库的方式，更加科学地指导地铁安检工作，使该模型更具现实适用价值。

第四章

暴恐风险一般情景下人脸抓拍
策略的序贯博弈分析

在暴恐风险一般时期，地铁安检部门始终面临着有限资源下的人脸抓拍策略权衡问题（蔡一军，2017），基于地铁的公共服务设施属性和普遍市场化运营现状，安检部门通常更倾向于投入水平低、流程简单、通行速度高的违禁品检测和暴恐防御方式（陈文彪，2017；Shi X，2019）。这种君子行为规范措施显然难以有效完成暴恐时期的安全性要求，这正是地铁一般违禁品事故发生概率显著降低但暴恐袭击事件仍然不减的主要原因。为进一步加强地铁的暴恐防御能力，各国采取了截然不同的安防模式。例如：我国自 2008 年起逐步实施了逢包必检、人包统检、逢液必检等设卡式安检防御策略，并在必要时增加分流联检、逢疑必查等环节（李德龙，2019；卫静，2017）。这种以拦截违禁品为切入点的安防策略大幅抑制了地铁列车人为安全事故的发生，但仍对突发型暴恐袭击的防御明显不足（Arce D G，2014），同时这种"人民至上，生命至上"式的暴恐防御手段也带有对投入过度、安检通行速度影响过大的质疑。欧美等国家基于国内地铁站点结构特性、国人意识形态等因素，实施了以拦截潜在高危人群为切入点的安防策略，通过引进人脸抓拍系统实时识别、跟踪潜在暴恐分子的方式，实现暴恐袭击的事前防御（O'flherty K，2019）。但这种安防策略的效率通常因安检部门的接警反应时间过长而大打折扣（Aranguren M，2014；Mcclain N，2018）。

可见，这两种典型的地铁安检模式具有显著的拦截对象差异性，同时是造成暴恐拦截概率、安检通行速度、乘客淤滞水平等安防结果不同的主要原因。随着我国社会治安联防联控机制的不断完善，在地铁站点广泛布置人脸抓拍系统已经成为了地铁技防建设的核心构想之一（李恒，2016；仝星，2015）。然而，在面对暴恐袭击策略的目标价值依赖性和暴恐防御资源的有限性时，安检部门通常只能二选一，既是通过选择引进具有身份识别功能的人脸抓拍系统，构建基于人脸抓拍系统和原安检系统的二级防御系统，还是通过提升原安检系统的安检准确率，打造安检精度更高的一级防御系统。为解决人脸抓拍策略选择问题，对照安检技防建设最常用的升级原安检设备策略，从安检部门引进人脸抓拍系统和升级原安检系统的二选一决策角度出发，基于暴恐分子采取过检袭击或不过检袭击的目标价值依赖特性，构建了有限资源约束下的地铁暴恐防御序贯博弈模型。

为充分分析人脸抓拍策略有效性问题，本章重点考虑了接警反应时间对人脸抓拍系统有效性的影响，突出了地铁安检中技防建设与人防建设、物防建设相互补充发展的必要性。为充分考虑高峰大客流冲击的影响，在地铁站点客流淤滞预测模型的基础上，基于暴恐分子决策的目标价值依赖性，分析了安检厅和候车厅乘客淤滞水平对暴恐分子决策的影响。同时，在安检仪器准确率和错误率满足 ROC 受试曲线函数关系基础上，分析了升级安检系统对安检厅和候车厅乘客淤滞分布及暴恐分子决策的影响。最后，以北京地铁积水潭站为例进一步挖掘了两策略下的最优决策问题，并分析了高峰大客流对双方决策的影响。本章的研究结果为地铁安检部门制定暴恐防御策略而提供了较高的参考意义，同时对其他类型公共场所的暴恐防御工作也具有借鉴价值。

本章第一节给出了地铁安检引进人脸抓拍技术和升级安检设施权衡的理论背景，解决了"是什么"对地铁安检人脸抓拍策略选择权衡的疑虑，并为构建有限资源约束下基于人脸抓拍策略权衡的地铁安检流程模型提供了理论依据；第二节从安检部门与暴恐分子间序贯博弈模型出发，给出了地铁安检白名单策略的落地实施基础模型，解决了"如何选择"地铁安检技防建设方法的问题；考虑到高峰大客流对地铁安检系统具有显著的冲击效应，第三节详细分析了高峰大客流冲击效应对人脸抓拍策略选择的影响，并进一步讨论了高峰大客流下的暴恐防御能力，解决了"如何优化"问题；第四节针对大客流冲击、引进人脸抓拍系统额外收益等重要参数影响进行了数值分析，解决了"如何综合治理"问题；第五节给出了本章的重要结论和管理启示。

第一节　问题提出与前提假设

一、问题提出

在暴恐风险一般时期，是在地铁站点入口处安装人脸抓拍系统对潜在暴恐分子实施跟踪、盘查或抓捕，还是通过设卡式安检对违禁品进行拦截，是地铁安检部门在资源受限下的两个主要策略选择。不可否认的是，两种地铁安检方式的选择不但取决于暴恐分子的袭击特征，还避不开安检部门的接警反应时间（Burke M，2016）。从未来地铁安检的发展方向上看，我国正逐步完善联防联控机制，在地铁站点全面设立人脸抓拍系统是打造一体化联勤联动信息入口的必经之路。与此同时，欧美等国家也借鉴我国地铁设卡式安检的成功经验，在多地试点设立了太赫兹成像检测卡口，弥补了对违禁品进行全面定向检测的系统性不足，并取得了较理想的成果（Martin H，2018）。可见，采用设卡式安检系统和非设卡式人脸抓拍系统是世界范围内最为公认的两种地铁安检策略，而两者间的暴恐防御选择也是业界争论的焦点。

　　根据暴恐分子袭击策略的目标价值依赖性可知，当暴恐分子预测袭击候车厅乘客和地铁列车可以获得更大收益时，暴恐分子将选择通过安检后再袭击；当暴恐分子预测袭击安检厅乘客和安检厅固定目标可以获得更大收益时，暴恐分子将不再通过安检系统，而是选择直接袭击安检厅，此时，安检部门通过安检系统对暴恐分子进行拦截的策略失效（以下简称安检策略失效），暴恐防御工作将变得十分艰巨。由暴恐分子的袭击行为给出了本模型中的暴恐分子策略集合，即为 {PA，NA}。就目前地铁安检现状看（李德龙，2020；卫静，2017），在不考虑地铁部门关闭地铁站点的情况下，当安检部门面对暴恐防御资源受限时，安检部门通常面临着是选择引进人脸抓拍系统还是强化原安检系统的两难选择，即安检部门的策略集合为 {引进人脸抓拍系统（Introduce Face Recognition System，IFR）；升级强化原安检设备（Upgrade the Original Security Check Equipment，USE）}。在安检部门执行 IFR 策略的情况下，地铁安检体系属于一种二级防御系统；在安检部门执行 USE 策略的情况下，地铁安检体系属于一种增强型一级防御系统。如图 4-1 所示。

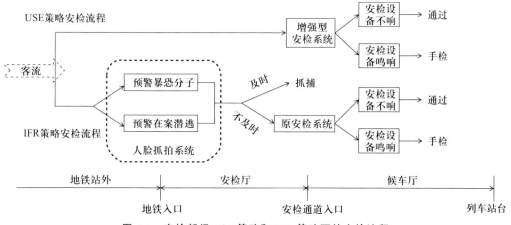

图 4-1　安检部门 USE 策略和 IFR 策略下的安检流程

　　图 4-1 中，在采取 IFR 策略情况下，安检部门将有限的防御资源全部用来引进人脸抓拍系统，此时乘客将依次通过一级人脸抓拍系统和二级常规安检系统。一般情况下，当有身份记录的潜在暴恐分子经过第一级人脸抓拍系统时，人脸抓拍系统可将其识别并向警情监测人员发出预警，警情监测人员确认警情后，向指挥中心发送出警请求，指挥中心指派相关警员到达现场。可见，在警力资源下沉地铁站点不充分时，从人脸抓拍系统识别到警员完全控制暴恐分子所经历的时间通常难以忽略，本章将其定义为接警反应时间，而接警反应时间直接决定安检部门能否抑制暴恐袭击的发生，即在接警反应时间过长的情况下，安检部门通过人脸抓拍系统对暴恐分子进行拦截的策略失效（以下简称人脸抓拍策略失效），此时，暴恐分子将有较大机会通过未升级加固的安检通道，并对候车厅乘客和地铁列车发动暴恐袭击。与此同时，人脸抓拍系统还

可对在案潜逃的非暴恐类人员进行识别、跟踪，对潜在警情进行实时监控、识别等，具有发挥打击犯罪、维护社会治安、灾情预警等功能的其他社会价值。在采取 USE 策略情况下，安检部门将有限的防御资源全部用来升级原安检系统，此时所有乘客将只需通过一级增强型安检系统，安检部门在安检前也难以直接识别暴恐分子的身份。安检部门提升原安检系统的准确率的方式主要包括升级原安检设备、引进更加先进的安检设备、增派手检员等，这些措施都会大幅降低暴恐分子顺利通过安检的概率，但同时会造成安检通行速度明显降低，甚至造成安检厅的乘客淤滞严重。

接警反应时间通常属于安检部门的私人信息，而暴恐分子只根据评估 PA 策略和 NA 策略的期望收益进行决策。即当安检厅的乘客淤滞水平较高时，暴恐分子 PA 策略下的期望收益会更高，暴恐分子将选择直接袭击安检厅，此时，安检部门一般难以控制暴恐袭击的发生。反之，当安检厅的乘客淤滞水平较低时，暴恐分子将以较大概率冒险进入安检通道，而安检部门可以利用暴恐分子排队候检的时间窗，借助人脸抓拍系统的识别预警功能，在安检厅将暴恐分子抓捕。可见，在客流高峰时段，安检厅不断提升的乘客淤滞水平很容易促使暴恐分子执行 NA 策略，即安检部门 IFR 策略下的有效接警反应时间，须低于暴恐分子由 PA 策略转为 NA 策略的时间，同时，始终坚持 PA 策略的暴恐分子在顺利通过第二级安检系统后，通常可快速完成暴恐任务，故有效接警反应时间须低于暴恐分子的候检时间。

综上可知，若安检部门 IFR 策略下的接警反应时间过长，暴恐分子可直接在安检厅完成暴恐袭击任务，也能以较高概率顺利通过安检系统，在候车厅完成暴恐袭击任务，此时，人脸抓拍系统策略失效，安检系统的拦截功能略显不足。若安检部门 USE 策略下的安检准确率过大，很容易造成安检厅乘客的大面积淤滞，反而可能提高暴恐分子执行 NA 策略的概率，即因防御过当而导致袭击策略突变。因此，挖掘出 IFR 策略和 USE 策略下的安检部门防御能力、乘客淤滞分布影响和暴恐分子决策触发条件，是弥补防御资源限制和提升防御效率的重要前提。

二、前提假设

在地铁部门暴恐防御过程中，直接参与方和间接参与方的组织结构十分复杂，安防策略和暴恐策略通常也不断调整，同时，情报战、信号战等方式会影响参与方的策略实施结果。为突出本章研究重点，特做出如下假设：

假设 4-1：博弈直接参与双方为安检部门和暴恐分子。地铁安检的参与方通常包括政府监管部门、辖区警察局、地铁安保部门等。在暴恐风险较低时期，地铁安保部门是地铁安检的主要执行方，在暴恐风险一般或暴恐风险较高时期，武警通常会补充成为地铁安检的重要直接参与力量，但为了更加聚焦研究重点，本章将地铁安检的参与部门统一归为安检部门。当防御地铁站点的绝对安全需要付出较大代价时，地铁部门将根据政府要求直接关闭地铁站点，此时，地铁安检部门与暴恐分子的攻防博弈结束。在不考虑放弃暴恐袭击策略时，暴恐分子一般将在收益权衡的基础上选择 PA 策略或 NA 策略（Hemmingby C，2018）。

假设 4-2：安检部门只能在引进人脸抓拍系统策略和升级安检设备策略间进行二选一，不能同时实现引进人脸抓拍系统策略和升级原安检设备策略。人脸识别技术与设卡式安检系统的融合发展是地铁安检未来发展的必然趋势，但多数国家还普遍难以落实设卡式安检。同时，在部分信息技术应用滞后的国家中，也难以配置可充分发挥人脸抓拍系统效用的其他人防和物防资源。考虑到地铁站点可在面临较大安全危机时选择关闭站点，故在地铁设施正常运行阶段，安检部门兼顾安全与运营效率防御策略下的防御资源有限，即在防御资源有限、暴恐风险一般的情况下，安检部门通常只能选择 IFR 策略或 USE 策略。

假设 4-3：安检部门为保障地铁正常运营而首先实施防御策略，暴恐分子执行突发式暴恐袭击，两者间的攻防博弈满足序贯博弈过程。暴恐袭击发生后，再由暴恐组织发出暴恐承认声明，是地铁暴恐袭击最常见的组织形式，即暴恐袭击具有显著的突发性和不确定性。作为高度负责的地铁安检部门，不论在暴恐时期还是一般时期都应做好暴恐防御工作，不应以暴恐事件为安防策略触发的唯一条件，否则，地铁站点将成为暴恐分子实施暴恐计划的主要目标。因此，安检部门应根据对暴恐分子的研判，率先主动制定并实施安防策略。也就是说，地铁安检部门与暴恐分子的攻防过程具有显著的时间差异（刘德海，2015；Ho T H，2013），可以用序贯博弈来刻画分析。

假设 4-4：IFR 策略下的接警反应时间属于安检部门的私人信息，且暴恐分子决策不参考安检部门接警反应时间的有效性。就我国现行地铁安检的一站一警标准看，站内的防暴警力基本无法有效应对多人恐怖组织袭击，安检部门还必须依靠外部支援。而在欧美等国家的警察巡防制度中，"独狼"式暴恐袭击也能以较大概率突破地铁站点的原有防御屏障（Hofmann D C，2018）。可见，外部支援力量是提升暴恐防御能力的重要力量，但地铁站点一般分布广泛，外部支援力量的有效接警反应时间通常具有较大差异，属于安检部门的私人信息。与此同时，人脸抓拍系统可实现隐蔽性布防，可令暴恐分子不参考人脸抓拍系统进行暴恐决策，即暴恐分子只根据袭击目标的期望收益选择袭击策略（Hemmingby C，2018）。

假设 4-5：人脸抓拍系统可以识别并预警所有暴恐分子，增强型安检系统相对原安检系统无流程差异，仅考虑其准确率高于原安检系统。人脸抓拍系统对记录在案的特定人员具有较高的识别精度，也具备识别某一类特定面目特征的潜在高危人群，同时随着肢体识别、微表情识别等信息技术的融合发展，人脸抓拍系统的功能逐渐成熟，故本章特假设人脸抓拍系统可以识别并预警所有暴恐分子（O'flherty K，2019）。安检部门升级加强原安检系统的方式十分丰富，如引进先进检测设备、增加额外安检流程、补充手检员等，但均以提升对违禁品的安检准确率为直接目标（李德龙，2019），为进一步突出研究重点，故本章假设增强型安检系统相对原安检系统无流程差异，仅考虑其准确率高于原安检系统。

第二节 基于人脸抓拍策略有效性研究的序贯博弈模型

一、序贯博弈模型构建

在考虑地铁安检投入资源有限约束时，安检部门面临提高暴恐袭击事前防御能力和违禁品实时检测能力的倾向性选择。在安检部门与暴恐分子 2×2 博弈矩阵的基本模型中，存在 4 种博弈情景，但在安检部门的 IFR 策略下，安检部门的接警反应时间将直接影响暴恐分子决策、人脸抓拍策略有效性和双方收益。因此，在考虑安检部门接警反应时间的有效性影响下，得出安检部门和暴恐分子的博弈收益矩阵，如图 4-2 所示。

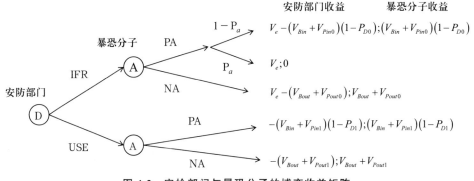

图 4-2 安检部门与暴恐分子的博弈收益矩阵

由图 4-2 可知，在选择 IFR 策略条件下，安检部门还需根据接警反应时间进一步分析双方收益问题。当安检部门的反应时间大于暴恐分子排队进站时间时，人脸抓拍系统只能带来一般的社会效益 V_e，并不能抑制暴恐袭击，即若暴恐分子选择 PA 策略，则只有原安检策略有效，此时安检部门收益为 $V_e - (V_{Bin} + V_{Pin0})(1 - P_{D0})$，暴恐分子收益为 $(V_{Bin} + V_{Pin0})(1 - P_{D0})$；若暴恐分子选择 NA 策略，则安检系统失去了抑制暴恐袭击的作用，此时安检部门收益为 $V_e - (V_{Bout} + V_{Pout0})$，暴恐分子收益为 $V_{Bout} + V_{Pout0}$。当安检部门的反应时间小于暴恐分子排队进站时间时，人脸抓拍系统能否发挥抑制暴恐袭击作用还取决于暴恐分子策略，若暴恐分子选择 PA 策略，则安检部门可在暴恐分子接受安检前对其直接控制，人脸抓拍系统有效，此时安检部门收益为 V_e，暴恐分子收益为 0；若暴恐分子选择 NA 策略，安检部门仍无法事前控制暴恐分子，人脸抓拍策略和安检策略均无效，此时安检部门收益为 $V_e-(V_{Bout}+V_{Pout0})$，暴恐分子收益为 $V_{Bout}+V_{Pout0}$。在选择 USE 策略条件下，安检部门只能依靠准确率更高（$P_{D1}>P_{D0}$）的安检拦截暴恐袭击。当暴恐分子选择 PA 策略时，升级原安检设备策略有效，此时安检部门收益为 $-(V_{Bin}+V_{Pin1})(1-P_{D1})$，暴恐分子收益为 $(V_{Bin}+V_{Pin1})(1-P_{D1})$；当暴恐分子选择 NA 策略时，安检策略无效，此时安检部门收益为 $-(V_{Bout}+V_{Pout1})$，暴恐分子收益为 $V_{Bout}+V_{Pout1}$。

二、序贯博弈均衡路径求解

暴恐分子在执行暴恐袭击任务时，通常会根据安防策略或地铁站点实际情况随机应变，而安检部门在零突发事件或无情报信息更新条件下，一般不会更新自身的防御策略，即暴恐分子具有后动优势。因此，可得出地铁暴恐袭击防御情景下，安检部门与暴恐分子的序贯博弈流程为：

第一阶段，安检部门根据人脸抓拍系统的接警反应时间、暴恐历史信息、暴恐分子最新动向、未来反恐布局要求等，制定暴恐防御策略。

第二阶段，暴恐分子根据期望收益进行决策。①在安检部门执行 IFR 策略但无法及时抑制暴恐袭击的条件下，当 $V_{Pout0}<(V_{Bin}+V_{Pin0})(1-P_{D0})-V_{Bout}$ 时，暴恐分子选择 PA 策略。反之，暴恐分子选择 NA 策略。②在安检部门执行 IFR 策略且可以及时抑制暴恐袭击的条件下，存在 $V_{Bout}+V_{Pout0}>0$，即暴恐分子只选择 NA 策略。③在安检部门执行 USE 策略的条件下，当 $V_{Pout1}<(V_{Bin}+V_{Pin1})(1-P_{D1})-V_{Bout}$ 时，暴恐分子选择 PA 策略，反之，暴恐分子选择 NA 策略。

第三阶段，安检部门根据暴恐分子策略进行决策更新。①在 $V_{Pout0}<(V_{Bin}+V_{Pin0})(1-P_{D0})-V_{Bout}$ 条件下，暴恐分子的最优反应是 PA 策略，此时安检部门执行 IFR 策略的期望收益为 $V_e-(1-P_a)(V_{Bin}+V_{Pin0})(1-P_{D0})-P_a(V_{Bout}+V_{Pout0})$。当 $V_{Pout1}<(V_{Bin}+V_{Pin1})(1-P_{D1})-V_{Bout}$ 时，暴恐分子对 USE 策略的反应为 PA 策略，此时，若 $P_a>[(V_{Bin}+V_{Pin0})(1-P_{D0})-(V_{Bin}+V_{Pin1})(1-P_{D1})-V_e]/[(V_{Bin}+V_{Pin0})(1-P_{D0})-V_{Bout}-V_{Pout0}]$，则安检部门选择 IFR 策略，反之，选择 USE 策略。当 $V_{Pout1}>(V_{Bin}+V_{Pin1})(1-P_{D1})-V_{Bout}$ 时，暴恐分子对 USE 策略的反应为 NA 策略，此时，若 $P_a>[(V_{Bin}+V_{Pin0})(1-P_{D0})-(V_{Bout}+V_{Pout1})-V_e]/[(V_{Bin}+V_{Pin0})(1-P_{D0})-V_{Bout}-V_{Pout0}]$，则安检部门选择 IFR 策略，反之，安检部门选择 USE 策略。②在 $V_{Pout0}>(V_{Bin}+V_{Pin0})(1-P_{D0})-V_{Bout}$ 的条件下，暴恐分子的最优反应是 NA 策略，此时安检部门执行 IFR 策略的期望收益为 $V_e-(V_{Bout}+V_{Pout0})$。根据前提假设可知 $V_{Pout1}>(V_{Bin}+V_{Pin1})(1-P_{D1})-V_{Bout}$，此时暴恐分子对 USE 策略的反应为 NA 策略，若 $V_e>V_{Pout1}-V_{Pout0}$，则安检部门选择 IFR 策略，反之，安检部门选择 USE 策略。

根据图 4-2 和序贯博弈流程分析，可得安检部门与暴恐分子的序贯博弈均衡路径，如表 4-1 所示。

表 4-1 安检部门与暴恐分子的序贯博弈均衡路径

均衡策略	均衡路径
〈IFR，PA〉	$V_{Pout0} < (V_{Bin} + V_{Pin0})(1 - P_{D0}) - V_{Bout}$, $V_{Pout1} < (V_{Bin} + V_{Pin1})(1 - P_{D1}) - V_{Bout}$, $$P_a > \frac{(V_{Bin} + V_{Pin0})(1 - P_{D0}) - (V_{Bin} + V_{Pin1})(1 - P_{D1}) - V_e}{(V_{Bin} + V_{Pin0})(1 - P_{D0}) - V_{Bout} - V_{Pout0}}$$ $V_{Pout0} < (V_{Bin} + V_{Pin0})(1 - P_{D0}) - V_{Bout}$, $V_{Pout1} > (V_{Bin} + V_{Pin1})(1 - P_{D1}) - V_{Bout}$, $$P_a > \frac{(V_{Bin} + V_{Pin0})(1 - P_{D0}) - (V_{Bout} + V_{Pout1}) - V_e}{(V_{Bin} + V_{Pin0})(1 - P_{D0}) - V_{Bout} - V_{Pout0}}$$
〈IFR，NA〉	$V_{Pout0} > (V_{Bin} + V_{Pin0})(1 - P_{D0}) - V_{Bout}$, $V_{Pout1} > (V_{Bin} + V_{Pin1})(1 - P_{D1}) - V_{Bout}$, $V_e > P_{out1} - V_{Pout0}$
〈USE，PA〉	$V_{Pout0} < (V_{Bin} + V_{Pin0})(1 - P_{D0}) - V_{Bout}$, $V_{Pout1} < (V_{Bin} + V_{Pin1})(1 - P_{D1}) - V_{Bout}$, $$P_a < \frac{(V_{Bin} + V_{Pin0})(1 - P_{D0}) - (V_{Bin} + V_{Pin1})(1 - P_{D1}) - V_e}{(V_{Bin} + V_{Pin0})(1 - P_{D0}) - V_{Bout} - V_{Pout0}}$$
〈USE，NA〉	$V_{Pout0} < (V_{Bin} + V_{Pin0})(1 - P_{D0}) - V_{Bout}$, $V_{Pout1} > (V_{Bin} + V_{Pin1})(1 - P_{D1}) - V_{Bout}$, $$P_a < \frac{(V_{Bin} + V_{Pin0})(1 - P_{D0}) - (V_{Bout} + V_{Pout1}) - V_e}{(V_{Bin} + V_{Pin0})(1 - P_{D0}) - V_{Bout} - V_{Pout0}}$$ $V_{Pout0} > (V_{Bin} + V_{Pin0})(1 - P_{D0}) - V_{Bout}$, $V_{Pout1} > (V_{Bin} + V_{Pin1})(1 - P_{D1}) - V_{Bout}$, $V_e < V_{Pout1} - V_{Pout0}$

由表 4-1 可知，在安检部门与暴恐分子的四种攻防序贯博弈策略组合下，存在 4 个均衡策略组合和 6 条均衡路径。具体为：

(1)〈IFR，PA〉策略组合下存在 2 个均衡场景。均衡场景 1：暴恐分子在安检部门 IFR 策略和 USE 策略下袭击候车厅均可能造成一定损害，安检部门选择 IFR 策略时对接警反应时间有效的概率要求，高于某一与 USE 策略下安检系统准确率相关的阈值。均衡场景 2：暴恐分子在安检部门 IFR 策略下袭击候车厅可能造成一定损害，在安检部门 USE 策略下袭击安检厅可能造成一定损害，安检部门选择 IFR 策略时对接警反应时间有效的概率要求，高于某一与 USE 策略下安检系统准确率无关的阈值。对比两种均衡场景可知，在策略选择上，暴恐分子袭击原安检系统安检厅的期望破坏小于袭击候车厅的期望破坏，是促使暴恐分子执行 PA 策略的直接动因，且较高的接警反应时间有效概率 P_a 可保证安检部门坚定地执行 IFR 策略。为使安检部门无策略偏离动机，则在安检部门执行 USE 策略条件下，当暴恐分子袭击安检厅的期望破坏小于袭击候车厅的期望破坏时，需使接警反应时间有效概率 P_a 具有更高的下届阈值；当暴恐分子袭击安检厅的破坏程度大于袭击候车厅的破坏程度时，可适当放宽对接警反应时间有效概率 P_a 的下届阈值要求。

(2)〈IFR，NA〉策略组合下存在 1 个均衡场景。均衡场景 3：暴恐分子在安检部门 IFR 策略和 USE 策略下袭击安检厅均可能造成一定损害，安检部门选择 IFR 策略时对人脸抓拍系统社会价值的要求，高于安检部门 USE 策略和 IFR 策略下的安检厅乘客遭受暴恐袭击的损失之差。在此均衡场景下，安检部门的策略选择无法影响暴恐分子执行 NA 策略的信念，而人脸抓拍系统较高的社会收益 V_e 可使安检部门执行 IFR 策略的收益更高。

（3）｛USE，PA｝策略组合下存在 1 个均衡场景。均衡场景 4：暴恐分子在安检部门 IFR 策略和 USE 策略下袭击候车厅均可能造成一定损害，安检部门选择 IFR 策略时对接警反应时间有效的概率要求，低于某一与 USE 策略下安检系统准确率相关的阈值。在此均衡场景下，安检部门的策略选择仍无法影响暴恐分子执行 PA 策略，而较低的接警反应时间有效概率 P_a 会迫使安检部门放弃 IFR 策略，转而执行 USE 策略。

（4）｛USE，NA｝策略组合下存在 2 个均衡场景。均衡场景 5：暴恐分子在安检部门 IFR 策略下袭击候车厅可能造成一定损害，在安检部门 USE 策略下袭击安检厅可以导致更大破坏，安检部门选择 IFR 策略时对接警反应时间有效的概率要求，低于某一与 USE 策略下安检系统准确率无关的阈值。均衡场景 6：暴恐分子在安检部门 IFR 策略和 USE 策略下袭击安检厅均可能造成一定损害，安检部门选择 IFR 策略时对人脸抓拍系统社会价值的要求，低于安检部门 USE 策略和 IFR 策略下的安检厅乘客遭受暴恐袭击的损失之差。对比两条均衡路径可知，暴恐分子袭击增强型安检系统安检厅的期望破坏大于袭击候车厅的期望破坏，是促使暴恐分子执行 NA 策略的直接动因。为使安检部门无策略偏离动机，则在安检部门执行 IFR 策略条件下，当暴恐分子袭击原安检系统安检厅的期望破坏小于袭击候车厅的期望破坏时，需使接警反应时间有效概率 P_a 低于某一阈值；当暴恐分子袭击原安检系统安检厅的破坏程度大于袭击候车厅的破坏程度时，需使引进人脸抓拍系统所带来的较高社会收益 V_e 低于某一阈值。

由上述均衡路径可得如下结论：

结论 4-1：若暴恐分子对袭击安检厅的期望收益越大，则人脸抓拍策略失效和安检策略失效的概率越大。此时，提升接警反应时间有效概率 P_a 和引进人脸抓拍系统社会收益 V_e，可增大安检部门执行 IFR 策略的信念。

推论 4-1：在暴恐分子执行 PA 策略前提下，安检部门执行 IFR 策略的前提条件是接警反应时间有效概率 P_a 高于某一阈值，在暴恐分子执行 NA 策略前提下，安检策略失效，安检部门应直接执行 IFR 策略。

第三节　考虑高峰大客流冲击下的暴恐分子袭击可能性分析

一、高峰大客流冲击下的乘客淤滞分布模型

暴恐分子对地铁、商场等软目标的袭击具有不确定性，对于安检部门相对稳定的防御策略来说，暴恐分子通过观测安检厅实时乘客淤滞水平而做出的袭击决策，具有显著的后动优势。为了进一步抑制暴恐袭击的发生、降低暴恐损失，安检部门必须详细分析

IFR 策略和 USE 策略对乘客淤滞分布的影响，以便更加科学地制订防御计划、强化防御细节。本章参考众多文献（李德龙，2019；卫静，2017；Cavusoglu H，2013）对交通枢纽安检模型的刻画，给出了不同安防策略下的普通乘客安检模型，如图 4-3 所示。由于暴恐分子多以"独狼"形式袭击公共软目标为主，其数量相对普通乘客可忽略不计，故本章并未在安检模型中体现暴恐分子对进站时耗的影响。同时，虽然我国地铁普遍执行"人包统检"的安检原则，检人和检物的时耗不同，但地铁乘客具有身份稳定性，即为突出研究问题，本模型并未详细刻画人包分检的流程，而是将安检系统预警后的检测时耗统一换算为 T_p。

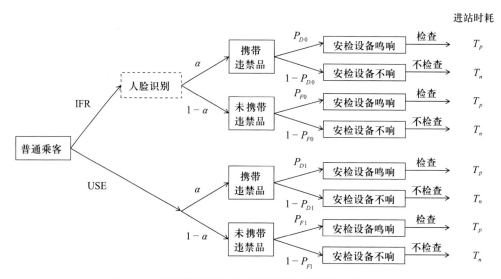

图 4-3　不同安防策略下的普通乘客安检模型及进站时耗

由图 4-3 可知，人脸抓拍系统并不会直接影响普通乘客的过检流程，但会通过间接影响安检系统准确率和错误率的方式改变乘客的候检时间，这一影响会直接改变安检厅和候车厅乘客淤滞分布。同理，借鉴 Cavusoglu H（2010）在研究机场安检系统过程中发现的相关特性，即安检系统检测仪器的准确率和错误率满足：

$$P_{Di}=(1+\varepsilon)P_{Fi}-\varepsilon P_{Fi}^2 \tag{4-1}$$

其中，当安检部门采取 IFR 策略时，$i=0$；当安检部门采取 USE 策略时，$i=1$。由式（4-1）可知，检测仪器准确率和错误率正负相关性的拐点 $P_F^*=(1+\varepsilon)/(2\varepsilon)>1/2$，通常情况下 $P_F<P_F^*$，即在实际应用中，检测仪器的准确率和错误率正相关。

对图 4-3 中普通乘客的单位安检时耗求解，可得普通乘客的单位安检时耗为：

$$T_{ci}=T_n+[(1+\alpha\varepsilon)P_{Fi}-\alpha\varepsilon P_{Fi}^2](T_P-T_n)；i=0,1 \tag{4-2}$$

进一步分析可得，在 $T_P>T_n$、$P_F<P_F^*$ 的条件约束下，$T_{c1}>T_{c0}$。安检部门的 USE 策略可提高安检厅的乘客淤滞水平，因此，构建乘客淤滞模型预测模型尤为重要。本章特根据李德龙（2020）的研究，给出了安检厅和候车厅的乘客淤滞预测模型，如定理 4-1 所示：

定理 4-1：安检厅乘客的淤滞量 $N_{Ci}(t)$ 为：

$$N_{Ci}(t) = \sum_{t=t_s}^{t=t_e} \pi(t) - \frac{M_i(t-t_s)}{T_n + [(1+\alpha\varepsilon)P_{Fi} - \alpha\varepsilon P_{Fi}^2](T_P - T_n)} ; \quad i = 0, 1 \quad (4-3)$$

候车厅乘客的淤滞量 $N_{Wi}(t)$ 为：

$$N_{Wi}(t) = \left\{ \begin{array}{c} \dfrac{M_i(t-t_s)}{T_n + [(1+\alpha\varepsilon)P_{Fi} - \alpha\varepsilon P_{Fi}^2](T_P - T_n)} \\ - \sum_{t=J_s}^{J_t} m(t) \cdot N_B(t) \end{array} \right\} ; \quad i = 0, 1 \quad (4-4)$$

其中，M_i 为安检通道的开启数量、T_n 为安检仪器不预警下的安检员对乘客安检时耗、T_P 为安检仪器预警后的安检员对乘客安检时耗、t_s 为地铁运行的起始时刻、t_e 为地铁运行的结束时刻、α 为违禁品的携带概率、ε 为安检仪器的品质因数、$m(t)$ 为地铁列车班次、$\pi(t)$ 为乘客到达班次。

由定理 4-1 可知，若普通乘客安检时耗越大、安检通道的开启数量越少，则安检厅的乘客淤滞水平越大，候车厅的乘客淤滞水平越小；若单列地铁列车在该站点的运力越大，则候车厅的乘客淤滞水平越小，但安检厅的乘客淤滞水平不受影响。与此同时，乘客的到达分布 $\pi(t)$ 直接影响安检厅的乘客淤滞水平。

由于存在 $P_{F0} > 1/2$，对 $N_{C0}(t)$ 关于 P_{F0} 求一阶偏导数可得 $\partial N_{C0}(t)/\partial P_{F0} > 0$，原安检系统的错误率越高，则安检厅的乘客淤滞水平越高。对 $N_{C0}(t)$ 关于 ε 求一阶偏导数可得 $\partial N_{C0}(t)/\partial \varepsilon > 0$，即原安检仪器品质因数越大，则安检厅的乘客淤滞水平越高。同理可得 $\partial N_{C1}(t)/\partial P_{F1} > 0$，可见，升级检测仪器造成的错误率上升会提高安检厅的乘客淤滞水平。$\partial N_{C1}(t)/\partial \varepsilon > 0$，即通过提升安检仪器品质因数的方式提升准确率可以提高安检厅的乘客淤滞水平，但这种影响会随普通乘客乘行行为的改进而降低。由上述分析可得出如下结论：

结论 4-2：安检系统的安检准确率越高，则安检厅的乘客淤滞水平越高，候车厅的乘客淤滞水平越低。提高列车的运力仅可降低候车厅乘客淤滞水平，对安检厅的乘客淤滞水平无影响。

推论 4-2：安检部门通过规范乘客乘行行为、临时加开安检通道、提高监测仪器品质因数等方式，可以降低 USE 策略对安检厅乘客淤滞水平的推升作用。

平衡安全和效率始终是地铁安检面对的核心难题，较高安全性要求通常意味着安检厅较高的乘客淤滞水平。为使安检部门的应急手段更加丰富、应急时间窗口更宽，普通乘客应主动规范个人的乘行行为，如不携带违禁品、积极配合安检员筛查、尽量少携带包裹等，使安检部门可调拨更多暴恐防御资源，加大针对暴恐分子临时起意（采取 NA 策略）的暴恐防御力度。

二、高峰大客流冲击对安全的影响

暴恐分子可以通过地铁官网查询、实时观测等方式，获得较为准确的地铁站点安检厅和候车厅乘客实时分布。在乘客目标价值均匀分布的前提下，存在：

$$V_{Pouti} = V_{Pini} P_{outi} / (1 - P_{outi}); \quad i = 0, 1 \tag{4-5}$$

其中，P_{outi} 为安检厅的乘客占比，且当安检部门采取 IFR 策略时，$i = 0$；当安检部门采取 USE 策略时，$i = 1$。根据乘客目标价值呈均匀分布的前提假设，存在 $P_{outi} = N_{Ci}(t) L_w C_{Pout} / [N_{Ci}(t) L_w C_{Pout} + N_{Wi}(t) L_c C_{Pin}]$。在不考虑暴恐分子为不被抓捕而被迫选择 NA 策略的情况下，暴恐分子通过观察安检厅乘客淤滞水平 $N_{Ci}(t)$ 进行实时决策，即当 $V_{Pouti} + V_{Bout} > (V_{Bin} + V_{Pini})(1 - P_{Di})$ 时，暴恐分子选择 NA 策略。将式（4-5）代入可得：

$$[L_w C_{Pout} N_{Ci}(t) - L_c C_{Pin}(1 - P_{Di}) N_{Wi}(t)] V_{Pouti} >$$
$$L_w C_{Pout} [V_{Bin}(1 - P_{Di}) - V_{Bout}] N_{Ci}(t); \quad i = 0, 1 \tag{4-6}$$

结合图 4-2 和图 4-3，对式（4-6）进一步进行分析可得暴恐分子基于乘客淤滞水平决策的触发条件，如定理 4-2 所示：

定理 4-2：考虑乘客淤滞水平的暴恐袭击行为存在四种策略触发情景：

（1）当 $L_w C_{Pout} N_{Ci}(t) > L_c C_{Pin}(1 - P_{Di}) N_{Wi}(t)$，$V_{Bout} < V_{Bin}(1 - P_{Di})$ 时，暴恐分子选择 NA 策略的触发条件为：

$$V_{Pouti} > \frac{L_w C_{Pout} [V_{Bin}(1 - P_{Di}) - V_{Bout}] N_{Ci}(t)}{L_w C_{Pout} N_{Ci}(t) - L_c C_{Pin}(1 - P_{Di}) N_{Wi}(t)}; \quad i = 0, 1 \tag{4-7}$$

（2）当 $L_w C_{Pout} N_{Ci}(t) > L_c C_{Pin}(1 - P_{Di}) N_{Wi}(t)$，$V_{Bout} > V_{Bin}(1 - P_{Di})$ 时，暴恐分子将直接执行 NA 策略。

（3）当 $L_w C_{Pout} N_{Ci}(t) < L_c C_{Pin}(1 - P_{Di}) N_{Wi}(t)$，$V_{Bout} < V_{Bin}(1 - P_{Di})$ 时，暴恐分子将执行 PA 策略。

（4）当 $L_w C_{Pout} N_{Ci}(t) < L_c C_{Pin}(1 - P_{Di}) N_{Wi}(t)$，$V_{Bout} > V_{Bin}(1 - P_{Di})$ 时，暴恐分子选择 NA 策略的触发条件为：

$$V_{Pouti} < \frac{L_w C_{Pout} [V_{Bin}(1 - P_{Di}) - V_{Bout}] N_{Ci}(t)}{L_w C_{Pout} N_{Ci}(t) - L_c C_{Pin}(1 - P_{Di}) N_{Wi}(t)}; \quad i = 0, 1 \tag{4-8}$$

由定理 4-2 可知，暴恐分子的策略选择主要集中于以下四个场景：

第一，当安检厅乘客淤滞水平 $N_{Ci}(t)$ 较高，但安检厅的固定目标价值 V_{Bout} 较低时，暴恐分子袭击安检厅乘客破坏程度高于某一阈值才能触发 NA 策略，否则将执行 PA 策略。当安检厅的乘客淤滞水平 $N_{Ci}(t)$ 较低时，暴恐分子会选择 PA 策略袭击候车厅而造成破坏，但随着安检厅乘客淤滞水平 $N_{Ci}(t)$ 的逐渐升高，暴恐分子很可能转而选择不冒险通过安检系统的 NA 策略。尤其在客流高峰时段，安检厅较高的乘客淤滞水平更可能引发暴恐分子对安检厅的袭击，安检部门应加强对安检厅的实时防御。

第二，当安检厅乘客淤滞水平 $N_{Ci}(t)$ 和安检厅的固定目标价值 V_{Bout} 均较高时，暴恐分子直接执行 NA 策略便可造成一定损坏。通常情况下，候车厅的固定目标价值高于安检厅的固定目标价值（$V_{Bin} > V_{Bout}$），但较高的安检准确率很可能逆转其期望值的数量关系（$V_{Bout} > V_{Bin}(1 - P_{Di})$），进而导致暴恐分子只关注袭击普通乘客所获收益，即只关注安检厅和候车厅的乘客淤滞水平。此时，若暴恐分子判断袭击安检厅乘客可造成一定损坏，则将直接选择 NA 策略。可见，安检系统的安检准确率越高，安检部门越应加强防范暴恐分子采取 NA 策略。

第三，当安检厅乘客淤滞水平 $N_{Ci}(t)$ 和安检厅的固定目标价值 V_{Bout} 均较低时，暴恐分子无偏离 PA 策略的动机。安检厅较小的客流淤滞水平和安检系统较低的准确率可提升暴恐分子袭击候车厅的信念，相对暴恐分子 NA 策略而言，暴恐分子的 PA 策略可为安检部门提供更大的接警反应时间窗，但也可能因安检厅乘车淤滞水平 $N_{Ci}(t)$ 过低、安检通行速度过高而大幅降低接警反应时间的有效性，进而导致更高的候车厅暴恐损失。

第四，当安检厅乘客淤滞水平 $N_{Ci}(t)$ 较低，但安检厅的固定目标价值 V_{Bout} 较高时，只有暴恐分子袭击安检厅乘客破坏程度低于某一阈值才能触发 NA 策略，否则将执行 PA 策略。虽然安检系统较高的准确率会降低暴恐分子采取 PA 策略的信念，但若开启足够的安检通道，则会造成候车厅乘客淤滞水平显著高于安检厅。随着安检厅乘客淤滞水平的不断提高，候车厅的乘客淤滞水平的增幅更加显著，暴恐分子袭击候车厅所造成的损害也更大，故暴恐分子会在安检厅乘客淤滞水平较小时推测候车厅乘客淤滞水平也不理想，进而选择 NA 策略，此时安检部门更应加强安检厅防御；在安检厅乘客淤滞水平较大时推测候车厅乘客淤滞水平更有诱惑力，进而选择 PA 策略，此时安检部门更应加强候车厅防御。由上述分析可得如下结论：

结论 4-3：安检系统的准确率、地铁列车的运力与暴恐分子执行 NA 策略的概率正相关，候车厅固定目标价值与暴恐分子执行 PA 策略的概率正相关。

推论 4-3：高峰大客流对安检厅和候车厅乘客淤滞分布的冲击效应，将直接影响暴恐分子的决策，安检部门应结合实时客流分布对安防资源进行二次分配。

在暴恐时期，安检部门执行 IFR 策略的同时也伴随着较低的安检准确率和较高的安检通行速度，这为安检部门预留了更短的有效接警反应时间窗。但若转而执行 USE 策略，升级安检系统下较高的安检准确率和较低的安检通行速度会提高安检厅的乘客淤滞水平，并可能提升暴恐分子执行 NA 策略的信念。

当预测暴恐分子即将执行 NA 策略时，安检部门应及时采取措施降低安检厅暴恐袭击损失，如在客流控制方面，采取限流进站策略。在人防部署方面，警力部署下沉至站点安检厅或入口、加强安检厅巡检等。在物防部署方面，设置具有乘客高密度聚集缓解作用的软隔离式活动排队栏杆、增加暴恐防御设备、引入警犬等。在技防优化方面，启用安检通行速度较高的检测设备、引进先进的移动式暴恐装置检测设备。当预测暴恐分子即将执行 PA 策略时，安检部门应及时采取措施降低候车厅暴恐袭击损失，如在客流控制方面，增加列车班次。在人防部署方面，加强候车厅巡检、强化候车列队水平。在物防部署方面，增加暴恐防御设备、引入警犬等。

第四节　数值分析

2019 年统计数据显示，北京地铁的年客运力高居世界第一、运营里程总数高居世界第二，故本章选取北京地铁为案例分析对象，以便进一步挖掘 IFR 策略和 USE 策略的适用性和应用盲点。在选择具体地铁站点时，考虑到地铁站的乘客到达分布呈典型的驼峰形分布，尤其以"居住＋办公"类地铁站点最为突出，特选取北京地铁 2 号线积水潭站为案例分析对象。同时，早高峰的乘客到达量通常要高于晚高峰，且持续时间比晚高峰短，高峰大客流的冲击作用更为显著，故为进一步突出暴恐分子决策的不确定性，本章选择早高峰相关数据进行分析研究。本章根据北京地铁官网和中文互联网数据资讯网的统计数据，特画出早高峰时段的乘客到达分布、地铁列车排班情况和单列地铁的运载量折线图，如图 4-4 所示。

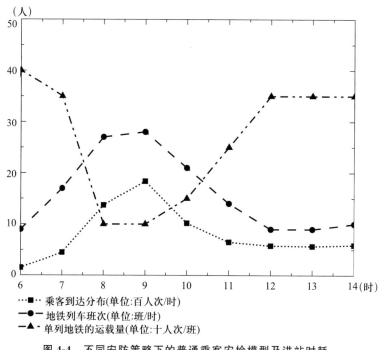

图 4-4　不同安防策略下的普通乘客安检模型及进站时耗

由图 4-4 可以看出，地铁列车班次与乘客到达分布显著正相关。但通过对比 8 时和 9 时的相关数据可以进一步发现，为降低高峰大客流的冲击效应，地铁部门会提前加密列车编组。

一、不同安检策略对乘客淤滞分布的影响

在由定理 4-1 可知，在设卡式安检模式下，安检厅和候车厅的乘客淤滞水平取决于乘客到达、安检通行速度、地铁实时运力以及安检厅和候车厅的布局。但在求解安检通行速度时，还需获得乘客乘行行为、安检仪器错误率和品质因数、案件闸机口数量和单位安检时耗等参数，本章参照既有文献（陈鹏，2016；李德龙，2020；Cavusoglu H，2010）的相关参数设计进行取值，取 $\alpha = 0.05$，$\varepsilon = 4$，$P_{F0} = 0.1$，$P_{F1} = 0.12$，$T_p = 15$，$T_n = 2$。再根据积水潭站结构布局获得安检厅和候车厅的数量参数，即取 $L_c = 3$，$L_w = 1$。将其代入式（4-3）和式（4-4）中可得，安检部门 IFR 策略（$P_{F0} = 0.1$）下和 USE 策略（$P_{F1} = 0.12$）下的安检厅和候车厅乘客淤滞水平如图 4-5 所示。

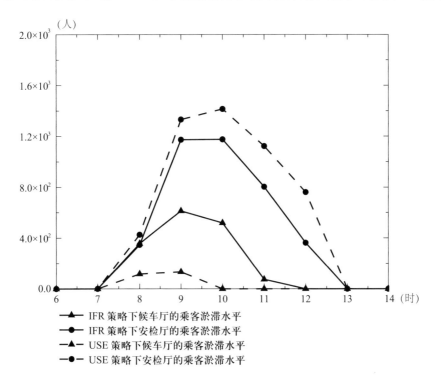

图 4-5　安检部门不同策略下安检厅和候车厅乘客淤滞水平

观察 4-1：安检部门的 USE 策略会进一步延长并增强高峰大客流对安检厅的冲击效应，但会显著缩短并减弱高峰大客流对候车厅的冲击效应。

由图 4-5 可知，安检部门的 USE 策略会提升安检厅的乘客淤滞水平，降低候车厅乘客淤滞水平。可见，USE 策略可以增强对违禁品的拦截效率，但可能触发暴恐分子的 NA 策略；IFR 策略可以提升对暴恐分子的事前识别能力，但会增大候车厅被袭击的概率。故安检部门还应强化原有资源的二次分配，即在 USE 策略下，安检部门更应

侧重加强安检厅的暴恐防御，如提升接警反应效率、下沉警力资源至安检厅、控制实时进站乘客数量、强化巡检、布置软隔离式活动排队栏杆等。反之，在 IFR 策略下，安检部门应将防御资源适当向候车厅倾斜，如强化二次排查、强化乘客候车队列、加密列车编组等。

在针对定理 4-1 中公式（4-3）和公式（4-4）的相关分析中，本章已经得出相关参数对安检厅和候车厅乘客淤滞分布影响的基本趋势，故不再进一步分析某些参数对乘客淤滞水平的敏感性。

二、基于乘客淤滞分布的安检部门决策

随着联防联控网络的逐渐完善，引入人脸抓拍系统对识别在案潜逃人员、规范乘客乘行行为、预警火灾等方面的辅助作用越来越显著，即人脸抓拍系统的社会价值 V_e 也是安检部门决策的重要因素之一。沿用前文的参数取值，并参考文献（陈鹏，2016；李德龙，2020；李文兴，2012；Cavusoglu H，2010）的相关参数设计，结合积水潭站结构布局，特取 $C_{Pout}=1\times10^2$，$C_{Pin}=4\times10^2$，$V_{Bin}=2\times10^4$，$V_{Bout}=1\times10^4$。结合安检部门与暴恐分子的攻防博弈均衡路径和 IFR 策略下的乘客淤滞分布，可得出安检部门选择 IFR 策略时，对 V_e 的决策期望阈值，如图 4-6 所示。

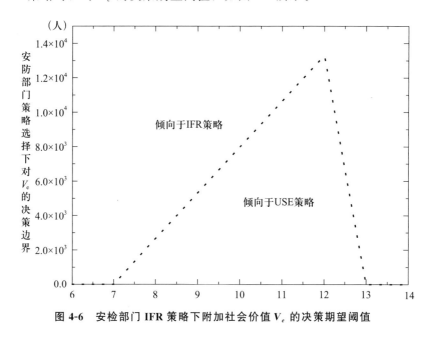

图 4-6　安检部门 IFR 策略下附加社会价值 V_e 的决策期望阈值

观察 4-2：在客流高峰后期，安检部门执行 IFR 策略对 V_e 的要求最高；在客流高峰前期，安检部门执行 IFR 策略对 V_e 的要求最低。

由图 4-6 可知，当安检部门执行 IFR 策略时，在客流高峰前期和中期，暴恐分子大概率执行 PA 策略，但在客流高峰冲击下，暴恐分子的候检时间将显著增长，这在一

定程度上缓解了安检部门对接警反应时间的要求，暴恐分子被顺利缉捕的概率随之增大，此时，安检部门对引入人脸抓拍系统附加收益 V_e 的要求并不高。在客流高峰后期，暴恐分子很可能转而执行 NA 策略，人脸抓拍系统和安检系统都将面临失效的风险。此时，引入人脸抓拍系统附加收益 V_e 将成为安检部门执行 IFR 的重要参考依据。

接警反应时间的有效性问题直接关系 IFR 策略对暴恐分子的抑制水平。根据图 4-6 的数值分析结果，结合安检部门对人脸抓拍系统社会价值 V_e 的考虑，本章在人脸抓拍系统社会价值较低（$V_e = 0$）和较高（$V_e = 1.5 \times 10^4$）两种情境下，分析安检部门 {IFR，PA} 均衡策略下 P_a 决策的最低期望阈值，如图 4-7 和图 4-8 所示。

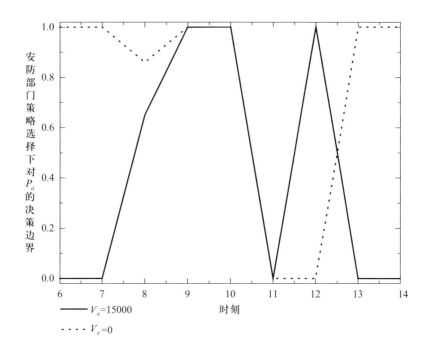

图 4-7　安检部门 {IFR，PA} 策略的均衡场景 1 下 P_a 决策的最低期望阈值

观察 4-3：在暴恐分子预判 USE 策略下选择 PA 策略可获得更大收益的场景（均衡场景 1）下，V_e 越低，则 P_a 决策的最低期望阈值在客流高峰前期越大，但 P_a 决策的最低期望阈值在客流高峰后期越小，且持续时间越长。

观察 4-4：在暴恐分子预判 USE 策略下选择 NA 策略可获得更大收益的场景（均衡场景 2）下，在客流高峰前期，V_e 的取值对 P_a 的影响较小，但在客流高峰后期，V_e 越低，则 P_a 决策的最低期望阈值越小。

USE 策略下的暴恐分子决策路径会影响安检部门的策略选择。第一，在暴恐分子预判 USE 策略并选择 PA 策略时可造成更大的损害，安检系统有效的概率（坚持 PA 策略的概率）会显著提升。此时，安检部门基于人脸抓拍系统社会价值 V_e 和接警反应

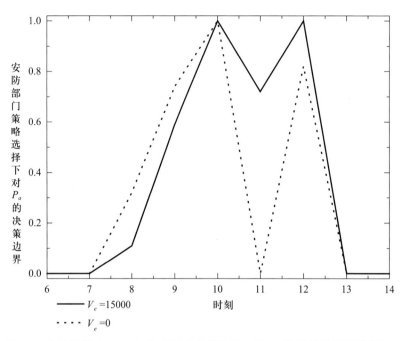

图 4-8 安检部门〈IFR，PA〉策略的均衡场景 2 下 P_a 决策的最低期望阈值

时间有效概率 P_a 进行决策，且 V_e 和 P_a 属于互补关系。但在高峰大客流对安检厅和候车厅乘客淤滞分布的影响下，暴恐分子可能在客流高峰后期发生策略偏移，为了降低暴恐分子 NA 策略的影响，安检部门应选择 IFR 策略。第二，在暴恐分子预判 USE 策略并选择 NA 策略时可造成更大的损害，较高的安检准确率会造成安检厅乘客的大面积淤滞，故在客流高峰前期，安检部门的 IFR 策略选择对 P_a 和 V_e 无依赖关系。在客流高峰前期和中期执行 IFR 策略可使安检厅乘客淤滞水平显著降低，可以减缓高峰大客流的冲击效应，缩短冲击效应的持续时间，进而在客流高峰后期，安检部门的 IFR 策略选择对 P_a 和 V_e 存在依赖关系。可见，安检部门的 IFR 策略选择，不仅依赖于人脸抓拍系统社会价值 V_e 和接警反应时间有效概率 P_a，还取决于增强型安检系统的安检准确率和高峰大客流的冲击效应。

三、基于乘客淤滞分布的暴恐分子决策

在沿用前文相关参数的选取前提下，由定理 4-2 可知，存在 $V_{Bout} < V_{Bin}(1-P_{D0})$，$V_{Bout} > V_{Bin}(1-P_{D1})$，此时若 $L_w C_{Pout} N_{Ci}(t) > L_c C_{Pin}(1-P_{Di}) N_{Wi}(t)$，则暴恐分子选择 NA 策略，若 $L_c C_{Pout} N_{Ci}(t) < L_c C_{Pin}(1-P_{Di}) N_{Wi}(t)$，则暴恐分子选择 PA 策略。在均衡路径的基础上，将上述取值代入定理 4-2 可得，安检部门不同策略下，暴恐分子基于乘客淤滞水平的策略选择如图 4-9 所示。

观察 4-5：在 IFR 策略下，暴恐分子在安检厅客流淤滞高峰前期和中期选择 PA 策

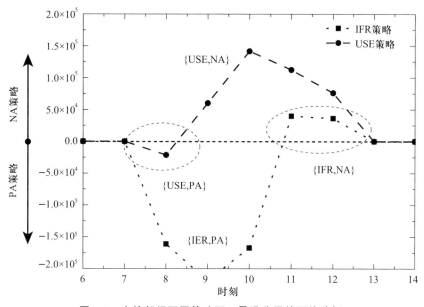

图 4-9 安检部门不同策略下，暴恐分子的可能选择

略，在安检厅客流淤滞高峰后期选择 NA 策略；在 USE 策略下，暴恐分子在安检厅客流淤滞高峰前期选择 PA 策略，在安检厅客流淤滞高峰中期和后期选择 NA 策略。

在安检部门具有人脸识别能力的不对称信息下，IFR 策略更可能使暴恐分子选择袭击候车厅内的地铁列车和乘客（PA 策略），但高峰大客流对候车厅乘客淤滞水平的影响时间较短，而对安检厅乘客淤滞水平的影响时间较长，故暴恐分子可能在客流高峰后期选择 NA 策略。USE 策略更容易使暴恐分子选择袭击安检厅内的建筑和乘客（NA 策略），同理，在高峰大客流对乘客淤滞水平影响下，暴恐分子在客流高峰前期可通过 PA 策略造成损害。可见，当采取 IFR 策略时，安检部门应在客流高峰后期强化安检厅防御；当采取 USE 策略时，安检部门应在客流高峰前期加强候车厅防御。

由上述分析可知，在安检部门某一策略固定不变的前提下，暴恐分子只需通过对比 $L_w C_{Pout} N_{Ci}(t)$ 和 $L_c C_{Pin}(1-P_{Di}) N_{wi}(t)$ 的大小关系进行决策，而本章已在定理 4-1 的相关分析中，给出了这两个参照函数中基本参量的影响趋势，为进一步突出本章研究重点，不再进行相关参数的敏感性分析。

本章小结

在暴恐风险一般时期，地铁安检部门面临着对引进人脸抓拍系统和升级原安检系统的二选一决策问题。升级加强原设卡式安检系统，不但可以提高违禁品的检出效率，还能简化安防体系流程。通过引进人脸抓拍系统，构建地铁二级防控系统不仅可以提升暴恐袭击的事前防御能力，还能确保乘客的通行体验。同时，两种方式下的安检效能还存在不同制约因素，如增强型安检系统可能因过高的准确率造成安检厅乘客的大面积淤滞，进而形成暴恐分子袭击安检厅的安全隐患，以及乘客较差的乘行行为和较高的包裹携带率，还将进一步加剧这一效应。而人脸抓拍系统的有效性还受制于信息技术的完备性、潜在暴恐分子识别的全面性和接警反应时间的有效性等因素。地铁属于公共服务设施，当面对突发性暴恐袭击时，地铁防御和暴恐袭击的策略制定具有时域分布的先后差异。可见，地铁部门在面对具有后动优势的暴恐分子时，如何结合自身的站点结构特征、乘客到达分布、接警反应时间、原有安检系统性能等因素选择恰当的安防策略，是资源有限条件下的防御难题和重点。

为系统性研究这一策略决策过程，本章以我国现行地铁安检系统为蓝本，基于暴恐分子决策的目标价值依赖特性，构建了有限资源约束下的人脸抓拍策略权衡序贯博弈模型。研究发现，安检部门的策略选择不仅取决于安检部门接警反应时间有效的概率和引入人脸抓拍系统的社会价值，还与原安检系统和增强型安检系统的准确率，以及乘客达到分布、地铁运力等因素紧密相关。主要结论包括：

第一，当暴恐分子对袭击安检厅的损害变大时，选择 NA 策略的概率会随之增大，则人脸抓拍系统和安检策略失效的概率越大，此时，安检部门应在 IFR 策略下尽量缩短接警反应时间，在 USE 策略下加强安检厅防御。当暴恐分子坚持实施 PA 策略时，安检策略有效，人脸抓拍策略的有效性取决于接警反应时间，此时，安检部门应在 IFR 策略下提高接警反应时间有效的概率，在 USE 策略下加强安检厅的防御资源分配，以免暴恐分子临时起意。

第二，安检系统的准确率会加剧高峰大客流对安检厅的乘客淤滞冲击，但会降低高峰大客流对候车厅的乘客淤滞冲击，而这种作用可能会提高暴恐分子执行 NA 策略，与此同时，地铁列车较高的运力还会加剧安检厅和候车厅的乘客淤滞差异变化速率。

第三，当增强型安检系统的准确率过高，或安检部门接警反应时间的有效概率较高时，安检部门将大概率选择 IFR 策略，而引进人脸抓拍系统的社会价值对安检部门决策无直接影响。当增强型安检系统的准确率适中，或安检部门接警反应时间的有效概率较低时，安检部门在侧重考虑效率的情况下，将大概率选择 IFR 策略；当安检部门在侧重考虑安全的情况下，将大概率选择 USE 策略。

在地铁安检部门与暴恐分子的攻防博弈中，情报战和信号战通常具有关键作用，情报战可能使本章安检部门接警反应时间的信息不对称性变得更加复杂，而安检部门可以通过释放人脸抓拍策略有效性、接警反应时间、安检准确率等相关信号，定向干扰暴恐分子的决策。故在后续研究中，将结合上述情景对此问题进行深度研究。

第五章

暴恐风险一般情景下白名单
策略的序贯博弈分析

随着大中城市人口数量不断上升，高峰大客流对地铁安检的冲击效应越来越显著，并陆续出现了"安检走过场、宽严不一""检包不检人、大包检小包过"等问题。尤其在暴恐风险上升时期，高峰大客流冲击会进一步提升暴恐发生概率。为解决现有地铁安检流程单一所暴露出的大客流冲击与安检通行速度之间的尖锐矛盾，从根本上提升有针对性的暴恐防御能力，人大代表王先进提出地铁安检引入白名单策略（裴剑飞，2020），但该制度较低的抽检率设计引发了业界对白名单通道涉恐防爆安检能力不足的担忧，需要进一步优化地铁安检白名单策略的涉恐防爆安检流程。

针对解决地铁实施白名单策略的涉恐防爆能力分析问题，本章在基于白名单策略的地铁分流安检模型基础上，首先，给出了普通通道和白名单通道的安检通行速度模型、爆炸装置漏检率模型、安检成本模型，并进一步构建了安检厅和候车厅的爆炸伤亡损失预测模型，为地铁部门控制安检厅和候车厅爆炸袭击损失提供了模型分析工具，也为安检部门优化安检白名单策略提供了决策参考。其次，构建了基于白名单策略的地铁涉恐防爆安检序贯博弈模型，得出了四种情景下的 Nash 均衡路径，并重点给出了安检部门执行白名单策略的子博弈完美 Nash 均衡路径的触发条件，为安检部门设立和优化地铁安检白名单通道提供了坚实的理论基础。再次，结合高峰大客流对地铁安检系统的冲击作用，进一步分析了基于白名单策略的暴恐防御能力。最后，结合模型分析结果，给出了不同场景下的决策建议。

本章第一节给出了地铁安检白名单策略的理论背景，解决了"为什么"对地铁安检进行制度优化的疑虑，并为构建基于白名单策略的地铁安检流程模型提供理论依据。第二节从安检流程模型出发，给出地铁安检白名单策略的落地实施基础模型，解决了地铁安检白名单策略"是什么"的问题。第三节从地铁安检部门与暴恐分子攻防博弈中存在策略实施时间先后的角度出发，通过采用序贯博弈工具，解决了"如何执行"地铁安检白名单策略问题；考虑到高峰大客流对地铁安检系统具有显著的冲击效应。

第四节详细分析了基于白名单策略的地铁安检模型对高峰大客流冲击效应的抑制作用，并进一步讨论高峰大客流下的暴恐防御能力，解决了"如何优化"问题；第五节针对安检仪器检测能力、乘客乘行行为等重要参数影响进行了数值分析，解决了"如何综合治理"问题；第六节给出本章的重要结论和管理启示。

第一节　问题提出与前提假设

一、问题提出

在暴恐风险一般或较高时期，按照一定规则对乘客进行分级分类安检是暴恐防御资源聚焦有效途径，地铁安检白名单策略从筛选和分流低危乘客角度给出了解决方案（裴剑飞，2020）。地铁安检的重点拦截对象不仅是普通乘客携带的一般违禁品，还有暴恐分子潜藏的爆炸装置。地铁安检白名单策略所构想的免检或低概率抽检机制，存在着地铁安检部门涉恐防爆能力不足的忧虑（王亮，2020）。如何增强地铁安检白名单策略的涉恐防爆拦截能力，从而避免白名单策略被暴恐分子利用，成为了业界迫切需要解决的焦点问题。

在暴恐袭击和高峰大客流的双重冲击下，安检部门通常难以平衡安全与效率的矛盾，普遍存在安检秩序混乱、候检乘客淤滞严重、安检不细致等现象（徐成永，2019）。在地铁安检领域，白名单策略指安检部门对较低乘行风险乘客进行特殊身份认证，并允许其通过低抽检率通道过检乘车的新型安检制度。在管理部门推行白名单策略的初期，通常存在短视认知偏差放大造假冲动的可能性，即在通过白名单认证后，白名单属性拥有者存在通过造假、伪装等手段获取非法收益的可能。但是，监管部门可通过强化监管为核心的标本兼治手段解决这一问题（刘瑞明，2018），并可确保有效发挥出白名单策略的速度优势和社会诚信体系构建价值。从试点上看，白名单策略还存在是否会显著降低地铁安检安全性、是否会引发社会歧视、能否在暴恐时期提高地铁安检的自发可调节性等疑问。虽然针对白名单策略的争论还比较激烈，但却不能否认建立科学、高效的地铁安检白名单策略的紧迫性和必要性。

二、前提假设

与流程改进策略、技术升级策略不同，地铁安检白名单策略具备对乘客自发分流的功能，且在流程设计和安检原则上，也与普通安检通道存在一定差异。因此，本节特从白名单策略设计角度提出后续相关模型构建的基本假设。

假设 5-1：白名单通道的设立不影响原有普通通道的安检性能。从北京、南京等试点地铁安检白名单策略的案例看，地铁部门通常根据地铁站点原有空间布局、安检资源配置、客流分布特征以及未来发展需求，来确定白名单通道的设立方式（陈勇，2019；李博，2019）。在两种设置方式下，普通安检通道一般只包括一条物品检测通道和一条人身检测通道，且白名单通道的设立不会影响普通通道的通行速度和安全性。

假设 5-2：在白名单通道，安检部门执行"人包统检"的一刀切式抽检规则，且抽检完全随机。从试点单位中发现，白名单的准入对象包括从火车站等安检级别更高场所出行的乘客、未携带包裹的一般乘客、通过支付宝等第三方信用认证的乘客以及拥有特殊工作身份的乘客等（陈勇，2019；李博，2019），可见，此类准入标准是典型的一刀切式准入标准，且可能被认为带有一定歧视色彩。研究表明，对特权对象的强监督是降低社会歧视情绪的有效方式（孟庆斌，2015），故本章强化了被抽检白名单乘客的安检规则，由普通通道的"逢包必检、人身抽检"升级为"人包统检"。

假设 5-3：白名单通道和普通通道所使用的检测设备相同。安检设备性能参数通常会显著影响安检厅和候车厅的乘客淤滞分布（李德龙，2019），尤其在高峰大客流的冲击作用下，这种影响可能直接改变暴恐分子的袭击策略。为突出研究重点，本章特控制两类通道检测仪器一致，以消除技术差异对安检流程对比结果的干扰。

假设 5-4：不考虑暴恐分子通过人身和包裹同时携带爆炸装置的情景。地铁安检时一般会要求人与包分离，当暴恐分子利用人身和包裹同时携带违禁品时，X 射线安全检查设备和手持金属探测器至少一方发出报警的概率会升高，即人身和包裹同时携带违禁品会显著提升被识别的概率（李德龙，2020）。因此，为进一步突出研究问题，不考虑暴恐分子采用人身和包裹同时携带违禁品的携带方式。

第二节　基于白名单策略的地铁安检基础模型

一、基于白名单策略的地铁安检流程

从地铁安检白名单准入标准上看，个人信用指数（李博，2019）、高级别安检交通枢纽无缝接入（刘根生，2020）等是最常见的入选参考指标。同时，更为严格的、细致的"人包统检"抽检流程和严厉的失信惩罚措施，是保障白名单策略效能发挥的必要前提条件（武红利，2020）。在应对突发性暴恐袭击时，安检部门通常难以在第一时间掌握暴恐分子准确的袭击目标、时间和作案工具等，且只能在违禁品检测环节对其进行识别和拦截（卫静，2017）。因此，根据白名单策略的基本特征构建地铁安检的基本流程，是详细分析白名单策略安全保障能力和控制安检通行速度能力的基本前提。地铁安检白名单策略的基本原理是根据乘客的私人属性对其进行安检前分类，并使乘客自发地完成白名单乘客和普通乘客的分流过程。结合地铁安检的现有研究文献和若干城市的试点经验（李德龙，2020；卫静，2017），本章给出了基于白名单策略的地铁分流安检流程概念框架图，如图 5-1 所示。

根据 GTD（Global Terrorism Database）数据库结果及相关研究成果（Hadden W A，2010）可知，爆炸物是暴恐分子最常用的袭击工具，也就是说，安检部门主要根据是否携带爆炸装置来识别和控制暴恐分子。我国现行地铁安检制度一般遵循"逢包必

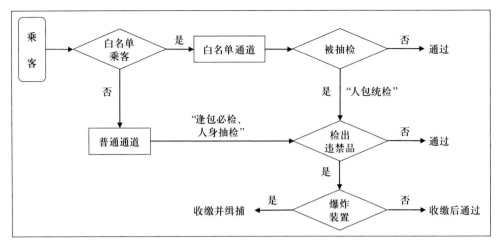

图 5-1　基于白名单策略的地铁分流安检流程概念框架

检、人身抽检"规则，在部分客流量较大的地铁站施行"大包必检、小包抽检、人身抽检"等相对宽松的安检规则。对于携带一般违禁品的乘客，安检部门通常采取收缴后放行的策略。对于携带涉嫌违法违禁品（如爆炸装置、毒品、枪支等）的乘客，安检部门通常采用收缴并缉捕的策略。由于携带毒品、枪支等违法违禁品在我国地铁中的发生率较低，且此类违禁品安检问题不是重点研究对象，本章的安检流程模型并未对其进行细致刻画。一般情况下，当具备白名单身份时，乘客可以进入白名单通道或普通通道，因此，本模型并未考虑低发生概率的白名单乘客选择普通通道情景。当不具备白名单身份时，乘客只能进入普通通道，并进一步接受"逢包必检、人身抽检"，此时，未携带包裹的部分乘客也可随机享受免检待遇。

二、白名单策略下的安检安全性

地铁安检模型的安检安全性体现为对暴恐装置的拦截效率，但由于暴恐分子的占比较低，暴恐概率始终处于较低水平。为突出白名单通道的安检安全性，本节特从体现潜在安全隐患的漏检率进行突出刻画，并给出暴恐分子通过白名单通道和普通通道进行渗透的安检流程模型，如图 5-2 和图 5-3 所示。

其中，P_{sg} 表示普通通道的抽检率，P_{sw} 表示白名单通道的抽检率，P_{cg} 表示普通通道的乘客包裹携带率，P_{cw} 表示白名单通道的乘客包裹携带率，P_{PB} 表示暴恐分子通过人身携带违禁品的概率。研究发现，安检仪器的准确率和错误率服从 ROC 受试曲线，且满足 $P_D = f(P_F)$，$P_D \geqslant P_F$，$f(0) = 0$，$f(1) = 1$，$f' \geqslant 0$，$f'' \leqslant 0$（李德龙，2019；Cavusoglu H，2010）。Cavusoglu H（2010）发现，与真实检测效果拟合度较高的二次 ROC 曲线形式满足分析要求，故本章也沿用此函数形式，如引理 5-1 所示：

引理 5-1：安检系统检测仪器的准确率和错误率满足：

$$P_D = (1+\varepsilon)P_F - \varepsilon P_F^2 \tag{5-1}$$

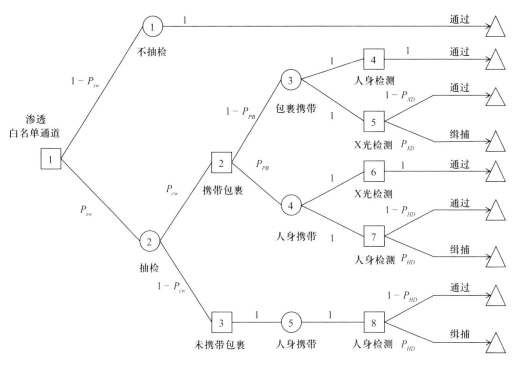

图 5-2 暴恐分子渗透白名单通道的安检流程模型

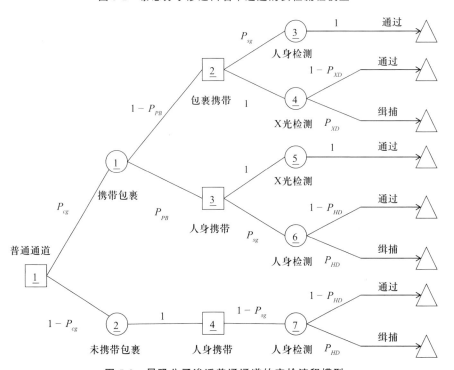

图 5-3 暴恐分子渗透普通通道的安检流程模型

其中，P_D 为安检系统检测仪器的准确率，P_F 为安检系统检测仪器的错误率，ε 为安检系统检测仪器的品质因数（$\varepsilon > 1$），且与检测仪软件系统和硬件性能有关。由于白名单通道和普通通道的安检流程存在显著差异性，暴恐分子选择不同渗透方式所获得的暴恐成功率也自然不同。在描述暴恐分子渗透策略时，本章采用概率分布形式对暴恐分子策略进行描述，设定暴恐分子以概率 P_{iw} 通过白名单通道乘客身份进行渗透，以概率 $1 - P_{iw}$ 通过普通通道乘客身份进行渗透。当 $P_{iw} = 0$ 时，暴恐分子只通过普通通道乘客身份进行渗透；当 $P_{iw} = 1$ 时，暴恐分子只通过白名单通道乘客身份进行渗透；当 $0 < P_{iw} < 1$ 时，暴恐分子通过两类通道乘客身份进行渗透。根据图 5-2 和图 5-3，可进一步得出暴恐分子渗透不同安检通道下的爆炸装置漏检率：

（一）暴恐分子通过白名单乘客身份进行渗透时的爆炸装置漏检率

由图 5-2 可知，此渗透方式下的爆炸装置漏检率包括两种情景，一种是未被抽检的概率 $1 - P_{sw}$，另一种是被抽检但未被识别的概率。当暴恐分子选择随身携带爆炸装置时，手持金属探测器不鸣响的概率即为此情景下的爆炸装置漏检率，而 X 射线安全检查设备对包裹的错误警报并不会实现对暴恐分子的识别，即此情景下的爆炸装置漏检率为 $1 - P_{HD}$；当暴恐分子选择利用包裹携带爆炸装置时，X 射线安全检查设备不鸣响的概率即为此情景下的爆炸装置漏检率，同理，手持金属探测器对人身的错误报警也不会实现对暴恐分子的识别，即此情景下的爆炸装置漏检率为 $1 - P_{XD}$。综上可知，暴恐分子通过白名单乘客身份进行渗透下的爆炸装置漏检率 P_S^W 为：

$$P_S^W = 1 - P_{sw}[P_{HD} - P_{cw}(P_{HD} - P_{XD})(1 - P_{PB})] \tag{5-2}$$

对 P_S^W 关于抽检率 P_{sw} 求一阶导数可得 $\partial P_S^W / \partial P_{sw} < 0$，即较低的抽检率会直接提升爆炸装置的漏检率，故基于乘客对安检通行速度的需求，安检部门更应探寻可代替人防的地铁安检技防手段。对 P_S^W 关于检测设备的准确率 P_{HD} 和 P_{XD} 求一阶导数可得 $\partial P_S^W / \partial P_{HD} = -P_{sw}[1 - P_{cw}(1 - P_{PB})] < 0$，$\partial P_S^W / \partial P_{XD} = -P_{sw}P_{cw}(1 - P_{PB}) < 0$。提升检测设备的准确率是提升白名单通道安检安全性的重要手段，且在 $P_{PB} > 1 - 1/(2P_{cw})$ 条件下，安检部门在优化安检设备投入分配时，更应向提升手持金属探测器准确率倾斜，而非重点提升 X 射线安全检查设备的准确率。可见，收集暴恐分子携带爆炸装置的方式信息对反恐资源配置和安检策略优化也同样具有较高的应用价值。

（二）暴恐分子通过普通乘客身份进行渗透时的爆炸装置漏检率

由图 5-3 可知，此渗透方式下的爆炸装置漏检率包括：①在未携带包裹的情况下，暴恐分子未被执行人身抽检的概率，表示为 $(1 - P_{cg})(1 - P_{sg})$；②在未携带包裹的情况下，暴恐分子被执行人身抽检，但未被识别的概率，表示为 $P_{sg}(1 - P_{cg})(1 - P_{HD})$；③在携带包裹的情况下，暴恐分子随身携带爆炸装置，同时也未被执行人身抽检的概率，表示为 $P_{cg}P_{PB}(1 - P_{sg})$；④在携带包裹的情况下，随身携带爆炸装置的暴恐分子被执行人身抽检，但未被识别的概率，表示为 $P_{cg}P_{sg}P_{PB}(1 - P_{HD})$；⑤在携带包裹的情况下，暴恐分子利用包裹携带爆炸装置，但未被识别的概率，表示为 $P_{cg}(1 - P_{PB})(1 - P_{XD})$。综上可知，暴恐分子通过普通乘客身份进行渗透下的爆炸装置漏检率 P_S^G 为：

$$P_S^G = 1 - P_{sg} P_{HD} (1 - P_{cg} + P_{cg} P_{PB}) - P_{cg} P_{XD} (1 - P_{PB}) \tag{5-3}$$

同理，对 P_S^G 关于人身抽检率 P_{sg} 求一阶导数可得 $\partial P_S^G / \partial P_{sg} < 0$，即普通通道中较低的人身抽检率会直接提升爆炸装置的漏检率，安检部门应对普通通道强化技防建设。对 P_S^G 关于检测设备的准确率 P_{HD} 和 P_{XD} 求一阶导数可得 $\partial P_S^G / \partial P_{HD} = -P_{sg}$ $(1 - P_{cg} + P_{cg} P_{PB}) < 0$，$\partial P_S^G / \partial P_{XD} = -P_{cg} (1 - P_{PB}) < 0$。同理可知，提升检测设备的准确率也是提升普通通道安检安全性的重要手段。对比白名单通道中检测设备影响结果可知，存在 $\partial P_S^W / \partial P_{HD} > \partial P_S^G / \partial P_{HD}$，$\partial P_S^W / \partial P_{XD} > \partial P_S^G / \partial P_{XD}$，即普通通道安检安全性对安检部门提升检测设备准确率更敏感，因此，对白名单通道的技防升级手段更应趋向点对面的非常规检测设备，而不是常规的点对点检测设备。

通过对比分析 P_S^W 和 P_S^G 可得：

命题 5-1：当 $P_{sw} < \dfrac{P_{sg} P_{HD} (1 - P_{cg} + P_{cg} P_{PB}) + P_{cg} P_{XD} (1 - P_{PB})}{P_{HD} - P_{cw} (P_{HD} - P_{XD}) (1 - P_{PB})}$ 时，暴恐分子更倾向于选择渗透白名单乘客策略；当 $P_{sw} > \dfrac{P_{sg} P_{HD} (1 - P_{cg} + P_{cg} P_{PB}) + P_{cg} P_{XD} (1 - P_{PB})}{P_{HD} - P_{cw} (P_{HD} - P_{XD}) (1 - P_{PB})}$ 时，暴恐分子更倾向于选择渗透普通乘客策略。

由命题 5-1 可知，当白名单通道的抽检率低于某一阈值时，白名单通道可看作是暴恐分子的绿色通道，此时白名单策略并不利于暴恐防御；当白名单通道的抽检率高于这一阈值时，白名单通道对暴恐分子的拦截能力高于普通通道，暴恐分子只能选择普通通道进行渗透，此时白名单策略有助于暴恐防御。

三、白名单策略下的安检通行速度

本章在相关地铁安检优化模型基础上（李德龙，2020；卫静，2017），构建了两通道的安检通行速度模型，其中，白名单通道安检通行速度 $N_{white}(t)$ 的取值由白名单通道乘客的单位安检时间 T_{EW} 决定，且 T_{EW} 主要由白名单乘客的抽检率、违禁品携带率、单位检测时间以及检测仪器报警概率决定，而未被抽检乘客的安检时耗计为 T_W。由图 5-2 可得，白名单通道乘客的单位安检时间 T_{EW} 为：

$$T_{EW} = \underbrace{P_{sw} T_W}_{\text{免检乘客安检时耗}} + \underbrace{(1 - P_{pw})}_{\text{未携带违禁品}} P_{sw} \left\{ \begin{array}{l} \underbrace{P_{cw} [(1 - P_{XF})(T_A P_{HF} + T_B) + P_{XF}(T_C + T_H)]}_{\text{未携带违禁品但携带包裹的被抽检乘客安检耗时}} \\ + \underbrace{(1 - P_{cw})(T_A P_{HF} + T_B)}_{\text{未携带违禁品也未携带包裹的被抽检乘客安检耗时}} \end{array} \right\}$$

$$+ \underbrace{P_{pw}}_{\text{携带违禁品}} P_{sw} \left\{ \begin{array}{l} \underbrace{P_{cw} [(1 - P_{XD})(T_A P_{HD} + T_B) + P_{XD}(T_C + T_H)]}_{\text{既携带违禁品又携带包裹的被抽检乘客安检耗时}} \\ + \underbrace{(1 - P_{cw})(T_A P_{HD} + T_B)}_{\text{携带违禁品但未携带包裹的被抽检乘客安检耗时}} \end{array} \right\} \tag{5-4}$$

其中，P_{pw} 为白名单通道中携带违禁品的乘客占比，T_B 为人身检测时报警器未鸣响的时耗，T_C 为 X 射线安全检查设备检测包裹时报警器未鸣响的时耗，一般情况下存在 $T_B > T_C$。T_A 为人身检测时报警器鸣响后的详排时耗，T_H 为 X 射线安全检查设备检测包裹时报警器鸣响后的手工检查时耗，一般情况下存在 $T_B + T_A < T_C + T_H$。由式（5-4）可直接得出白名单通道的安检通行速度为：

$$N_{white}(t) = 1/T_{EW} \qquad (5\text{-}5)$$

由式（5-4）和式（5-5）可知，抽检率越低，白名单通道的安检通行速度越高。同理，普通通道的安检通行速度 $N_{general}(t)$ 由普通通道乘客的单位安检时间 T_{EG} 决定，且 T_{EG} 主要由普通乘客的包裹携带率、人身抽检率、违禁品携带率、单位检测时间以及检测仪器鸣响概率决定，仅有未携带包裹的乘客能以概率 $1 - P_{sg}$ 免检通过普通通道。由图（5-3）中的安检流程可得，普通通道乘客的单位安检时间 T_{EG} 为：

$$
\begin{aligned}
T_{EG} = \underbrace{(1 - P_{pg})}_{\text{未携带违禁品}} &
\begin{cases}
\underbrace{P_{sg}^{+}\left[(1-P_{XF})(1-P_{HF})T_B + (1-P_{XF})P_{HF}(T_A + T_B) + P_{XF}(T_C + T_H)\right]}_{\text{未携带违禁品且被人包统检的乘客安检耗时}} \\
+ \underbrace{(P_{cg} - P_{sg}^{+})\left[(1-P_{XF})T_C + P_{XF}(T_C + T_H)\right]}_{\text{未携带违禁品且仅被检包的乘客安检耗时}} \\
+ \underbrace{(P_{sg} - P_{sg}^{+})\left[(1-P_{HF})T_B + P_{HF}(T_A + T_B)\right]}_{\text{未携带违禁品仅被检人身的乘客安检耗时}}
\end{cases} \\
+ \underbrace{P_{pg}}_{\text{携带违禁品}} &
\begin{cases}
\underbrace{P_{sg}^{+}\left[(1-P_{XD})(1-P_{HD})T_B + (1-P_{XD})P_{HF}(T_A + T_B) + P_{XD}(T_C + T_H)\right]}_{\text{携带违禁品且被人包统检的乘客安检耗时}} \\
+ \underbrace{(P_{cg} - P_{sg}^{+})\left[(1-P_{XD})T_C + P_{XD}(T_C + T_H)\right]}_{\text{携带违禁品且仅被检包的乘客安检耗时}} \\
+ \underbrace{(P_{sg} - P_{sg}^{+})\left[(1-P_{HD})T_B + P_{HD}(T_A + T_B)\right]}_{\text{携带违禁品且仅被检人身的乘客安检耗时}}
\end{cases}
\end{aligned}
$$

$$(5\text{-}6)$$

其中，P_{pg} 为普通通道中携带违禁品的乘客占比，P_{sg}^{+} 为普通通道中乘客被安检部门执行人包统检的概率。同理，由式（5-6）可直接得出普通通道的安检通行速度为：

$$N_{general}(t) = 1/T_{EG} \qquad (5\text{-}7)$$

由式（5-6）和式（5-7）同样可知，普通通道的安检通行速度与乘客的违禁品携带率和被抽检率负相关。当白名单通道的抽检率高于某一阈值时，白名单通道相对普通通道的速度优势会丧失，且安检厅乘客淤滞水平上升、候检厅乘客淤滞水平下降。

四、白名单策略下的乘客淤滞模型

分析白名单策略对安检厅和候车厅乘客淤滞水平的影响，也是科学决策白名单策略落地实施标准的必备步骤。李德龙等（2020）以乘客淤滞水平为视角，结合地铁乘客到达分布、地铁列车的运载力以及地铁安检基本流程，建立了具备地铁安检通行速度评价功能的乘客淤滞模型。

基于白名单策略地铁安检模型下的候车厅乘客的淤滞量 $N_w(t)$ 为：

$$N_W(t) = [m_{white}N_{white}(t) + m_{general}N_{general}(t)]t - m_T N_B, \quad m_T T_u < t < (m_T + 1)T_u$$
(5-8)

基于白名单策略地铁安检模型下的安检厅乘客的淤滞量 $N_C(t)$ 为：

$$N_C(t) = \int_0^t \pi(t)\,\mathrm{d}t - \int_0^t [m_{white}N_{white}(t) + m_{general}N_{general}(t)]\,\mathrm{d}t$$
(5-9)

其中，t 表示安检累积历时（分钟），m_T 表示已通过的地铁列车班次，m_{white} 表示白名单通道的数量，$m_{general}$ 表示普通通道的数量，N_B 表示单列地铁列车的运力，T_u 表示列车运行间隔（分钟），$\pi(t)$ 表示乘客的到达分布。

由式（5-8）和式（5-9）可知，当 $m_{white}N_{white}(t) + m_{general}N_{general}(t) > \pi(t)$ 时，安检厅的乘客淤滞水平均近似为 0，即在无法控制进站客流时，安检部门可通过提高安检通行速度的方式降低安检厅的暴恐损失，如提高白名单乘客比例、加强安全宣传、增加安检人员配置等。当 $\int_0^t [m_{white}N_{white}(t) + m_{general}N_{general}(t)]\,\mathrm{d}t > mN_B$ 时，候车厅的乘客淤滞水平近似为 0，即在安检部门无法控制安检通行速度时，地铁运营企业可通过扩大列车编组数量、缩短列车运行间隔的方式协助降低候车厅潜在暴恐损失。可见，安检通道的安检通行速度直接影响着暴恐防御策略的制定。

第三节　基于白名单策略有效性研究的序贯博弈模型

白名单安检制度一般可显著提升安检通行速度，但也存在白名单通道的通行速度自发可调节性差、个人极端行为导致安全隐患大等问题。地铁系统的暴恐袭击一般具有显著的突发性、持续时间短、伤亡损失大等特点（Climent Q D，2017），而白名单策略的低抽检率特性很可能为暴恐分子提供便利。从白名单策略基本工作原理出发，运用决策理论分析白名单安检通道的暴恐防御性能和白名单策略优化方向，将有助于白名单策略的顺利落地实施。在此基础上，暴恐分子的袭击策略选择也直接关乎安检部门实施白名单策略的成败。根据安检涉恐防御和序贯博弈的相关研究（李德龙，2020；李飞飞，2018；Payyappalli V M，2017；Shan X，2013；Song C，2017b；Xu J，2016）发现，安检部门制定涉恐防爆安检策略，对于暴恐分子来说是可以提前观察到的完全信息，两方的策略制定具有时间先后之分。地铁安检部门和暴恐分子之间的攻防博弈满足序贯博弈特征，并可通过分析均衡路径得到安检部门涉恐防爆防御的最优策略及其优化方向。

一、序贯博弈模型构建

地铁部门有关涉恐防爆安检属于典型的对策性决策问题，本节特假设序贯博弈模型的两个参与方为地铁安检部门和暴恐分子，且地铁安检部门先制定安检策略。通常情况下，安检部门先制定针对一般时期的安检策略，潜藏在普通乘客中的暴恐分子观察到安检部门策略后，针对安检部门的防御策略制定合适的袭击策略。作为有经验的先动者，安检部门还可以根据不同安检策略下的暴恐袭击收益预测水平，进行有针对性的安检策略优化和应急响应机制构建。

从现有试点单位的运行机制中总结发现，地铁安检白名单的准入标准还比较单一、抽检机制也不健全（陈勇，2019；李博，2019）。因此，在确定序贯博弈中的安检部门策略集合时，并未考虑白名单策略的优化方向，而是直接从定性研究角度进行筛选，即安检部门采取"执行白名单策略"（Implement the White List System，IWS）和"不执行白名单策略"（Do Not Implement the White List System，NIWS）。同时，在安检部门不同的安检策略下，暴恐分子的袭击策略也存在选择性，当暴恐分子认为安检防御能力过强时，通常会选择在安检厅人流密集区域直接进行暴恐袭击，即采取"不过检袭击"（NA）策略；当暴恐分子认为安检防御能力较低时，通常会选择收益更大的候车厅进行袭击，即采取"过检后袭击"（PA）策略。当然，暴恐分子进入地铁站前放弃袭击也是现实中存在的一种可能性，但这种策略通常意味着地铁部门绝对的暴恐防御能力或暴恐分子极低的主观袭击意愿。基于侧重研究安检白名单策略应对暴恐袭击的效能，本节不再考虑暴恐分子进入地铁站前放弃暴恐袭击的情景。

基于上述安检部门和暴恐分子的成本收益决策机制分析，本节构建了安检部门防御策略集为｛IWS，NIWS｝、暴恐分子袭击策略集为｛PA，NA｝的地铁安检序贯要素博弈，如图 5-4 所示。

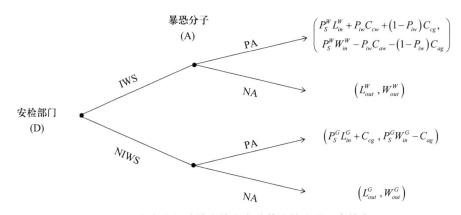

图 5-4　考虑执行地铁安检白名单策略的序贯要素博弈

其中，L_{in}^{W} 为 IWS 策略下暴恐分子袭击候车厅造成的损失，L_{out}^{W} 为 IWS 策略下暴恐分子袭击安检厅造成的损失，W_{in}^{W} 为 IWS 策略下暴恐分子袭击候车厅获得的收益，W_{out}^{W} 为 IWS 策略下暴恐分子袭击安检厅获得的收益，L_{in}^{G} 为 NIWS 策略下暴恐分子袭击候车厅造成的损失，L_{out}^{G} 为 NIWS 策略下暴恐分子袭击安检厅造成的损失，W_{in}^{G} 为 NIWS 策略下暴恐分子袭击候车厅获得的收益，W_{out}^{G} 为 NIWS 策略下暴恐分子袭击安检厅获得的收益，C_{ag} 为暴恐分子渗透普通通道的成本，C_{aw} 为暴恐分子渗透白名单通道的成本，C_{cg} 为普通通道的安检成本，C_{cw} 为白名单通道的安检成本。

　　由图 5-4 可知，安检部门一般无法实现暴恐袭击的事前识别，在安检部门执行 IWS 策略条件下，当暴恐分子选择 NA 策略时，安检部门直接承受暴恐袭击损失 L_{out}^G，暴恐分子也可直接获得收益 W_{out}^G；当暴恐分子选择 PA 策略时，安检部门既要承担安检成本，还需承担爆炸装置漏检的潜在暴恐损失，即安检部门收益为 $P_S^W L_{in}^W + P_{iw} C_{cw} + (1 - P_{iw}) C_{cg}$，而暴恐收益由暴恐分子渗透的乘客身份类型和安检通过概率决定，并最终表示为 $P_S^W W_{in}^W - P_{iw} C_{aw} - (1 - P_{iw}) C_{ag}$。在安检部门执行 NIWS 策略条件下，当暴恐分子选择 NA 策略时，安检部门将直接承受暴恐袭击损失 L_{out}^G，暴恐分子可直接获得收益 W_{out}^G；当暴恐分子选择 PA 策略时，安检部门与暴恐分子的收益结构并未发生变化，但因安检部门未执行白名单策略，违禁品漏检率、暴恐分子渗透成本和安检部门安检成本的表达形式也会发生变化，即安检部门的收益为 $P_S^G L_{in} + C_{cg}$，暴恐分子的收益为 $P_s W_{in} - C_{ag}$。

二、基于白名单策略权衡的安检成本

　　根据图 5-2 和图 5-3 可知，在暴恐分子未携带包裹的情况下，暴恐分子只能通过人身携带爆炸装置，此时存在：①当暴恐分子未被执行人身抽检时，安检部门的安检成本为 0；②当暴恐分子被执行人身抽检，但手持金属探测器未发出警报时，安检部门的安检成本为人身检测成本 C_B；③当暴恐分子被执行人身抽检，且手持金属探测器发出正确警报时，安检部门的安检成本包括人身检测成本 C_B 和人身详排成本 C_A，即此时的总成本为 $C_B + C_A$。

　　在暴恐分子携带包裹的情况下，暴恐分子既可以通过人身携带爆炸装置，也可通过包裹携带，当暴恐分子通过人身携带爆炸装置时存在：①安检部门对包裹的安检成本包括 X 光检测的常规检测成本和 X 射线安全检查设备报错后的拆包检测成本，计为 $C_X + P_{XF} C_H$；②安检部门对人身的安检成本与暴恐分子未携带包裹时相同，此处不再赘述。

　　当暴恐分子通过包裹携带爆炸装置时存在：①当暴恐分子未被执行人身抽检时，安检部门对人身的安检成本为 0；②当暴恐分子被执行人身抽检时，安检部门对人身的安检成本包括手持金属探测器的常规成本和手持金属探测器报错后的人身详排成本，计为 $C_B + P_{HF} C_A$；③当 X 射线安全检查设备未能准确预警爆炸装置时，安检部门对包裹的安检成本仅为 X 光检测的常规检测成本 C_X；④当 X 射线安全检查设备准确预警爆炸装置时，安检部门对包裹的安检成本包括 X 光检测的常规检测成本和 X 射线安全检查设备准确预警后的拆包检测成本，计为 $C_X + C_H$。

　　安检成本取决于安检规则，在执行 "人包统检" 抽检规则的白名单通道中，当未被执行抽检时，暴恐分子可直接通过安检，此时安检部门并未对其投入安检力量，安检成本为 0；当被执行抽检时，暴恐分子无法直接通过安检，安检部门首先要付出对暴恐分子执行常规人身检查和包裹检查的成本，在检测设备预警后，还需付出对暴恐分子进行详细排查的成本。由图 5-2 可得，白名单通道的安检成本 C_{cw} 为：

$$C_{cw} = P_{sw} \begin{bmatrix} P_{cw}P_{PB}(P_{XF}C_H + P_{HD}C_A) + P_{cw}C_X + (1-P_{cw})P_{HD}C_A \\ + P_{cw}(1-P_{PB})(P_{HF}C_A + P_{XD}C_H) + C_B \end{bmatrix} \quad (5\text{-}10)$$

由式（5-10）可直接得出，白名单通道的抽检率和暴恐分子的包裹携带率均与安检成本正相关。暴恐分子携带爆炸装置方式对安检成本的影响也是安检部门关注的重点，通常情况下，安检成本与暴恐发生概率、暴恐袭击潜在损失负相关。可得 $\partial C_{cw}/\partial P_{PB} = P_{cw}P_{sw}[(P_{HD}-P_{HF})C_A + (P_{XF}-P_{XD})C_H]$，即当 $P_{HD} > (P_{HF}C_A + P_{XD}C_H - P_{XF}C_H)/C_A$ 时，暴恐分子随身携带爆炸装置的概率越高，安检部门成本越高；当 $P_{HD} < (P_{HF}C_A + P_{XD}C_H - P_{XF}C_H)/C_A$ 时，暴恐分子随身携带爆炸装置的概率越高，安检部门成本越低。同理，在执行"逢包必检、人身抽检"规则的普通通道中，当暴恐分子未携带包裹且未被抽检时，安检部门也无须付出安检成本；当暴恐分子携带包裹或被人身抽检时，安检部门均需付出安检成本，包括常规检测成本和爆炸装置预警后的详细排查成本。由图 5-3 可得，普通通道的安检成本 C_{cg} 为：

$$C_{cg} = P_{cg} \begin{bmatrix} (1-P_{PB})(P_{sg}P_{HF}C_A + P_{XD}C_H) \\ + C_X + P_{PB}(P_{XF}C_H + P_{sg}P_{HD}C_A) \end{bmatrix} + (1-P_{cg})P_{sg}P_{HD}C_A + P_{sg}C_B$$

$$(5\text{-}11)$$

由式（5-11）可直接得出，普通通道的人身抽检率与安检成本正相关。同理，暴恐分子随身携带爆炸装置对普通通道安检成本的影响也是安检部门优化防御策略的关键指标，对式（5-11）关于暴恐分子随身携带爆炸装置概率 P_{PB} 求一阶导数得 $\partial C_{cg}/\partial P_{PB} = P_{cg}[(P_{HD}-P_{HF})P_{sg}C_A + (P_{XF}-P_{XD})C_H]$，即当 $P_{HD} > [P_{sg}P_{HF}C_A + (P_{XD}-P_{XF})C_H]/P_{sg}C_A$ 时，暴恐分子随身携带爆炸装置的概率越高，安检成本越高；当 $P_{HD} < [P_{sg}P_{HF}C_A + (P_{XD}-P_{XF})C_H]/P_{sg}C_A$ 时，暴恐分子随身携带爆炸装置的概率越高，安检成本越低。

对比式（5-10）和式（5-11）可得：

推论 5-1：当白名单通道抽检率高于某一阈值时，白名单策略会显著拉升安检成本；当手持金属探测器的准确率高于某一阈值时，安检成本与暴恐分子通过人身携带爆炸装置的概率正相关。

推论 5-2：当暴恐分子随身携带爆炸装置的概率较高时，安检部门应向手持金属探测器投入倾斜，反之，应向 X 射线安全检查设备投入倾斜。

较高的安检安全性通常意味着较高的安检成本，在暴恐分子执行 PA 策略前提下，为提高安检投入的边际效益，安检部门可根据暴恐分子携带违禁品的方式，优化安检防御资源配置和安检操作细节设计。

场景 1：暴恐分子习惯随身携带爆炸装置，并坚持执行 PA 策略。此时，安检部门应将更多资源用于提高乘客的人身抽检率、升级手持金属探测器等方面，即安检部门应在安检规则上做出强化人身检查的策略调整、在资源配置上向人身检测环节调整、在物防建设上向具备人身控制功能的防爆装置侧重。

场景 2：暴恐分子习惯通过包裹携带违禁品，并坚持执行 PA 策略。此时，安检部门应提升 X 射线安全检查设备的优化投入比例、增设包裹随机抽检环节等，即安检部门应在安检规则上坚持"逢包必检"、在资源配置上向随身包裹检测环节调整、在物防建设上向处理包裹的防爆装置侧重。

但是，上述安检优化措施仍受制于传统的安检流程和安检设备，如果能将白名单通道打造成低抽检率、高安全性的智能安检通道，白名单策略不仅在安检成本控制、缓解大客流冲击等方面，还将在涉恐防爆、联防联控等领域都发挥更大作用。因此，从确保安检安全性、保证安检通行速度和控制安检成本角度出发，安检部门还应联合政府进一步强化违禁品防控宣传，从乘行行为上降低普通乘客的违禁品携带率；推广先进的免接触式检测设备，采用错误率低、准确率高的高品质检测设备；建立巡检制度，利用巡检制度弥补抽检率不足所造成的安检安全性不理想问题。

三、基于白名单策略权衡的暴恐袭击造成的损害

通常情况下，暴恐分子损害主要由直接袭击损害、袭击声誉损害和派遣成本构成。其中，袭击声誉损害一般与袭击直接收益正相关，而袭击直接损害可以理解为暴恐分子对袭击目标造成的直接损失，一般可用零和博弈假设。同时，暴恐分子采取不同袭击策略时造成的损害不同，如在安检部门的 PA 策略下，暴恐分子渗透白名单通道需要付出额外的白名单身份申请成本、伪装成本等。根据相关研究成果（孔德森，2012；闫秋实，2012；李德龙，2020；Song C，2017a）可知，暴恐分子袭击地铁站点的损害还需结合爆炸伤亡预测理论进一步分析。

在地铁爆炸类恐怖袭击中，人员伤亡的主要构成包括：爆炸超压伤亡（闫秋实，2012）、爆炸碎片伤亡（王振，2006）和爆炸后人员疏散伤亡（钟少波，2018）等，且这些构成均与客流聚集水平密切相关。爆炸袭击发生后，爆炸点处通常会瞬间产生大量浓烟、有毒气体等，乘客在紧急疏散过程中很容易造成群死群伤事件，且伤亡水平通常与人流密度、障碍物数量等因素正相关，与出口数量、环境熟悉度、指示标识数量、乘客身体素质等因素负相关（张丽娟，2015）。一般情况下，安检流程优化设计属于灾前防御措施，而疏散伤亡损失属于灾后应急处置范畴，因此本章并不考虑疏散损失。本节基于白名单策略暴恐袭击防御能力评价的主题，并未详细构建爆炸后人员疏散不及时造成的伤亡模型。

在进行潜在暴恐袭击伤亡分析、阻断连锁途经决策过程中，网格划分和风险叠加耦合技术也会起到至关重要的作用（张丽娟，2015）。安检厅较空旷，可近似为自由空间场，即爆炸造成的冲击波超压等压线可近似为圆形，如图 5-5 所示。而候车厅呈细长空间结构，且存在大量立柱、扶梯等障碍物，当爆炸发生后，爆炸冲击波与候车厅物理结构发生相互作用，产生反射、绕射等多种波动形式，其爆炸强度高于自由场下的结果，且爆炸造成的冲击波超压等压线可近似为方形（闫秋实，2012），如图 5-6 所示。

同理，爆炸物碎片造成的破坏预测区位图也具有类似的分布结构，为精简文章篇幅、突出文章重点，本节将暴恐破坏损失统一进行了简化处理。在安检厅，暴恐袭击

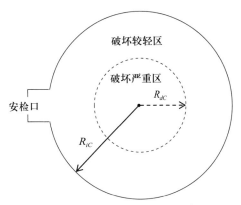

图 5-5　安检厅暴恐袭击伤害程度预测区位

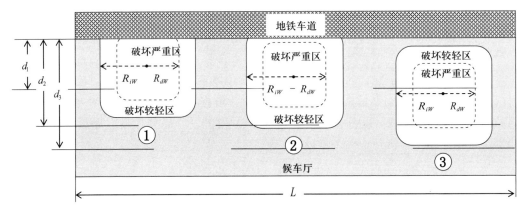

图 5-6　候车厅暴恐袭击破坏程度预测区位

造成的人员伤亡区域近似为半径为 R_{dC} 的圆形区域，受伤区域近似为外径为 R_{iC}、内径为 R_{dC} 的圆环区域；在候车厅，暴恐袭击造成的人员伤亡区域近似为边长为 $2R_{dw}$ 的方形区域，受伤区域近似为外边长为 $2R_{iw}$、内边长为 $2R_{dw}$ 的方环区域，且存在 $R_{dC} < R_{dw}$、$R_{iC} < R_{iw}$。

　　多数地铁安检部门不进行安检前列队，且基于个人社会行为的排队方式通常近似呈椭圆形，与此同时，暴恐分子通常会选择人群密集处进行暴恐袭击。因此，为简化风险预测模型，本节将爆炸点假设定在人群正中间，且由图 5-5 可知，当爆炸超压和爆炸碎片造成的破坏严重区面积完全覆盖候检乘客时，候检乘客受损大；当爆炸超压和爆炸碎片造成的破坏严重区面积不能完全覆盖候检乘客，但破坏区可完全覆盖候检乘客时，破坏严重区内候检乘客受损严重，其余候检乘客全部受伤；当爆炸超压和爆炸碎片造成的破坏未能完全覆盖候检乘客时，破坏严重区内候检乘客受损严重，破坏较轻区内候检乘客全部受伤，其余候检乘客无伤亡。综上可得，安检厅发生暴恐袭击所造成的平民人身直接损失 $D_C(t)$ 为：

$$D_C(t) = \begin{cases} V_D N_C(t) & , S_C(t) < \pi R_{dC}^2 \\ \pi\rho_C V_D R_{dC}^2 + [N_C(t) - \pi\rho_C R_{dC}^2]V_I & , \pi R_{dC}^2 < S_C(t) < \pi R_{iC}^2 \\ \pi\rho_C V_D R_{dC}^2 + \pi\rho_C V_I(R_{iC}^2 - R_{dC}^2) & , S_C(t) > \pi R_{iC}^2 \end{cases} \quad (5\text{-}12)$$

其中，ρ_C 为乘客候检时的排布密度，V_D 为单个平民死亡损失，V_I 为单个平民受伤损失，$S_C(t)$ 为乘客的淤滞面积，且存在 $S_C(t) = N_C(t)/\rho_C$。因此，为降低安检厅暴恐袭击损失程度，安检部门应从提升安检通行速度、控制安检厅人流输入、降低候检乘客排布密度等角度制定防御策略，如提升白名单乘客占比、在地铁站入口处限流、在候检区域设置软隔离式活动排队栏杆等。

同理，由图 5-6 可得候车厅发生暴恐袭击所造成的平民人身直接损失 $D_W(t)$ 为：

$$D_W(t) = \begin{cases} 2\rho_W R_{dW} V_D d(t) + 2\rho_W V_I(R_{iW} - R_{dW})d(t) & , d(t) < 2R_{dW} \\ 4\rho_W V_D R_{dW}^2 + 2\gamma\rho_W V_I[R_{iW}d(t) - 2R_{dW}^2] & , 2R_{dW} < d(t) < 2R_{iW} \\ 4\rho_W V_D R_{dW}^2 + 4\gamma\rho_W V_I(R_{iW}^2 - R_{dW}^2) & , d(t) > 2R_{iW} \end{cases}$$

$$(5\text{-}13)$$

其中，ρ_W 为乘客候车时的排布密度，由于地铁列车门与门之间具有一定间距，故一般存在 $\rho_W < \rho_C$。γ 为候车厅相对安检厅的空间结构变化对受伤乘客所造成的伤害系数，L 为站台长度，$d(t)$ 为乘客候车时的队列长度，且存在 $d(t) = N_W(t)/\rho_W L$。一般情况下，站台长度 L 远大于安检厅的队列长度，在相同的乘客淤滞水平下，暴恐袭击发生在候车厅所造成的平民人身直接损失更小。与此同时，处于较低空间位置的候车厅也会拉升爆炸浓烟、有毒害气体对乘客的伤害水平，候车厅处的乘客紧急疏散损失更高，即恒存在 $\gamma > 1$。为降低候车厅暴恐袭击损失水平，安检部门应从提升安检安全性、降低候检乘客排布密度、提高紧急事件疏散速度等角度制定防御策略，如采用提升检测仪器准确率、提升安检抽检率、在候车区域设置 1 米线、在候车厅设置墙体或栏杆等隔离设施。

综上所述，安检部门不同策略下的暴恐袭击损失为：

$$\begin{cases} L_{in}^W(t) = D_W(t) + V_{EW} & , N_{white}(t) > 0 \\ L_{out}^W(t) = D_C(t) + V_{EC} & , N_{white}(t) > 0 \\ L_{in}^G(t) = D_W(t) + V_{EW} & , N_{white}(t) = 0 \\ L_{out}^G(t) = D_C(t) + V_{EC} & , N_{white}(t) = 0 \end{cases} \quad (5\text{-}14)$$

其中，V_{EW} 为爆炸袭击对候车厅造成的损失，V_{EC} 为爆炸袭击对安检厅造成的损失。根据零和博弈双方损失－收益基本结构的设置原则，暴恐袭击所造成的安检损失与暴恐破坏相等，但也存在安检部门故意释放虚假伤亡报告的可能。在实际信息传递的过程中，无论安检部门是否释放虚假信息，暴恐分子均会根据袭击前的预估得出袭击破坏程度，即存在 $W_{out}^W(t) = \mu L_{out}^W(t)$、$W_{in}^W(t) = \mu L_{in}^W(t)$、$W_{out}^G(t) = \mu L_{out}^G(t)$、$W_{in}^G(t) = \mu L_{in}^G(t)$，其中，$\mu$ 为等效系数。

对比分析式（5-13）和式（5-14）可得，在白名单乘客占比高于某一阈值的情况下，可得关于白名单通道安检通行速度对爆炸伤亡损失的影响推论：

推论 5-3：暴恐分子选择 PA 策略的概率与白名单通道的安检通行速度显著相关。当白名单通道的安检通行速度高于某一阈值时，暴恐分子将选择 PA 策略，反之则会选择 NA 策略。

推论 5-4：当白名单通道的安检通行速度较高时，安检部门应提高白名单通道的抽检率，同时加强候车厅乘客的候车列队秩序；反之，安检部门应降低白名单通道的抽检率，同时控制安检厅乘客淤滞水平、加强安检厅乘客的候检列队秩序。

通过上述分析可知，当爆炸装置的潜在危害一定时，安检厅和候车厅的乘客淤滞水平和列队水平直接影响暴恐损失。因此，对候检区域和候车区域的乘客流量控制，以及两区域乘客队列规范水平也应归纳到安检部门的暴恐防御策略制定的参考因素。根据上述可得出下列四个场景中，白名单策略的暴恐防御能力，以及相应的建议。

场景 1：白名单乘客占比较低，抽检率较高。此时，白名单策略对客流调节、应对高峰大客流冲击等作用有限，同时，较高的抽检率也难以发挥白名单策略的速度优势，对暴恐分子渗透策略和袭击策略的影响均较小。即政府部门应进一步扩大白名单策略的覆盖范围，安检部门应通过强化技防建设来降低抽检率。

场景 2：白名单乘客占比较低，抽检率较低。此时，白名单通道是暴恐袭击的安全隐患。即安检部门应进一步强化技防建设，提高暴恐装置的检出率，同时也应强化候车厅的防爆资源配置，在暴恐风险较高时甚至可以将白名单通道关闭。

场景 3：白名单乘客占比较高，安检通行速度较低。此时，白名单策略对客流调节、应对高峰大客流冲击、暴恐防御等作用有所提高，安检部门可以通过降低抽检率来进一步提升白名单策略的效用。即安检部门应通过引进先进设备、增设巡检环节、适当降低抽检率等方式，提升白名单通道的安检通过率，同时也应加强安检厅的防爆资源配置。

场景 4：白名单乘客占比较高，安检通行速度较高。此时，白名单策略对客流调节、应对高峰大客流冲击等作用显著提高。即政府部门可以制定白名单分级安检制度，确保白名单策略的有效性；安检部门应提高抽检率、强化候车厅的防爆资源配置，并可在必要时关闭部分白名单通道。

因此，当安检通过率较高时，安检部门应加强候车厅的暴恐防御投入，如控制候车厅乘客淤滞量、增大队列间隔、增设墙体或栏杆等隔离设施、增加巡检环节等。当安检通过率和候车厅暴恐袭击收益均较低时，暴恐分子会提升直接在安检厅执行暴恐袭击的概率，即安检部门应在安检通过率较低时加强安检厅的暴恐防御投入水平，如建立限流进站机制、前移安检窗口、规范候检列队、增强媒体宣传、引入免接触式检测设备、加强检前巡检和联防联控等。

四、基于白名单策略权衡的序贯博弈均衡路径

对序贯博弈模型进一步分析可得，安检部门和暴恐分子的 2×2 序贯博弈均衡策略

路径命题为：

命题 5-2：（1）当 $P_S^W W_{in}^W(t) - P_{iw}C_{aw} - (1-P_{iw})C_{ag} > W_{out}^W(t)$、$P_S^G W_{in}^G(t) - C_{ag} > W_{out}^G(t)$ 时，暴恐分子坚定执行 PA 策略。且当 $P_S^W L_{in}^W(t) + P_{iw}(C_{cw} - C_{cg}) > P_S^G L_{in}^G(t)$ 时，安检部门执行 IWS 策略，反之执行 NIWS 策略。

（2）当 $P_S^W W_{in}^W(t) - P_{iw}C_{aw} - (1-P_{iw})C_{ag} < W_{out}^W(t)$、$P_S^G W_{in}^G(t) - C_{ag} < W_{out}^G(t)$ 时，暴恐分子坚定执行 NA 策略，安检部门执行 IWS 策略。

（3）当 $P_S^W W_{in}^W(t) - P_{iw}C_{aw} - (1-P_{iw})C_{ag} > W_{out}^W(t)$、$P_S^G W_{in}^G(t) - C_{ag} < W_{out}^G(t)$ 时，暴恐分子在安检部门执行 IWS 策略条件下执行 PA 策略，在安检部门执行 NIWS 策略条件下执行 NA 策略。

（4）当 $P_S^W W_{in}^W(t) - P_{iw}C_{aw} - (1-P_{iw})C_{ag} < W_{out}^W(t)$、$P_S^G W_{in}^G(t) - C_{ag} > W_{out}^G(t)$ 时，暴恐分子在安检部门执行 IWS 策略条件下执行 NA 策略，在安检部门执行 NIWS 策略条件下执行 PA 策略。

对比分析可知，安检部门与暴恐分子〔IWS，NA〕策略成为子博弈完美 Nash 均衡策略的充分条件是 $P_S^W W_{in}^W(t) - P_{iw}C_{aw} - (1-P_{iw})C_{ag} < W_{out}^W(t)$。安检部门可通过调控安检安全防御级别、暴恐分子渗透白名单通道的成本、安检厅和候车厅爆炸直接损失等变量，实现对暴恐分子袭击策略演化方向的控制。

在不考虑情报收集、新技术应用等可事前抑制暴恐袭击的技术手段时，突发性暴恐袭击通常会使地铁站点遭受严重损失。也可以说，新型安检策略应具备不低于原始安检策略的暴恐防御能力。众所周知，地铁安检白名单策略并不是为应对暴恐袭击所提出的应急响应策略，而是为提升一般时期安检通行速度而设计的安检制度优化手段，即可将〔IWS，NA〕子博弈完美 Nash 均衡状态定义为理想安检场景。在此场景下，白名单策略并没有为暴恐袭击提供便利，同时还起到降低安检厅乘客淤滞水平、提高地铁安检的自发可调节性作用，甚至会提振普通乘客申请白名单策略的热情，为联防联控网络搭建、智慧城市建设做好铺垫。但是，政府和安检部门应时刻保持清醒，继续强化技防建设，确保白名单通道的安检安全性；加强安检厅的防爆资源配置，改变传统进站安检思维，做好关口前移工作，努力降低暴恐袭击的可能性；进一步完善地铁安检白名单策略，使其既可以为乘客最大限度地提供便利，又能确保乘客乘行行为的规范性。

五、〔IWS，NA〕子博弈完美 Nash 均衡策略触发条件

白名单策略的安检安全性能否提高暴恐防御要求还是学者争论的焦点。因此，安检部门需要找到既能使白名单策略落地实施，又能使白名单策略具有较强暴恐防御威慑力的策略路径。即安检部门需要找到安检部门实施 IWS 策略、暴恐分子实施策略 NA 的均衡路径。

命题 5-3：安检部门实施 IWS 策略、暴恐分子实施策略 NA 的均衡路径为：

$$W_{out}^W(t) > P_S^W W_{in}^W(t) - P_{iw}C_{aw} - (1-P_{iw})C_{ag}, \quad L_{out}^W(t) < L_{out}^G(t) \tag{5-15}$$

对比式（5-14）和式（5-15）可知，由于 $L_{out}^W(t) < L_{out}^G(t)$ 恒成立，即只需进一步分析 $W_{out}^W(t) > P_S^W W_{in}^W(t) - P_{iw}C_{aw} - (1-P_{iw})C_{ag}$ 的成立条件。将式(5-12)、式(5-13)、式(5-14)代入式(5-15)可得：

（1）当 $D_C(t) + V_{EC} - P_S^W[D_W(t) + V_{EW}] > 0$ 时，式（5-15）恒成立，存在 $P_S^W < [D_C(t) + V_{EC}] / [D_W(t) + V_{EW}]$。白名单通道较低的爆炸装置漏检率将迫使暴恐分子选择损害较低的 NA 策略，因此，安检部门应强化白名单通道的违禁品携带筛查和控制力度，并在必要时对过检乘客执行随机筛查措施。由式（5-12）和式（5-13）可知，若 $D_C(t)$ 越小，则 $D_W(t)$ 越大、P_S^W 越小，即白名单通道的安检通行速度越大，暴恐分子冒险进入候车厅的概率越大，因此，安检部门应根据恐怖袭击分级响应原则控制白名单通道的乘客比例和整体安检通行速度。

（2）当 $D_C(t) + V_{EC} - P_S^W[D_W(t) + V_{EW}] < 0$ 时，若使式（5-15）成立，则须使 $\dfrac{D_C(t) + V_{EC}}{D_W(t) + V_{EW}} < P_S^W < \dfrac{P_{iw}C_{aw} + (1-P_{iw})C_{ag}}{\mu(D_W(t) + V_{EW})} + \dfrac{D_C(t) + V_{EC}}{D_W(t) + V_{EW}}$。可见，当较高的安检通行速度使候车厅的暴恐损害度升高时，为防止暴恐分子采取 PA 策略，安检部门应提升暴恐分子渗透白名单通道的成本，并进一步加强白名单通道的安检安全性。

由上述分析可得：

推论 5-5：当 $P_S^W < \dfrac{P_{iw}C_{aw} + (1-P_{iw})C_{ag}}{\mu(D_W(t) + V_{EW})} + \dfrac{D_C(t) + V_{EC}}{D_W(t) + V_{EW}}$ 时，暴恐分子将选择 NA 策略，白名单通道具有满足暴恐防御需求的暴恐防御能力。

推论 5-6：当候车厅的暴恐袭击损失等效系数 μ、候车厅暴恐损失 V_{EW} 均较大时，安检部门应进一步提升白名单通道的安检安全性、加强候车厅暴恐防御水平。

通过对理想均衡路径〔IWS，NA〕进行分析可知，白名单安检通道的安检安全性和乘客淤滞水平均会直接影响安全性，并且，安检部门应在安检通行速度高、低两种场景下制定不同的防御策略。

场景 1：白名单通道的安检通行速度较高，候车厅的乘客淤滞面积显著高于安检厅的乘客淤滞面积。为抑制这种非理想均衡路径，安检部门必须进一步提高白名单通道的安全性、提高候车厅的暴恐资源配置，如在白名单参数设计方面，控制白名单乘客比例、提高抽检率、建立分级安检机制；在信号发送方面，强化违禁品管控宣传、突出安检部门的管控决心、增设应急疏散知识标识等；在列队组织方面，重点强化候车厅乘客列队水平；在安检流程设计方面，增加候车厅随机抽检环节；在新技术应用方面，引进免接触式智能高安检设备和身份识别设备；在多部门配合方面，积极与治安部门完善联防联控网络，协调运营部门扩大高峰时段列车编组数量。

场景 2：白名单通道的安检通行速度较低，安检厅的乘客淤滞面积显著高于候车厅的乘客淤滞面积。为进一步降低该理想均衡路径的潜在暴恐损失，安检部门应提升安检厅的暴恐防御水平，如在进站乘客控制方面，在入口处设置限流通道，控制进站乘客数量；在白名单策略参数设计方面，提升白名单乘客比例、降低抽检率；在列队组织方面，强化乘客候检列队；在安检流程设计方面，增加安检厅巡检环节；在信号发送方面，强化违禁品管控宣传、增设应急疏散知识标识等。通过分析研究可知，白名单策略的全面实施还需要立法完善、联防联控机制推广、媒体宣传、安检流程优化、新技术应用、基础设施改造等多方面的科学配合。

第四节　白名单策略应对高峰大客流冲击的有效性

高峰大客流对地铁站点的冲击效应会显著改变安检厅和候车厅的乘客淤滞水平，对高峰大客流冲击效应的抑制能力也是检验安检策略有效性的重要标准。对于安检部门来说，高峰大客流很容易造成安检厅乘客淤滞量的快速上升，一方面，安检部门需要加大安检通行速度，努力降低安检厅的乘客淤滞水平；另一方面，安检部门要保证安检安全性，以免暴恐分子借助高峰大客流的冲击混入候车厅。因此，分析白名单安检通道对高峰大客流冲击效应的抑制能力，是确保地铁安检白名单策略顺利落地实施的前提，也是进一步优化白名单策略实施标准的必要步骤。

一、白名单策略下高峰大客流冲击对乘客淤滞分布的影响

地铁高峰大客流呈典型的双驼峰形分布，且早高峰的客流量通常更大，早晚高峰之间相隔时间较长，早高峰对晚高峰的冲击效应通常可以忽略不计（徐成永，2019）。考虑到高峰大客流的影响，地铁部门也会加密列车编组，使列车实时运力呈现与客流达到分布匹配度较高的双驼峰形分布。根据地铁安检白名单通道的设置要求，白名单通道的设置不会影响普通通道的设置数量和安检通行速度，即地铁站点的整体安检通行速度会有显著的提升，当高峰大客流的客流实时到达速度低于整体安检通行速度时，高峰大客流对安检厅的冲击效应可以忽略不计，但对候车厅的冲击效应还要进一步考虑地铁的实时运力；当高峰大客流的实时到达速度高于整体安检通行速度时，高峰大客流会对安检厅造成一定的冲击效应，同理，对候车厅的冲击效应还要进一步考虑地铁的实时运力和整体安检通行速度。

结合上述对高峰大客流冲击效应的分析可得，IWS 和 NIWS 策略下单驼峰形高峰大客流对安检厅和候车厅乘客淤滞水平的影响示意图，如图 5-7 所示。

在图 5-7 中，$\pi_W^*(t)$ 表示 IWS 策略下，与整体安检通行速度相等的乘客的实时达到速度，即 $\pi_W^*(t) = m_{white}N_{white}(t) + m_{general}N_{general}(t)$；$\pi_G^*(t)$ 表示 NIWS 策略下，与整体安检通行速度相等的乘客的实时达到速度，即 $\pi_W^*(t) = m_{general}N_{general}(t)$；$t_s^W$ 表示 IWS 策略下，波峰前期乘客实时达到速度与整体安检通行速度相等的时刻；t_l^W 表示 IWS 策略下，波峰后期乘客实时达到速度与整体安检通行速度相等的时刻；t_e^W 表示 IWS 策略下，高峰大客流对安检厅冲击效应结束的时刻；t_s^G 表示 NIWS 策略下，波峰前期乘客实时达到速度与整体安检通行速度相等的时刻；t_l^G 表示 NIWS 策略下，波峰后期乘客实时达到速度与整体安检通行速度相等的时刻；t_e^G 表示 NIWS 策略下，高峰大客流对

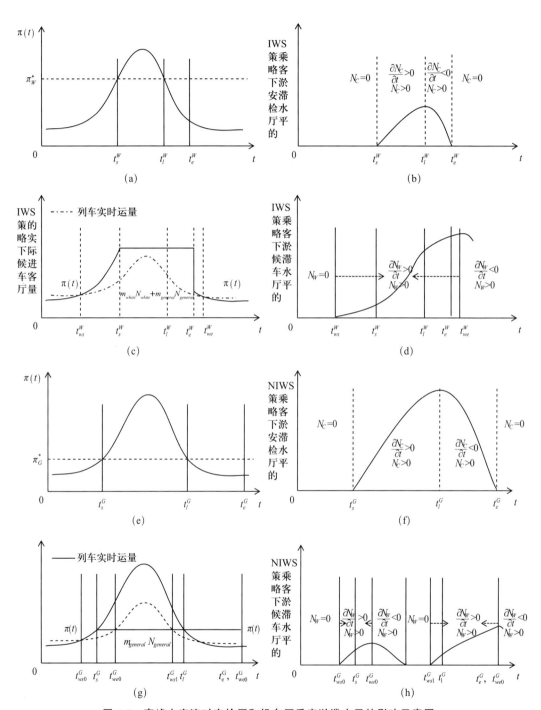

图 5-7　高峰大客流对安检厅和候车厅乘客淤滞水平的影响示意图

安检厅冲击效应结束的时刻；t_{ws}^W、t_{we}^W 表示 IWS 策略下，列车实时运力与候车厅实时进客量相等的时刻；t_{ws0}^G、t_{ws1}^G、t_{we0}^G、t_{we1}^G 表示 NIWS 策略下，列车实时运力与候车厅实时进客量相等的时刻。

对比图 5-7（a）和图 5-7（e）可知，地铁部门开启白名单安检通道后，高峰大客流对地铁安检系统起到冲击作用的时刻延后（$t_s^W < t_s^G$），产生冲击效应的强度阈值提高（$\pi_W^* > \pi_G^*$）；高峰大客流对地铁安检系统的饱和冲击持续时间变短（$t_l^W - t_s^W < t_l^G - t_s^G$），非饱和冲击持续时间变短（$t_e^W - t_l^W < t_e^G - t_l^G$），进而可得，高峰大客流的冲击效应总持续时间显著变短（$t_e^W - t_s^W < t_e^G - t_s^G$）。对比图 5-7（b）和图 5-7（f）可知，在高峰大客流冲击效应持续的时间内，地铁安检白名单策略可以有效缓解安检厅的乘客淤滞水平，且在乘客淤滞峰值控制上也具有显著的正向作用。对比图 5-7（c）和图 5-7（g）可知，地铁部门开启白名单安检通道后，候车厅的乘客实时进客量显著提升。对比图 5-7（d）和图 5-7（h）可知，地铁安检白名单策略会拉升高峰大客流对候车厅的冲击效应，且使地铁列车编组持续处于高压状态。

推论 5-7：地铁安检白名单策略可改变原有高峰大客流冲击效应下的乘客淤滞分布，可以显著降低高峰大客流对安检厅的冲击，但也会为候车厅带来提高实时运力的压力。

对于暴恐分子来说，安检厅和候车厅的乘客淤滞变化是可以直接观测到的，这种完全信息也意味着袭击策略和袭击时机的变化。因此，安检部门必须有针对性地设计防御策略。

二、高峰大客流冲击影响下的白名单策略权衡

由图 5-7 可知，在高峰大客流的冲击下，安检厅和候车厅的乘客淤滞水平分布发生较大变化，暴恐分子的袭击策略也存在偏离的可能性。

观察图 5-7（b）和图 5-7（d）可知，在 IWS 策略条件下，当 $t < t_{ws}^W$ 时，乘客到达客流并不会对地铁系统产生冲击效应，即安检厅和候车厅的乘客淤滞水平均近似为 0，此时安检部门应强化候车厅的暴恐防御资源配置，此情景也会在更宽的时间窗口适用于客流量较低的始发站和中间站；当 $t_{ws}^W < t < t_s^W$ 时，候车厅的乘客淤滞量逐渐增大，但安检厅的乘客淤滞量仍为 0；当 $t_s^W < t < t_l^W$ 时，高峰大客流对安检厅的冲击效应开始凸显，安检厅乘客的淤滞量逐渐增加，当 $t_l^W < t < t_e^W$ 时，高峰大客流对安检厅的冲击效应逐渐减弱，但对候车厅的冲击效应仍在提升，当 $t_e^W < t < t_{we}^W$ 时，高峰大客流对安检厅的冲击效应消失，但对候车厅的冲击效应达到最大，安检部门应尽可能地向候车厅调配暴恐防御资源；当 $t > t_{we}^W$ 时，高峰大客流对候车厅的冲击效应逐渐降低，安检部门可适当降低候车厅的暴恐防御资源配置水平，适当提升安检厅的暴恐防御资源配置。

同理，观察图 5-7（f）和图 5-7（h）可知，在 NIWS 策略条件下，当 $t < t_{ws0}^G$ 时，乘客到达客流并不会对地铁系统产生冲击效应，即安检厅和候车厅的乘客淤滞水平均近似为 0，安检部门应强化候车厅的暴恐防御资源配置；当 $t_{ws0}^G < t < t_s^G$ 时，高峰大客流对候车厅的冲击效应开始凸显，安检部门应适当提高候车厅的暴恐防御资源配置水

平；当 $t_s^G < t < t_{we0}^G$ 时，高峰大客流对安检厅和候车厅均产生冲击效应，冲击强度均呈上升趋势，且对候车厅的冲击效应在 $t = t_{we0}^G$ 处实现第一次极大；当 $t_{we0}^G < t < t_{ws1}^G$ 时，高峰大客流对安检厅的冲击持续增强，对候车厅的冲击持续减弱，甚至存在冲击效应消失的情况，此时安检厅和候车厅的乘客淤滞量处于显著不平衡状态，故安检部门应提升安检厅的暴恐防御水平；当 $t_{ws1}^G < t < t_l^G$ 时，高峰大客流对安检厅的冲击仍持续增强，同时对候车厅的冲击也呈增强趋势；当 $t_l^G < t < t_e^G$ 时，高峰大客流对候车厅的冲击仍持续增强，但对安检厅的冲击开始减弱，安检部门应逐渐强化候车厅暴恐防御资源配置；当 $t > t_e^G$ 时，高峰大客流对安检厅的冲击效应消失，对候车厅的冲击逐渐降低，即安检部门应逐渐降低候车厅暴恐防御资源的配置水平。

由上述分析可得：

推论5-8：在高峰大客流的冲击下，暴恐分子在客流高峰前期和后期可能采取 PA 策略，在客流高峰中期可能采取 NA 策略。

在考虑高峰大客流冲击效应和列车运力时，安检部门的有效防御策略应处于机动变化状态。在高峰大客流前期，安检厅和候车厅的乘客淤滞水平均较低，高峰大客流的冲击效应不显著，即安检部门应强化对候车厅固定目标的暴恐防御资源配置；在高峰大客流中期，高峰大客流的冲击效应逐渐凸显，即安检部门应适时加强安检厅的暴恐防御资源配置；在高峰大客流后期，高峰大客流对安检厅的冲击效应逐渐减弱，安检厅的乘客淤滞水平逐渐降低，但基于地铁列车的运力，高峰大客流对候车厅的冲击效应可能持续增强，或仍处于更高的水平，安检部门应在此时段提升候车厅的暴恐防御资源配置。

进一步对比分析图5-7（b）、图5-7（d）、图5-7（f）和图5-7（h）可得如下推论：

推论5-9：地铁安检白名单策略可显著缩小暴恐分子选择 NA 策略的时间窗，但也会延长选择 PA 策略的时间窗。

白名单通道较高的安检通行速度可以显著抑制高峰大客流对安检厅的冲击效应，但若地铁列车的实时运力仍保持不变，则会使高峰大客流对候车厅的冲击效应变得更为显著。为更好地落实地铁安检白名单策略，将暴恐犯罪抑制在站台外，实现〔IWS，NA〕子博弈完美 Nash 均衡，地铁部门应从如下几点进行制度优化：

第一，强化白名单通道的安检安全性，使其不低于普通安检通道，阻止暴恐分子渗透白名单通道。

第二，提高白名单乘客的比例，突出白名单策略的高通行速度优势，以便进一步提升普通通道的安检安全性和优化暴恐防御资源配置。

第三，强化安检厅的暴恐防御水平，引进软隔离式活动排队栏杆，降低伤亡区域内的乘客数量。

第四，加密列车编组，降低地铁安检白名单策略下高峰大客流对候车厅的冲击水平，降低暴恐分子执行 PA 策略的信念。

第五，进一步完善一体化联勤联动机制，努力做到对暴恐犯罪的事前可精准识别、事中可有效控制、事后可快速恢复。

第五节　数值分析

为了进一步研究基于白名单策略的地铁安检模型属性，以及地铁安检白名单策略下暴恐袭击决策和暴恐防御决策的重要参考指标，本节特采用数值分析的方式对两类安检通道的漏检率、安检通行速度以及不同袭击策略下的爆炸伤亡损失进行数值分析。

一、白名单策略下安检系统漏检率

为进一步探寻白名单通道具有暴恐防御能力的技术路径和优化方向，本节特采取数值分析的方式进行挖掘。在包裹携带参数选择方面，参考郑勋（2018）对安检服务时间的研究，对乘客包裹携带率进行设置，取 $P_{cw}=P_{cg}=0.7$，在分析过程中发现，乘客包裹携带率的取值并不会对结论产生质变影响，故不进行详细分析。

本节首先分析了两通道安检仪器设备参数对其爆炸装置漏检率的影响，对于暴恐分子的人身携带爆炸装置的概率，参考 GTD 数据库的统计结果，取 $P_{PB}=0.2$；客流高峰时期普通通道的抽检率采取经验取值，取 $P_{sg}=0.3$；一般情况下，地铁部门在两通道配置的检测仪器基本相同（陈勇，2019；李博，2019），故在数值分析时参考文献（Cavusoglu H，2010）进行参数选择。结合式（5-1）、式（5-2）和式（5-3）可得，检测设备不同参数指标下白名单通道暴恐防御有效抽检率阈值，如图 5-8 所示。

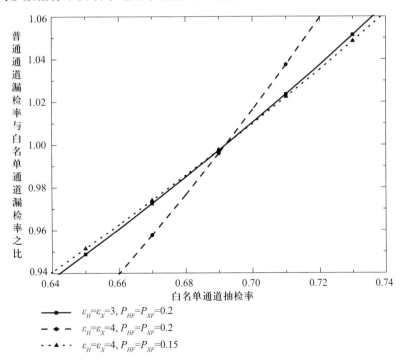

图 5-8　检测设备不同参数下白名单通道暴恐防御有效抽检率阈值

在图 5-8 中，当普通通道漏检率与白名单通道漏检率之比大于 1 时，说明暴恐分子渗透白名单通道并不能以更低的概率通过安检，此时说明白名单通道具有更高的暴恐防御能力，为便于讨论，将此时对应的白名单通道抽检率阈值定义为白名单通道暴恐防御有效抽检率阈值。由数值分析结果可得：

观察 5-1：当两通道安检设备基本参数一致时，安检设备参数对白名单通道暴恐防御有效抽检率阈值无影响。

由图 5-8 可知，当普通通道的安检设备与白名单通道的安检设备相同时，安检部门难以通过优化仪器参数的形式改变白名单通道暴恐防御有效抽检率阈值。但通过提高仪器设备品质因数的方式使白名单通道更有暴恐防御威慑性。

客流高峰时期，普通通道的抽检率和暴恐分子携带暴恐装置的方式也会影响白名单通道暴恐防御有效抽检率阈值，此时不妨取 $P_{cw} = P_{cg} = 0.7$，$\varepsilon_H = \varepsilon_X = 4$，$P_{HF} = P_{XF} = 0.15$。结合式（5-1）、式（5-2）和式（5-3）可得，普通通道抽检率和暴恐分子随身携带违禁品参数指标下白名单通道涉恐防爆有效抽检率阈值，如图 5-9 所示。

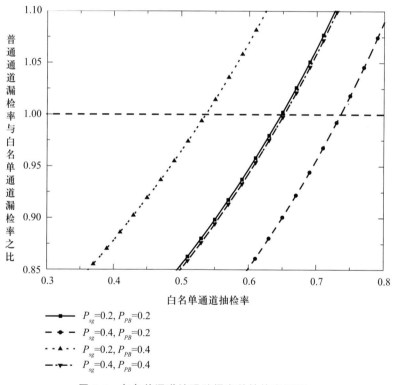

图 5-9 白名单通道涉恐防爆有效抽检率阈值

观察 5-2：暴恐分子随身携带违禁品的概率越大，白名单通道暴恐防御有效抽检率阈值越小；普通通道对乘客人身的抽检率越大，白名单通道暴恐防御有效抽检率阈值越大。

由图 5-9 可知，暴恐分子随身携带违禁品的概率与白名单通道暴恐防御有效抽检率阈值显著负相关，但通过数值分析可知，白名单通道暴恐防御有效抽检率阈值仍高于普通通道对乘客人身的抽检率。与此同时，普通通道对乘客人身抽检率与白名单通道暴恐防御有效抽检率阈值正相关，即普通通道的安检实施与白名单通道的暴恐防御能力显著相关。

白名单通道暴恐防御有效抽检率阈值决定着白名单通道的适用性和暴恐防御能力，从分析结果看，若使白名单通道具有更强的暴恐防御能力，则可从以下几点进行优化：

第一，差异化白名单通道和普通通道的安检设备，白名单通道应采取错误率更低、品质因数更高的检测设备。

第二，协调规划白名单通道和普通通道的抽检率，基于信号传递博弈理论，安检部门应努力达成白名单通道暴恐防御有效抽检率阈值，低于普通通道对乘客人身的抽检率的愿景。

第三，在白名单通道布置人脸识别、太赫兹成像等先进的无接触检测设备，通过技防替代人防等。

二、白名单策略下安检通行速度

在前文中给出了两类安检通道的安检通行速度模型，并分析了关键参数对安检通行速度的影响趋势，为进一步对比白名单通道对普通通道的安检通行速度的相对大小，以便设计和制定白名单安检通道的数量和位置，本节特采用数值分析的方式进行探究。在参数取值上，仍沿用前文的文献来源和参数取值区间，取 $P_{cw}=P_{cg}=0.7$，$P_{PB}=0.2$，$P_{pg}=0.1$，$P_{Pw}=0.1$，$\varepsilon_H=\varepsilon_X=4$，$P_{HF}=P_{XF}=0.15$，$T_A=10/60$，$T_B=6/60$，$T_C=4/60$，$T_H=20/60$，$T_w=2/60$。但在对普通通道中同时接受包裹检测和人身检测的乘客占比 P_{sg}^+ 进行取值时，参考文献（李德龙，2020；郑勋，2018），采用经验取值法，取 $P_{sg}^+=0.8P_{sg}P_{cg}$。结合式（5-5）和式（5-7）可得，不同抽检率下，两类安检通道的安检通行速度如图 5-10 所示。

观察 5-3：在普通通道的人身抽检率与白名单通道抽检率相同前提下，白名单通道抽检率越低，白名单通道相对普通通道的安检通行速度优势越显著；当白名单通道抽检率高于某一阈值时，白名单通道相对普通通道的安检通行速度优势消失。

进一步分析图 5-10 可知，在白名单通道抽检率较低前提下，当普通通道的抽检率由高转低时，白名单通道相对普通通道的安检通行速度优势逐渐减弱，但在绝对量值上差距并不大。在白名单通道抽检率较高前提下，白名单通道相对普通通道的安检通行速度优势逐渐减弱甚至消失，即白名单通道策略对提升安检通行速度失效。对比图 5-8、图 5-9 和图 5-10 可得，当白名单通道的抽检率低于白名单通道暴恐防御有效抽检率阈值时，白名单通道相对普通通道的安检通行速度优势较大，即白名单通道可以实现提高安检通行速度和确保安检安全的双重目标，但在此模型中，安检通行速度的提升相对量并不理想，须进一步优化安检模型。

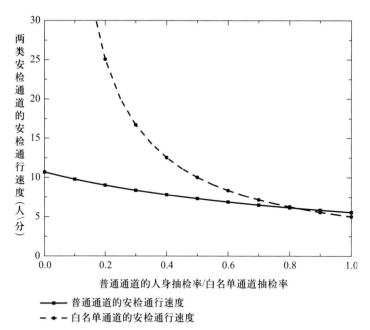

图 5-10 不同抽检率下两类安检通道的安检通行速度

笔者对 P_{cw}、P_{cg}、P_{PB}、P_{pg}、P_{Pw} 等参数进行了数值分析并发现，在现实合理取值区间内（李德龙，2020；郑勋，2018），这些参数对安检通行速度的敏感性并不突出，只有在较大取值区间内才会产生较明显的影响，为精简篇幅、突出研究重点，本节将其省略。为使白名单通道在保证安全的前提下拥有更大的安检通行速度，通过数值分析可得出如下方法：

第一，参照普通通道对乘客人身的抽检率，结合信号传递博弈理论，适当降低白名单通道的安检通行速度。

第二，扩大白名单乘客比例，采取多标准多维度准入原则，如根据日常乘行行为，是否与机场、火车站等更高安检级别场所无缝接入，特殊工作性质等。

第三，规范乘客乘行行为，控制乘客的整体违禁品携带率。

第四，严把白名单乘客准入关，努力做到暴恐分子零渗透等。

本章小结

当暴恐风险升高后，地铁和机场等交通枢纽安检部门通常通过牺牲安检通行速度的方式来进一步提高安检安全性，尤其在高峰大客流冲击下，安检部门的暴恐防御资源配置水平明显不足，急需一种可快速识别潜在暴恐分子或高效分流普通乘客的安检策略。在我国北京、南京等若干城市地铁站点试点实施的安检白名单策略，是解决上述安检问题的一种可行的、积极的制度性探索。但在实践中，白名单策略设计存在着白名单准入标准难确定、社会歧视声音难平衡、暴恐袭击防御能力不足等问题或担忧，也就是说，在白名单策略落地实施前，还需对其暴恐防御能力进行细致研究。

为了分析并进一步提高地铁安检白名单策略的涉恐防爆能力，本章基于地铁安检流程分析角度，构建了安检部门和暴恐分子之间基于白名单策略的地铁涉恐防爆安检序贯博弈模型。通过系统分析白名单策略对地铁安检通行速度、安检安全性和安检成本三大安检核心指标影响，结合地铁站内爆炸物袭击伤亡预测模型和博弈双方策略集合，找到了暴恐风险上升情景下的安全性和通行速度平衡问题解决路径。研究发现：

第一，安检厅和候车厅的暴恐损失不仅与两区域乘客淤滞水平正相关，还与乘客的列队水平密切相关，即地铁部门在控制两区域乘客淤滞水平的同时，还应强化两区域的乘客列队，避免乘客因争抢安检或乘车而造成乘客密集聚集。

第二，为保证白名单策略的全面推广，地铁部门应从白名单策略设计上控制白名单乘客占比、提升白名单通道的安检安全性，从地铁运营上扩大高峰时期列车编组数量等。

第三，为进一步降低暴恐袭击损失，地铁部门应从联防联控上建立具备事前识别、跟踪和抑制能力的防御系统，从媒体宣传上加强违禁品管控宣传，从爆炸伤亡控制上增强乘客列队水平。

本章的研究结论对推进地铁安检白名单策略的全面实施具有丰富的管理启示：

第一，白名单策略应根据乘客基本乘行行为制定分级准入和清出标准。基于乘行行为的分级准入标准，一方面可以激发普通乘客的参与积极性、降低歧视情绪，另一方面可保证违禁品检测环节在暴恐时期具有灵活性强的分流导流功能。

第二，根据实时客流的参数特征控制白名单乘客占比。白名单通道不是特权通道，更不是大众免检通道，科学合理的乘客占比控制有助于确保安检安全性。

第三，安检部门根据白名单乘客的乘行行为优化检测设备参数。安检部门不但可以利用检测仪器的物理特征优化白名单通道乘客的乘行行为、保障较高乘行素质乘客的通行体验，还能将乘客对筛查的不满情绪转移至检测设备的警报，进而降低目标乘客对安检员的不满情绪。

第四，在白名单通道设置先进的免接触式成像检测设备。通过免接触检测设备不但可以掌握白名单乘客乘行行为的变化趋势，还能提升地铁部门的暴恐袭击事前识别能力。

第五，构建基于大数据技术的联防联控地铁安检白名单网络。地铁运营部门应充分利用大数据技术提升地铁安检的联防联控能力，使其具备快速提前识别高危乘客的能力，同时也能基于此提高事故后追责效率。

随着未来地铁安检多部门协调机制的逐渐完善，地铁安检白名单策略定会向准入和清出标准多级化、抽检规则多样化、乘行行为监测智能化等方向发展。根据不同场景下的安检需求，后续研究需要探讨更丰富的白名单策略优化策略。

第六章

暴恐风险较高情景下智能安检
策略的信号博弈分析

在暴恐风险较高时期，构建联合人脸抓拍系统和白名单策略的地铁智能安检体系、进一步挖掘提升联合手段下地铁安检暴恐防御能力的切入点，是目前业界关注的系列重点问题（裴剑飞，2020；颜佳华，2020）。通过联合人脸抓拍技术和白名单安检制度完善地铁涉恐防爆安防体系，不但是解决当前地铁安检应对高峰大客流冲击能力弱、安检员难作为等问题的高效途经，还有助于进一步完善一体化联勤联动网络，提升政府坚决打击违法犯罪的信号功能，确保地铁在暴恐风险较高时期仍可安全运营。从目前的地铁安检实施现状看，我国地铁站点基本实现了摄像设备的全覆盖（Xie Z G，2019），并已有多个单位试点实施了地铁安检"快捷通道"（李博，2019），但安检部门仍未打通这两种安防策略的联防路径，这在一定程度上限制了人脸抓拍系统和白名单安检通道的潜在价值发挥。可见，以多参与主体联勤联动为基本思路，构建并分析联合两种手段的地铁二级智能联防系统，对提升地铁安检系统暴恐防御效能具有较高的现实意义和理论价值。

人脸抓拍技术已是社会治安治理的重要辅助工具，随着大数据技术和 AI 技术的逐渐发展，人脸抓拍技术将在刑事侦查、暴恐防御、潜在危险识别等领域发挥更强大的作用（陈国青，2018；Curran D，2020）。我国在交通枢纽布置人脸抓拍系统辅助追捕在案潜逃人员、预警潜在暴恐袭击等方面，已取得了较为丰硕的成果，如"吴谢宇弑母案""7·7 伦敦地铁爆炸案"等。但地铁站点分布广泛，很难保证充足的安保人员对潜在威胁及时进行事前处置，即技防与人防失配。尤其在高峰大客流冲击下，地铁站点原有警力配置和安保人员配置明显不足，难以与人脸抓拍系统形成高效统一的联动系统，致使人脸抓拍系统更多地充当事后辅助工具的角色，甚至还会因较高的乘客淤滞水平促使暴恐分子突发袭击安检厅。从现有地铁安检白名单策略试点看，与选择普通安检通道的一般乘客不同，白名单乘客具有显著的身份确定性，具有与人脸抓拍系统信息同步的前提基础。若将人脸抓拍系统和安检白名单策略进行有效信息同步，便可打造一种既具有安检厅乘客淤滞疏导功能，又可对特定乘客进行定向拦截的二级智能联防系统。此模型既符合地铁一体化联勤联动机制的基本思路（陈文彪，2017），又能充分发挥人脸抓拍系统和白名单策略的暴恐防御能力，还能在一定水平上弥补安保人员接警反应不及时、白名单安检通道安检安全性差等问题，甚至可从信号角度干扰或引导暴恐分子决策。

为探索出一条以人脸抓拍系统和白名单安检系统融合发展为前提、以信号博弈为辅助工具的新阶段地铁安检路径，解决当前地铁安检面临的安防子部门间协调水平差、高峰大客流冲击影响大、安检形同虚设等影响暴恐防御的问题，本章构建了联合人脸抓拍系统和白名单策略的地铁二级智能联防信号博弈模型。

本章第一节给出了地铁安检联合人脸抓拍技术和白名单策略的理论背景，解决了"是什么"的疑虑，并为构建地铁二级智能联防流程模型提供了理论依据；第二节从二级智能联防系统的暴恐防御能力出发，给出了基于暴恐分子行为的二级智能联防系统安防能力预测模型，并找出了影响二级智能联防系统暴恐防御能力和信号威慑力的关键参数，给出了"为什么"选择人脸识别能力作为防御信号的参考依据；第三节从安检部门与暴恐分子间信号博弈模型构建入手，给出了基于暴恐分子乐观情绪和悲观情绪下的均衡路径，为安检部门提供了满足长期稳定防御需求需要的均衡策略，解决了"如何优化"问题；第四节结合3条理想精炼贝叶斯均衡路径，为地铁安检部门打造长期稳定的暴恐防御信号策略提供了实施方案，解决了"如何综合治理"问题；第五节给出了本章的重要结论和管理启示。

第一节　问题提出与前提假设

一、问题提出

从公共治安角度上看，地铁安检是影响社会治安水平和构建暴力犯罪一体化联勤联动体系的重要一环。在目前有关交通枢纽安检能力提升的研究成果（李德龙，2017；李德龙，2020；Bagchi A，2014；De G M，2017；Nguyen K D，2017；Wei Z H，2020）中，普遍缺乏安防系统间智能协作的研究，未能摆脱"木桶原理"的束缚，也因此存在防御信号威慑力不强的现象。在信息化时代的新阶段，借助人脸识别、大数据以及 AI 等技术，地铁安检越来越注重技防建设，同时，地铁技防建设也为制定具有安检通行速度提升作用的安检白名单策略、搭建具有联勤联动功能的人脸抓拍系统等提供了基础保障（汪为，2017）。但从我国地铁涉恐防爆安防现状上看，普遍存在人脸抓拍系统识别率低、安保人员接警反应时间过长、白名单通道准入标准参差不齐等问题，即地铁安检整体投入水平高，但综合暴恐防御能力并不理想，缺乏系统间的高效协调运作。这一现象通常会导致安防信号威慑力低、乘客乘行素质提高慢，甚至难以对极端暴恐犯罪形成有效威慑（Baliga S，2020）。从暴恐分子袭击行为和地铁站点基本空间结构上看，在安检系统安全性较低时，暴恐分子更倾向于选择袭击收益更大的候车厅内列车和无辜群众；在安检系统安全性较高时，暴恐分子更倾向于选择袭击成功率更大的安检厅内固定目标和无辜群众。故从人脸抓拍系统、安检白名单策略等新型地铁安检手段的基本工作原理出发，构建可协调统一的二级智能联防系统、探寻安防信号威慑力强化路径，是综合提升地铁暴恐防御能力的重要课题。

人脸抓拍系统通常指一种可识别动态人像的智能身份识别系统，根据实际需要，还可嵌入虹膜识别、肢体语言识别等技术模块，实现对特定身份乘客的安检前识别，可为提前抑制暴恐袭击创造较长的时间窗（颜佳华，2020）。地铁站点分布、安防运营主体和基本客流信息也存在较大差异，一般难以统一人脸抓拍系统的识别精度。同时，基于暴恐防御资源限制和暴恐分子袭击目标选择性考量，安检部门通常也会差异化布置人脸抓拍系统。这种识别能力的差异性也恰恰会影响暴恐分子对不同站点安防能力的估计结果，也是暴恐分子针对人脸抓拍系统选择是否伪装的根本原因。地铁安检白名单策略通常指一种可令特定身份乘客通过免检或低概率抽检通道进站乘车的制度（武红利，2020），但从目前看，白名单安检通道还不能完全替代原普通安检通道，两者属于一种典型的并行互补关系。从试点单位看，白名单乘客的准入标准一般包括从机场、火车站等高级别安检交通枢纽转乘、通过某些信用认证等的实名制乘客，且白名单通道的安检闸机具有实名校验功能（陈勇，2019；李博，2019）。如果某位乘客被提前预警，在其选择白名单安检通道过检时，安检员可轻松将其控制。反之，当该乘客选择普通通道过检时，由于普通安检通道一般不具备乘客身份识别能力，只能依靠其对违禁品的拦截能力进行拦防。故本章基于人脸抓拍系统和白名单安检制度的基本特征，给出了考虑联合人脸抓拍技术和白名单安检制度的地铁二级智能联防流程示意图，如图6-1所示。

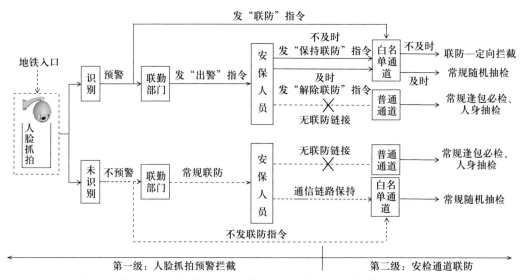

图6-1 联合人脸抓拍技术和白名单制度的地铁二级智能联防流程示意图

图 6-1 中，当人脸抓拍系统识别潜在暴恐分子后，人脸抓拍系统会在第一时间预警联勤部门，联勤部门向安保人员发出"出警"指令，但在地铁布警方面，安检部门很难确保所有站点警力充足，通常存在一定到警时延（刘忠轶，2018），当安保人员可以在暴恐分子袭击前或暴恐分子进入安检通道前到达站点时，便可及时抑制暴恐袭击的发生，并向白名单通道安检员发出"解除联防"指令；当安保人员无法在暴恐分子袭击前或暴恐分子进入安检通道前到达站点时，只能期望暴恐分子选择白名单安检通道，而非普通安检通道，并向白名单通道安检员发出"保持联防"指令，若暴恐分子选择白名单安检通道，则白名单通道安检员可对其进行定向拦截。当人脸抓拍系统未识别潜在暴恐分子时，其不会发出预警，联勤部门、安保人员、白名单通道安检员均保持待命状态，并执行相应例行工作。

地铁二级智能联防系统通过联防机制增强了单安检模块间互补性，提升了安防系统整体的暴恐防御能力，也会间接提升地铁安检系统对暴恐分子的威慑力。由图 6-1 还可发现，人脸抓拍系统是激活地铁二级智能联防系统的前置模块，但暴恐分子可通过伪装策略躲避人脸抓拍系统，进而瘫痪地铁二级智能联防系统。根据人脸抓拍系统的相关研究发现，基于系统嵌入的识别模块差异，暴恐分子伪装策略的有效性也不同。当然，地铁安检部门针对暴恐分子伪装策略的安防流程优化方法，也可改变人脸抓拍系统的识别能力，如在入口处设置专门的面部无遮挡提示员等（罗常伟，2021）。在未知自身是否被识别预警的情况下，暴恐分子在面对第二级安检系统时，还需在普通通道和白名单通道间进行渗透策略选择，在未被识别的情况下，暴恐分子可利用白名单通道的低抽检概率特性，以更大概率顺利进入候车厅；但在被识别的情况下，虽然普通通道的安检安全性更高，但相对意味着彻底失败的白名单通道，暴恐分子只能通过普通通道才有机会进入候车厅。在袭击候车厅的期望收益不理想时，暴恐分子一般只能放弃袭击或直接袭击安检厅。可见，这种对人脸抓拍系统识别能力的不对称信息显著影响着暴恐分子的决策结果，因此引发了安检部门如何通过释放关于识别能力的长期稳定信号策略，进一步抑制暴恐袭击、提高安防收益的思考。

对于地铁安检部门来说，长期有效的暴恐防御信号符合维护社会治安稳定的需要（冯卫国，2017）。从安检部门角度上看，安防信号不仅是真实识别能力的彰显，也是提高安防资源优化配置的需要（Levitin G，2013），因此，安检部门应以人脸抓拍系统识别能力为基础，制定符合长期利益的识别能力信号策略，不断优化安防体系、强化安防信号，并最终将暴恐袭击抑制在理想水平。从暴恐分子角度看，安防信号背后隐藏着安防能力的真实信息，一般情况下，暴恐分子会对接收到的安防信号形成对低能力安检部门的先验概率，同时，也存在决策时对不同信号的敏感性或倾向性问题（杨畅，2017）。为使本章陈述更加简洁清晰，特将暴恐分子决策主要参考的信号称为有效混合信号，另一个信号称为偏离信号。对于乐观型暴恐分子，更愿将释放偏离信号的安检部门视为低能力型，并实施较为激进的袭击策略；对于悲观型暴恐分子，更愿将释放偏离信号的安检部门视为高能力型，并实施比较保守的袭击策略。可见，暴恐分子的情绪类型也是安检部门制定信号策略的重要参考因素。

二、前提假设

假设 6-1：地铁安检信号博弈直接参与方为安检部门和暴恐分子，安检部门为信号发送方，暴恐分子为信号接收方。在一体化联勤联动背景下，地铁安检参与方包括政府、片区警察局、安检部门等，在此问题中，并未区分各参与方间的具体职责和资源分配，可将其统一归为安检部门。同时，基于地铁安检的公共服务属性和暴恐袭击的突发性，安检部门的防御信号策略和暴恐分子的袭击行为具有一定序贯理性，即安检部门首先释放安防信号，暴恐分子再根据安防信号进行暴恐决策（李德龙，2020）。

假设 6-2：人脸抓拍系统对暴恐分子的识别能力属于安检部门的私人信息，暴恐分子根据对人脸抓拍系统识别能力的判断进行伪装决策。人脸抓拍系统是激活地铁二级智能联防系统的前置端口，其真实的识别能力与配置的技术模块和安检流程有关，且具有一定隐蔽性，难以被暴恐分子识别。而安检部门通过不向大众或暴恐分子对称该信息，可在一定程度上提高暴恐分子袭击成本、提高低识别能力安检部门有效防护概率（Xu J，2016）。同时，暴恐分子根据对人脸抓拍系统识别能力的判断，一般会做出是否伪装的决策。

假设 6-3：安检部门信号策略满足长期稳定防御的基本要求，不考虑安检部门采取关闭站点的策略，且仅考虑单周期内博弈双方的稳定策略。城市公共场所的暴恐防御信号既应保持对暴恐分子一定的威慑力，又不能给普通民众带来恐慌情绪（冯卫国，2017）。一般情况下，在遭受暴恐袭击或接到暴恐袭击预警时，安检部门通常会基于地铁站点开放式、人流大等特点，直接关闭地铁系统，等危险排除后再重新开放，但这意味着安检部门信号策略的终止。为突出本书对地铁系统正常运营下的暴恐防御作用，本章特提出此假设。

假设 6-4：暴恐分子的袭击策略包括过检袭击策略（PA）和不过检袭击策略（NA），不考虑放弃袭击策略，且安检部门无法遏制不过检袭击。暴恐分子彻底放弃袭击是暴恐治理的努力方向，一般情况下，公共场所的安防建设仅能在一定水平上抑制针对特定目标的暴恐袭击，但可用演化思路逐渐抑制暴恐袭击（武山松，2020）。在考虑暴恐分子过检袭击对地铁列车和候车乘客会造成更大伤害时，地铁安检部门应通过以安检系统为主体的安防策略，将暴恐分子抑制在候车厅外，即通过信号策略使暴恐分子在面对低能力安检部门时，只选择不过检袭击策略。当暴恐分子均衡路径下的袭击收益低于预期时，暴恐分子的暴恐情绪会随之降低，并最终使暴恐分子彻底放弃暴恐袭击。与此同时，暴恐分子的不过检袭击策略的针对目标为安检厅的候检乘客和固定目标，在现有地铁安检模式下，暴恐分子可快速并轻易完成暴恐袭击。

假设 6-5：不考虑情报收集行为对博弈参与方策略的影响。在信号博弈中，安检部门和暴恐分子的情报收益行为可直接影响博弈均衡结果（Bakshi N，2015）。对于安检部门来说，人脸抓拍系统具有显著的隐蔽性，联防部门组织下的安保人员接警反应时间具有显著的不确定性，甚至安检部门也难以确切掌握实时的接警反应时间。同时，暴恐组织或独狼暴恐分子派遣的袭击人员也具有难预测、善伪装等特征（Hofmann D C，2018），故提出此假设。

第二节　基于联合手段的地铁二级智能联防系统防御能力

一、伪装策略下地铁二级智能联防安检流程模型

由图 6-1 可知，人脸抓拍系统是激活地铁二级智能联防系统的第一级，但暴恐分子针对人脸抓拍系统的伪装行为很可能使该联防系统失去联防效能。但人脸抓拍系统嵌入较多识别技术模块后，人脸抓拍系统对伪装暴恐分子的识别能力将显著提升。而这种事前的识别能力和涉恐联防能力，是影响暴恐分子决策的关键，也是地铁安检部门通过信号战抑制暴恐袭击的基础。因此，首先必须紧扣地铁二级智能联防系统作用机制和基本安检流程，深度挖掘影响二级智能联防系统暴恐防御能力的关键因素。根据图 6-1 和文献（李德龙，2019；Bagchi A，2014；Cavusoglu H，2010；Knol A，2019）的相关研究成果，特给出暴恐分子在二级智能联防系统下的决策树，如图 6-2 所示。

由图 6-2 可知，对于高能力安检部门来说，能以概率 P_{cam} 识别执行伪装策略的暴恐分子，即二级智能联防系统也将以概率 P_{cam} 发挥联防作用。对于低能力安检部门来说，在无法通过人脸抓拍系统提前识别暴恐分子时，只能借助安检系统对违禁品进行针对性拦截，即二级智能联防系统无法发挥针对个人身份的联防作用。

对于暴恐分子来说，当暴恐分子执行 NA 策略时，可顺利以概率 1 完成暴恐袭击，即二级智能联防系统无法抑制暴恐袭击。在暴恐分子执行 PA 策略前提下，在第一级人脸抓拍系统中，当人脸抓拍系统识别并预警暴恐分子时，安检部门将有机会以概率 P_{eff} 在安检厅将暴恐分子抓捕，基于安检部门的接警反应时间有效率限制，暴恐分子以概率 $1-P_{eff}$ 进入第二级安检系统；当人脸抓拍系统无法识别暴恐分子时，安检部门无法在安检厅将暴恐分子抓捕，而暴恐分子能以概率 1 进入第二级安检系统。在第二级安检系统中，暴恐分子可选择渗透白名单通道或普通通道，普通通道只对违禁品进行拦截（$1-P_S^G$），而白名单通道即可对违禁品进行抽检拦截（$1-P_S^W$），也可在"保持联防"指令下，对特定身份的潜在暴恐分子进行拦截（P_{cov}）。

综上可得，在被人脸抓拍系统识别和未被人脸抓拍系统识别下，暴恐分子成功袭击候车厅的概率为：

$$P_S(\theta_{HR}, \text{PA}, \text{RE}) = (1-P_{eff})[P_{iw}P_S^W(1-P_{cov}) + P_S^G(1-P_{iw})] \qquad (6-1)$$

$$P_S(\theta_{HR}, \text{PA}, \text{NRE}) = P_S(\theta_{LR}, \text{PA}, \text{NRE}) = P_{iw}P_S^W + (1-P_{iw})P_S^G \qquad (6-2)$$

其中，$P_S(\theta_{LR}, \text{PA}, \text{NRE})$ 表示在执行 PA 策略且未被人脸抓拍系统识别的情况下，暴恐分子成功突破低能力安检部门二级智能联防系统的概率；相应地，$P_S(\theta_{HR}, \text{PA}, \text{NRE})$ 表示在执行 PA 策略且未被人脸抓拍系统识别的情况下，暴恐分子成功突破高能力安检部门二

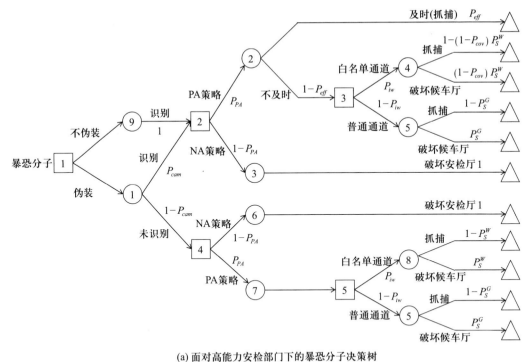

(a) 面对高能力安检部门下的暴恐分子决策树

(b) 面对低能力安检部门下的暴恐分子决策树

图 6-2 暴恐分子决策树

级智能联防系统的概率；$P_S(\theta_{HR}, \text{PA}, \text{RE})$ 表示在执行 PA 策略且被人脸抓拍系统识别并预警的情况下，暴恐分子成功突破高能力安检部门二级智能联防系统的概率。

分析式（6-1）可得，$\partial P_S(\theta_{HR}, \text{PA}, \text{RE}) / \partial P_{eff} < 0$，$\partial P_S(\theta_{HR}, \text{PA}, \text{RE}) / \partial P_{cov} < 0$，即为进一步提升联合手段安防效率，安检部门需不断提升接警反应时间有效率、人脸抓拍系统与白名单通道的信息同步水平 P_{cov}，努力做到技防建设与人防配置统筹优

化、部门间协调配合无障碍发展。对比分析式（6-1）和式（6-2）可得：

$$P_S(\theta_{HR}, PA, RE) - P_S(\theta_{HR}, PA, NRE) =$$
$$- [(P_{cov} + P_{eff} - P_{cov}P_{eff})P_S^W P_{iw} + P_{eff}P_S^G(1 - P_{iw})] \quad (6-3)$$

显然，在不考虑边界值的情况下，式（6-3）恒小于零。对式（6-3）关于 P_{eff} 求一阶偏导数可得，当 $P_{iw} > P_S^G / [(1 - P_{cov})P_S^W + P_S^G]$ 时，式（6-3）随 P_{eff} 的增大而减小，即在暴恐分子渗透白名单通道的概率高于某一阈值时，安检部门可通过提高接警反应时间有效率，进一步凸显人脸抓拍系统成功识别并预警暴恐分子后，二级智能联防系统对暴恐袭击的抑制优势。对式（6-3）关于 P_{cov} 求一阶偏导数可知，式（6-3）随 P_{cov} 的增大而减小，即为形成对暴恐分子的真实强威慑信号，安检部门必须加强人脸抓拍系统与白名单通道的信息同步水平，努力使信息更新同步水平、信息对称一致性水平等达到 100%。可见，在安检部门面对暴恐防御资源受限的情况下，当暴恐分子渗透白名单通道的倾向性较高时，安检部门应首先确保较高水平的接警反应时间有效率和信息同步水平；当暴恐分子渗透白名单通道的倾向性较低时，安检部门应首先实现更高水平的接警反应时间有效率和普通通道安检安全性。

在考虑边界值时，由于 P_S^W 和 P_S^G 属于安检通道安检能力的自然属性参数，一般不取边界值 0 或 1，故在两种情景下，存在 $P_S(\theta_{HR}, PA, RE) = P_S(\theta_{HR}, PA, NRE)$。第一，$P_{eff} = P_{cov} = 0$，此时，二级智能联防系统彻底无法实现联防效能，与暴恐分子对安检通道的渗透选择无关，一方面体现为联防安保人员的接警反应完全不及时，另一方面体现为人脸抓拍系统和白名单通道信息同步通道完全阻塞；第二，$P_{eff} = P_{iw} = 0$，此时，安检部门无法通过白名单安检通道弥补接警反应不及时的后果，但与暴恐分子对安检通道的渗透选择紧密相关。可见，将防御资源向提升接警反应时间有效率方面倾斜，不但可以避免后续安检阶段的不确定因素干扰，还能间接提升高能力安防信号的威慑力。同时，对于高能力安检部门，应在接警反应时间有效率较低时，同时提升信息同步水平和普通通道的安检安全性。对于低能力安检部门，应将防御资源向提高安检安全性方面倾斜。

二、伪装策略下地铁二级智能联防系统安防能力

通常情况下，由于暴恐分子 NA 策略预留地铁安检部门的反应时间较短，难以形成有效的抑制能力。同时，在安检部门对安检厅进行强化防御后，暴恐分子 NA 策略对安检部门造成的损失最小，对安检部门来说，NA 策略可看成是一种相对理想的袭击策略。因此，本章在暴恐分子 PA 策略下，评价两类安检部门的暴恐防御能力，以便深度挖掘二级智能联防系统防御能力的提升策略。由图 6-2 可得：

高能力安检部门的安防能力 P_{catch}^H 为：

$$P_{catch}^H = 1 - P_{iw}P_S^W - (1 - P_{iw})P_S^G + [1 - P_{A\_cam}(1 - P_{cam})]$$
$$\begin{bmatrix} (P_{cov} + P_{eff} - P_{cov}P_{eff})P_{iw}P_S^W \\ + P_{eff}P_S^G(1 - P_{iw}) \end{bmatrix} \quad (6-4)$$

其中，P_{A_cam} 为暴恐分子伪装的概率。由图 6-2 可知，在选择 PA 策略下，暴恐分子先后进行两次决策，第一次决策为是否进行伪装，对 P_{catch}^H 关于 P_{A_cam} 求一阶偏导数可得：

$$\partial P_{catch}^H / \partial P_{A\_cam} = -(1-P_{cam})\left[(P_{cov}+P_{eff}-P_{cov}P_{eff})P_{iw}P_S^W + P_{eff}P_S^G(1-P_{iw})\right]$$
(6-5)

由式（6-5）可知，当 $P_{cam}=1$ 时，$\partial P_{catch}^H / \partial P_{A\_cam}=0$；当相关参量不取边界值时，$\partial P_{catch}^H / \partial P_{A\_cam}<0$。可见，暴恐分子针对人脸抓拍系统的伪装比例越大，高能力安检部门的防御能力越小，但在高能力安检部门通过设置相关安检员、嵌入更多识别模块等方式提高对伪装暴恐分子的识别率时，暴恐分子伪装行为对高能力安检部门安防能力的削弱作用将显著降低，甚至趋近于零。

第二次决策为是否选择白名单安检通道进行渗透，此时对 P_{catch}^H 关于 P_{iw} 求一阶偏导数可得：

$$\partial P_{catch}^H / \partial P_{iw} = -P_S^W + P_S^G + [1-P_{A\_cam}(1-P_{cam})]$$
$$[(P_{cov}+P_{eff}-P_{cov}P_{eff})P_S^W - P_{eff}P_S^G]$$
(6-6)

由式（6-6）可知，当满足式（6-7）时，$\partial P_{catch}^H / \partial P_{iw}>0$。

$$P_{cam} > 1 - \frac{1}{P_{A\_cam}} + \frac{P_S^W - P_S^G}{[(P_{cov}+P_{eff}-P_{cov}P_{eff})P_S^W - P_{eff}P_S^G]P_{A\_cam}} = P_{cam}^*$$
(6-7)

由式（6-7）可知，当高能力安检部门对伪装暴恐分子的识别率高于某一阈值时，暴恐分子选择白名单通道进行渗透的概率越大，则高能力安检部门的暴恐防御效果越好。进一步分析式（6-7）可得 $\partial P_{cam}^* / \partial P_S^G<0$，即普通通道的漏检率 P_S^G 越小，决策阈值 P_{cam}^* 越大，此时，安检部门应进一步提升对伪装暴恐分子的识别率，才能确保二级智能联防系统的暴恐防御能力优势得以发挥。对 P_{cam}^* 关于 P_{eff} 求一阶偏导数可知，当 $P_S^G>(1-P_{cov})P_S^W$ 时，$\partial P_{cam}^* / \partial P_{eff}>0$，即当普通通道漏检率较高时，决策阈值 P_{cam}^* 与接警反应时间有效率 P_{eff} 正相关，此时意味着，若使高能力安检部门具有更强的暴恐防御能力，在普通通道安检安全性不理想时，需同时强化对伪装暴恐分子的识别率和接警反应时间有效率，否则二级智能联防系统无法弥补普通通道能力不足所带来的安全隐患；当 $P_S^G<(1-P_{cov})P_S^W$ 时，$\partial P_{cam}^* / \partial P_{eff}<0$，即当普通通道漏检率较低时，决策阈值 P_{cam}^* 与接警反应时间有效率 P_{eff} 负相关，此时，若使高能力安检部门具有更强的暴恐防御能力，在普通通道安检安全性较为理想时，接警反应时间有效率可在一定程度上弥补对伪装暴恐分子识别率不足的问题。对 P_{cam}^* 关于 P_{cov} 求一阶偏导数可得 $\partial P_{cam}^* / \partial P_{cov}<0$，可见，信息同步水平不涉及互补普通通道安防能力问题，只体现为白名单通道的联防能力，并可在一定程度上弥补对伪装暴恐分子识别率不足的问题。

低能力安检部门的安防能力 P_{catch}^L 为：

$$P_{catch}^L = 1 - P_S(\theta_{LR}, \text{PA}, \text{NRE}) = 1 - P_{iw}P_S^W - (1-P_{iw})P_S^G$$
(6-8)

由式（6-8）可知，对于低能力安检部门来说，强化安检系统的安检安全性才是提升暴恐防御能力的根本途径，二级智能联防系统的联防能力几乎不能发挥暴恐防御作用。

对比 P_{catch}^H 和 P_{catch}^L 可以发现，当相关参数不取边界值时，恒存在 $P_{catch}^H > P_{catch}^L$。令 $P_{catch}^H - P_{catch}^L$ 可得，高能力安检部门与低能力安检部的相对安防能力优势 P_{catch}^{H-L} 为：

$$P_{catch}^{H-L} = [1 - P_{A\_cam}(1 - P_{cam})][(P_{cov} + P_{eff} - P_{cov}P_{eff})P_{iw}P_S^W + P_{eff}P_S^G(1 - P_{iw})] \tag{6-9}$$

由式（6-9）可知，P_{catch}^{H-L} 与 P_{cam}、P_{eff}、P_{cov}、P_{iw}、P_S^W、P_S^G 正相关，但当 $P_{A\_cam} = 1$、$P_{cam} = 0$ 时，$P_{catch}^{H-L} = 0$。可见，高能力安检部门的相对安防能力优势不仅与 P_{cam}、P_{eff}、P_{cov} 等二级智能联防系统性能参数正相关，还与基础安防能力 $1 - P_S^W$ 和 $1 - P_S^G$ 负相关，也可间接说明二级智能联防系统是弥补地铁基础安防能力不足的有效途径，并可向暴恐分子传递较强的威慑信号，进一步抑制暴恐分子肆意选择 PA 策略袭击候车厅。

结论 6-1：对伪装暴恐分子的识别率越大，高能力安检部门相对低能力安检部门的暴恐防御能力越大；暴恐分子伪装概率越大，安检部门越应提升安检系统的安检安全性。

推论 6-1：当暴恐分子选择渗透白名单通道时，接警反应时间有效率和信息同步水平是互补关系；当暴恐分子选择渗透普通通道时，接警反应时间有效率与普通通道安检安全性是互补关系。

为充分抑制暴恐分子通过 PA 策略袭击候车厅，地铁二级智能联防系统暴恐防御能力的提升方式既应遵循"木桶原理"，同时应充分考虑暴恐分子针对人脸抓拍系统伪装行为和安检通道渗透策略。从安检流程上看，首先应提升人脸抓拍系统的识别能力，否则容易造成二级智能联防系统后续联防环节的高能低效，此时，安检部门可通过同时加载微表情识别、肢体语言识别、虹膜识别等技术、设置相应岗位监督进站乘客刻意伪装行为等方式，提高安检部门的识别能力。其次应根据暴恐分子对两类安检通道的选择倾向性进行资源优化配置，防止过于注重二级智能联防系统的联防能力打造，忽略安检通道安检安全性的作用。最后充分发挥组织力量和群众力量，优化一体化联勤联动体系中安保人员布置策略，努力实现接警即到位的秒级接警反应时间控制等。

第三节　基于联合手段下智能安检策略有效性的信号博弈模型

一、信号博弈模型构建

考虑联合手段的地铁二级智能联防系统激活点是人脸抓拍系统，由图 6-1 可知，当人脸抓拍系统可以识别暴恐分子时，二级智能联防系统才能正常发挥联防作用。根据人脸抓拍系统的技术特性和设置特点，可将人脸抓拍系统识别能力作为信号博弈中地铁安检能力的自然属性 θ_R，且 $\theta_R \in (\theta_{LR}, \theta_{HR})$，其中，$\theta_{LR}$ 表示在暴恐分子不伪装的情况下，仍无法识别暴恐分子的低识别能力安检部门（以下简称低能力安检部门）；θ_{HR} 表示在暴恐分子不伪装的情况下，可识别暴恐分子的高识别能力安检部门（以下简称高能力安检部门）。对于信号发送方的安检部门来说，可释放关于地铁安检能力自然属性 θ_R 的信号 S_R，且 $S_R \in \{S_{LR}, S_{HR}\}$，其中，$S_{LR}$ 为低识别能力信号（以下简称低能力信号），S_{HR} 为高识别能力信号（以下简称高能力信号）。两类安检部门的纯策略集合为〈讲真话，伪装〉，其中，当低能力安检部门 θ_{LR} 讲真话时，释放低能力信号 S_{LR}；当低能力安检部门 θ_{LR} 伪装时，释放高能力信号 S_{HR}；同理，当高能力安检部门 θ_{HR} 讲真话时，释放高能力信号 S_{HR}；当高能力安检部门 θ_{HR} 伪装时，释放低能力信号 S_{LR}。与此同时，为实现安检部门的整体收益最大化，两类安检部门具有释放混合信号的可能性。

对于信号接收方暴恐分子来说，根据二级智能联防系统各阶段进行逐阶段决策。

综上所述，可给出考虑联合手段下的安检部门与暴恐分子地铁安检信号博弈要素矩阵，如图 6-3 所示。

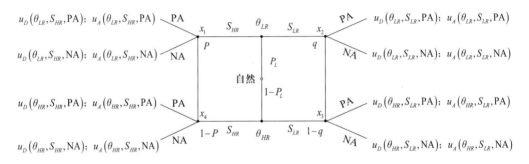

图 6-3　考虑联合手段下的安检部门与暴恐分子地铁安检信号博弈要素矩阵

其中，博弈要素矩阵中的双方情况如表 6-1、表 6-2 所示。

表 6-1　不同情景下的安检部门收益

安检部门收益	表达式
$u_D(\theta_{LR}, S_{HR}, PA)$	$-L_{in} P_S(\theta_L, PA, NRE) - C_{LR} - C_{SH}$
$u_D(\theta_{LR}, S_{HR}, NA)$	$-L_{out} - C_{LR} - C_{SH}$
$u_D(\theta_{HR}, S_{HR}, PA)$	$-(1 - P_{cam}) L_{in} P(\theta_H, PA, NRE) - P_{cam} L_{in} P(\theta_H, PA, RE) - C_{HR}$
$u_D(\theta_{HR}, S_{HR}, NA)$	$-L_{out} - C_{HR}$
$u_D(\theta_{LR}, S_{LR}, PA)$	$-L_{in} P_S(\theta_L, PA, NRE) - C_{LR}$
$u_D(\theta_{LR}, S_{LR}, NA)$	$-L_{out} - C_{LR}$
$u_D(\theta_{HR}, S_{LR}, PA)$	$-(1 - P_{cam}) L_{in} P(\theta_H, PA, NRE) - P_{cam} L_{in} P(\theta_H, PA, RE) - C_{HR} - C_{SL}$
$u_D(\theta_{HR}, S_{LR}, NA)$	$-L_{out} - C_{HR} - C_{SL}$

表 6-2　不同情景下的暴恐分子收益

暴恐分子收益	表达式
$u_A(\theta_{LR}，S_{HR}，PA)$	$W_{in}P_S(\theta_L，PA，NRE)-C_{att}[1-P_S(\theta_L，PA，NRE)]$
$u_A(\theta_{LR}，S_{HR}，NA)$	W_{out}
$u_A(\theta_{HR}，S_{HR}，PA)$	$-C_{cam}+P_{cam}W_{in}P_S(\theta_H，PA，RE)-P_{cam}C_{att}[1-P_S(\theta_H，PA，RE)]$ $+W_{in}(1-P_{cam})P_S(\theta_H，PA，NRE)-C_{att}(1-P_{cam})$ $[1-P_S(\theta_H，PA，NRE)]$
$u_A(\theta_{HR}，S_{HR}，NA)$	W_{out}
$u_A(\theta_{LR}，S_{LR}，PA)$	$W_{in}P_S(\theta_L，PA，NRE)-C_{att}[1-P_S(\theta_L，PA，NRE)]$
$u_A(\theta_{LR}，S_{LR}，NA)$	W_{out}
$u_A(\theta_{HR}，S_{LR}，PA)$	$-C_{cam}+P_{cam}W_{in}P_S(\theta_H，PA，RE)-P_{cam}C_{att}[1-P_S(\theta_H，PA，RE)]$ $+W_{in}(1-P_{cam})P_S(\theta_H，PA，NRE)-C_{att}(1-P_{cam})$ $[1-P_S(\theta_H，PA，NRE)]$
$u_A(\theta_{HR}，S_{LR}，NA)$	W_{out}

在信号博弈收益矩阵的上半支中：①当低能力安检部门 θ_{LR} 释放信号 S_{HR}，暴恐分子执行 PA 策略时，低能力安检部门不仅要付出安防成本 C_{LR}，还需额外付出高能力伪装成本 C_{SH}，并以概率 $P_S(\theta_{LR}，PA，NRE)$ 承受候车厅暴恐袭击损失 L_{in}，安检部门期望收益为 $-L_{in}P_S(\theta_{LR}，PA，NRE)-C_{LR}-C_{SH}$；而暴恐分子能以概率 $P_S(\theta_{LR}，PA，NRE)$ 破坏候车厅，并获得破坏 W_{in}，但会以概率 $1-P_S(\theta_{LR}，PA，NRE)$ 被抓捕，并损失派遣成本 C_{att}，暴恐分子期望破坏为 $W_{in}P_S(\theta_{LR}，PA，NRE)-C_{att}[1-P_S(\theta_{LR}，PA，NRE)]$。②当低能力安检部门 θ_{LR} 释放信号 S_{HR}，暴恐分子执行 NA 策略时，低能力安检部门无法提前拦截暴恐袭击，只能以概率 1 承受安检厅暴恐损失 L_{out}，并仍需付出安防成本 C_{LR} 和高能力伪装成本 C_{SH}，此时安检部门期望收益为 $-L_{out}-C_{LR}-C_{SH}$；暴恐分子能以概率 1 破坏安检厅，并获得破坏 W_{out}。③当低能力安检部门 θ_{LR} 释放信号 S_{LR} 时，低能力安检部门采取讲真话策略，无须付出额外的伪装成本，且也无法改变暴恐分子不同袭击策略下的期望破坏。在图 6-3 中，暴恐分子收益呈左右对称，安检部门在不考虑伪装成本差异时，也呈左右对称，故不再赘述。

在信号博弈收益矩阵的下半支中：①当高能力安检部门 θ_{HR} 释放信号 S_{HR}，暴恐分子执行 PA 策略时，在面对暴恐分子伪装策略的情况下，高能力安检部门仅能以概率 P_{cam} 识别暴恐分子，并以概率 $(1-P_{cam})P_S(\theta_{HR}，PA，NRE)+P_{cam}P_S(\theta_{HR}，PA，RE)$ 承受候车厅暴恐袭击损失 L_{in}，综上可得，安检部门期望收益为 $-(1-P_{cam})P_S(\theta_{HR}，PA，NRE)L_{in}-P_{cam}P_S(\theta_{HR}，PA，RE)L_{in}-C_{HR}$；对于暴恐分子来说，伪装策略可降低高能力安检部门对自身的识别概率，但也需要付出额外的伪装成本 C_{cam}，此情景下的暴恐分子破坏如图 6-3 所示。②当高能力安检部门 θ_{HR} 释放信号 S_{HR}，暴恐分子执行 NA 策略时，高能力安检部门也无法提前拦截暴恐袭击，只能以概率 1 承受安检厅暴恐损失 L_{out}，并仍需付出

安防成本 C_{HR}，此时安检部门期望收益为 $-L_{out}-C_{HR}$；暴恐分子在不进行伪装的情况下，也能以概率 1 破坏安检厅，并获得破坏 W_{out}。③当高能力安检部门 θ_{HR} 释放信号 S_{LR} 时，高能力安检部门采取诱骗策略，但需付出额外的低能力伪装成本 C_{SL}，且也无法改变暴恐分子不同袭击策略下的期望破坏。同理，此时也不再赘述。

为在安防收益方面进一步区分高能力安检部门和低能力安检部门，特给出相关定义如下（说明过程见附录 A）：

定义 6-1：在单独决策且不考虑安防能力伪装的前提下，高能力安检部门在暴恐分子 PA 策略下可获得更大破坏，而低能力安检部门在暴恐分子 NA 策略下可获得更大收益。此时，安检部门受袭损失满足：

$$L_{in}P_S(\theta_{LR}，PA，NRE)>L_{out}>\begin{bmatrix}L_{in}(1-P_{cam})P_S(\theta_{HR}，PA，NRE)\\+L_{in}P_{cam}P_S(\theta_{HR}，PA，RE)\end{bmatrix} \quad (6\text{-}10)$$

由定义 6-1 可知，不同防御能力下的受袭损失显著影响安检部门的防御策略。当暴恐分子采取 PA 策略时，高能力安检部门可通过较高的识别能力和联防能力，以较大概率抓捕暴恐分子，故高能力安检部门更希望暴恐分子执行 PA 策略，以充分发挥其暴恐防御能力、保持对暴恐分子较高的威慑力。而低能力安检部门较低的识别能力，很难在理想水平上抑制暴恐分子破坏候车厅，故更希望暴恐分子执行袭击损失更小的 NA 策略。

对于暴恐分子来说，结合不同情景下的策略选择结果，特给出暴恐分子派遣成本的相关定义（说明过程见附录 A）：

定义 6-2：当暴恐分子面对低能力安检部门选择 PA 策略，面对高能力安检部门选择 NA 策略时，其派遣成本满足：

$$\begin{cases}\dfrac{W_{in}P_S(\theta_{LR}，PA，NRE)-W_{out}}{1-P_S(\theta_{LR}，PA，NRE)}>C_{att}>C_{att}^+，A\geqslant 0\\[4mm]\dfrac{W_{in}P_S(\theta_{LR}，PA，NRE)-W_{out}}{1-P_S(\theta_{LR}，PA，NRE)}>C_{att}>0 \quad，A<0\end{cases} \quad (6\text{-}11)$$

其中，$C_{att}^+=\dfrac{W_{in}[P_{cam}P_S(\theta_{HR},PA,RE)+(1-P_{cam})P_S(\theta_{HR},PA,NRE)]-W_{out}-C_{cam}}{1-(1-P_{cam})P_S(\theta_{HR},PA,NRE)-P_{cam}P_S(\theta_{HR},PA,RE)}$，

$A=W_{in}[P_{cam}P_S(\theta_{HR}，PA，RE)+(1-P_{cam})P_S(\theta_{HR}，PA，NRE)]-W_{out}-C_{cam}$。

由定义 6-2 可知，暴恐分子的派遣成本显著影响其袭击策略。当派遣成本高于某一与安防能力相关的阈值时，暴恐分子将不再考虑安检部门的防御能力，而是直接执行高成功率的 NA 策略。同理，在一定条件下，当派遣成本低于某一与安防能力相关的阈值时，暴恐分子将不再考虑安检部门的防御能力，而是直接执行更为激进的 PA 策略。只有当暴恐分子的派遣成本处于某一区间时，暴恐分子才会综合历史经验和当期信号，制定不同信号下的袭击策略。

地铁站点的暴恐防御属于社会公共场所治安管理的重要环节，在以"人民至上、生命至上"的治理理念基础上，地铁安检部门一般不能冒险通过与暴恐分子不断攻防博弈的方式获得经济效益最大化的防御策略。而是在暴恐风险过高时，采取关闭站点

的策略，在满足正常运营条件时，采取暴恐防御资源投入相对稳定的长期防御策略。因此，找出可将暴恐袭击抑制在地铁候车厅外部的最优长期稳定策略实施路径，是地铁安检部门最为关切的现实问题。

二、考虑乐观-悲观情绪的暴恐分子信念更新法则

在暴恐分子结合对低能力安检部门占比先验概率 P_0 和安检部门当期信号进行决策时，先验概率由安检部门和暴恐分子攻防博弈的历史决定，而信号是安检部门为获得当期或后续总收益最大而确定的。为进一步明确信号博弈中暴恐分子的贝叶斯信念更新法则，特给出如下定义：

定义 6-3：在暴恐分子接收到高能力安防信号 S_{HR} 的情景下，当 $P_0 > p^*$ 时，$P(\theta_{LR}/S_{HR}) = 0$；当 $P_0 < p^*$ 时，$P(\theta_{LR}/S_{HR}) = 1$。在暴恐分子接收到低能力安防信号 S_{LR} 的情景下，当 $P_0 > q^*$ 时，$P(\theta_{LR}/S_{LR}) = 0$；当 $P_0 < q^*$ 时，$P(\theta_{LR}/S_{LR}) = 1$。

其中，$p^* = q^* = 1 - \dfrac{W_{in}P_S(\theta_{HR}, PA, NRE) - W_{out} - C_{att}\left[1 - P_S(\theta_{HR}, PA, NRE)\right]}{C_{cam} - P_{cam}(W_{in} + C_{att})\left[P_S(\theta_{HR}, PA, RE) - P_S(\theta_{HR}, PA, NRE)\right]}$，

且 p^*，$q^* \in (0, 1)$，求解及证明过程见附录 B。

安检部门的安防信号向暴恐分子传递一种识别能力分布信息，在贝叶斯法则下，当暴恐分子认为安检部门的高能力信号传递的低能力安检部门占比阈值 p^* 或低能力信号传递的低能力安检部门占比阈值 q^*，低于其对该信号的先验概率时，暴恐分子视该信号为一种真正意义上的高能力防守，即 $P(\theta_{LR}/S_{HR}) = 0$ 或 $P(\theta_{LR}/S_{LR}) = 0$，此时，暴恐分子将执行成功率较高的 NA 策略。反之，暴恐分子将视该信号为一种虚张声势或破罐子破摔的低能力防守策略，即 $P(\theta_{LR}/S_{HR}) = 1$ 或 $P(\theta_{LR}/S_{LR}) = 1$，此时，暴恐分子将执行 PA 策略。对 p^* 和 q^* 进一步分析可得 $\partial P^*/\partial P_{cam} = \partial q^*/\partial P_{cam} > 0$，即暴恐分子伪装失败的概率越大，阈值 p^* 越大，也可理解为，人脸抓拍系统的识别能力不但是一种威慑信号，还能通过不断提升识别能力进行自我强化。同时，暴恐分子的情绪也对防御策略具有显著影响（Guo L，2011），定义 6-4 给出了不同情绪类型暴恐分子对不同信号的反应。

定义 6-4：乐观型暴恐分子将偏离信号的释放主体后验为低能力安检部门，悲观型暴恐分子将偏离信号的释放主体后验为高能力安检部门。

当暴恐分子面对有效混同信号时，根据历史经验和当期信号进行决策，如定义 6-3 所示；当暴恐分子面对偏离信号时，暴恐分子决策与其情绪类型有关，如定义 6-4 所示，此处不再赘述。

三、考虑长期稳定防御需求下的精炼贝叶斯均衡路径

在完全理性的前提下，暴恐分子根据不同安防信号下的低能力安检部门先验概率，针对特定安防信号进行决策。根据前提假设 6-3，本章特通过暴恐分子袭击行为说明长期稳定防御需求的基本目标，即暴恐分子对所有信号均执行较为保守的 NA 策略，或

者仅对高能力安检部门释放的信号反应为 PA 策略。在图 6-3 考虑联合手段下的安检部门与暴恐分子信号博弈收益矩阵基础上，可得 3 条长期防御策略下信号博弈精炼贝叶斯均衡路径，3 个相关命题如下（证明过程见附录 C）：

命题 6-1（第 I 均衡路径）：只有当暴恐分子的情绪类型属于乐观型时，存在安检部门释放混同信号 S_{HR}、暴恐分子执行 NA 策略的混同均衡路径，此时需满足：

（1）暴恐分子在面对混同信号 S_{HR} 时，对低能力安检部门的先验概率满足 $P_0 >$ p^*，即 $P(\theta_{LR}/S_{HR}) = 0$；

（2）暴恐分子的情绪类型属于乐观型，将安检部门偏离信号 S_{HR} 策略的行为视为低能力安检部门的讲真话策略，即满足 $P(\theta_{LR}/S_{LR}) = 1$；

（3）高能力伪装成本满足 $C_{SH} < L_{in} P_S(\theta_{LR}, PA, NRE) - L_{out} = C_{SH}^*$；

（4）高能力安检部门为实现诱捕策略而付出的伪装成本满足：

$$C_{SL} > L_{out} - (1 - P_{cam}) L_{in} P_S(\theta_{HR}, PA, NRE) - P_{cam} L_{in} P_S(\theta_{HR}, PA, RE) = C_{SL}^*$$

$$(6-12)$$

将所有地铁站点均释放混同信号 S_{HR} 作为地铁安检长期稳定暴恐防御策略，是我国最普遍采用的地铁安检策略。但基于本章的地铁安检信号博弈模型，若使其成为精炼贝叶斯均衡，还需同时满足四个基本条件。

第一，使暴恐分子对低能力安检部门占比的先验概率高于后验概率，即混同信号 S_{HR} 对暴恐分子产生较强威慑作用，使其将信号 S_{HR} 判定为高能力安检部门的讲真话策略，进而促使暴恐分子选择高成功率、低收益的 NA 策略。

第二，暴恐分子属于乐观型，将高能力安检部门的伪装诱捕策略和低能力安检部门的讲真话策略，均视为低能力安检部门的讲真话策略，进而对释放信号 S_{LR} 的地铁站点采取 PA 策略。而暴恐分子的这种对信号 S_{LR} 反应乐观激进的袭击行为，是两类安检部门决定不偏离信号 S_{HR} 的主要参考依据。

第三，低能力安检部门的高能力伪装成本低于某一与安防能力相关的阈值，这一约束正是低能力安检部门在面对乐观型暴恐分子时，不选择偏离伪装策略的根本原因，即较低的高能力伪装成本是低能力安检部门选择伪装的前提条件。

第四，高能力安检部门的低能力伪装成本高于某一与安防能力相关的阈值，这一约束正是高能力安检部门在面对乐观型暴恐分子时不选择偏离讲真话策略的原因，即较高的低能力伪装成本是高能力安检部门无法理性地选择伪装诱捕的内生限制因素。

命题 6-2（第 II 均衡路径）：只有当暴恐分子的情绪类型属于乐观型时，存在高能力安检部门同时释放信号 S_{HR} 和信号 S_{LR}、低能力安检部门释放信号 S_{HR}，暴恐分子对信号 S_{HR} 的反应为 NA 策略、对信号 S_{LR} 的反应为 PA 策略的半分离均衡路径，此时有：

（1）暴恐分子在面对信号 S_{HR} 时，对低能力安检部门的先验概率满足 $P_0 > p^*$，即 $P(\theta_{LR}/S_{HR}) = 0$；

（2）暴恐分子的情绪类型属于乐观型，将安检部门偏离信号 S_{HR} 策略的行为视为低能力安检部门的讲真话策略，即满足 $P(\theta_{LR}/S_{LR}) = 1$；

（3）低能力安检部门的高能力伪装成本满足 $C_{SH} < C_{SH}^*$；

（4）高能力安检部门为实现诱捕策略而付出的伪装成本满足 $C_{SL} < C_{SL}^*$；

（5）高能力安检部门执行诱捕策略的比例满足：

$$P(S_{LR}/\theta_{HR}) < (P_0 - P_L)/[P_0(1 - P_L)] = P^*(S_{LR}/\theta_{HR}) \text{ s. t. } P_0 > P_L \quad (6\text{-}13)$$

在满足如下条件时，存在一种低能力安检部门全部进行高能力伪装，一部分高能力安检部门采取讲真话策略保护低能力安检部门，另一部分高能力安检部门采取伪装诱捕策略获取额外收益的半分离精炼贝叶斯均衡。

第一，在面对高能力信号 S_{HR} 时，暴恐分子对低能力安检部门的先验概率高于后验概率，也因畏惧心理而选择 NA 策略。

第二，在面对低能力信号 S_{LR} 时，暴恐分子在乐观激进情绪下，将其判定为低能力安检部门的讲真话策略，即对低能力安防信号的反应为 PA 策略。

第三，同理，只有在低能力安检部门的高能力伪装成本低于某一与安防能力相关的阈值时，低能力安检部门才能通过虚张声势获得威慑效果。

第四，当高能力安检部门的低能力伪装成本低于某一与安防能力相关的阈值时，高能力安检部门便可借助暴恐分子的乐观情绪，通过偏离信号 S_{HR} 的方式获得额外诱捕收益。

第五，在安检部门单独决策时，高能力安检部门有动机进行全部低能力伪装，而这一行为可能引发两类安检部门释放分离信号策略，或全部释放低能力信号 S_{LR}，进而打破 $P_0 > p^*$ 的前提约束，因此，执行伪装诱捕策略的高能力安检部门占比，应低于某一与暴恐分子先验概率和自然赋予低能力安检部门占比相关的阈值。

命题 6-3（第Ⅲ均衡路径）：存在高能力安检部门同时释放信号 S_{HR} 和信号 S_{LR}，低能力安检部门释放信号 S_{LR}，暴恐分子对信号 S_{LR} 的反应为 NA 策略的半分离均衡路径，且与暴恐分子情绪水平无关，此时须满足：

（1）暴恐分子在面对信号 S_{LR} 时，对低能力安检部门的先验概率满足 $P_0 > q^*$，即 $P(\theta_{LR}/S_{LR}) = 0$；

（2）高能力安检部门执行讲真话策略的比例满足：

$$P(S_{HR}/\theta_{HR}) < (P_0 - P_L)/[P_0(1 - P_L)] = P^*(S_{HR}/\theta_{HR}) \text{ s. t. } P_0 > P_L \quad (6\text{-}14)$$

在满足如下三个条件时，存在一种低能力安检部门全部讲真话，一部分高能力安检部门采取低成本的讲真话策略，另一部分高能力安检部门通过伪装策略保护低能力安检部门的半分离精炼贝叶斯均衡。

第一，暴恐分子将低能力信号 S_{LR} 视为高能力安检部门的诱捕策略，进而选择 NA 策略。

第二，高能力安检部门采取讲真话策略与暴恐分子情绪类型无关，即在面对乐观型暴恐分子和悲观型暴恐分子时，高能力安检部门均有动机释放高能力信号 S_{HR}，与暴恐分子对信号 S_{HR} 的反应无关。

第三，为确保低能力安检部门释放的信号 S_{LR} 同样具有威慑力，则须保证高能力安检部门的有效参与，即释放高能力信号 S_{HR} 的高能力部门占比，应低于某一与暴恐分子先验概率和自然赋予低能力安检部门占比相关的阈值。同时要保证暴恐分子对低能力安检部门的先验概率，高于自然赋予的低能力安检部门占比。

综合上述 3 条符合长期防御需求的均衡路径，可得：

结论 6-2：当 $P_0 > P_L$ 时，高能力安检部门可利用暴恐分子情绪获得额外收益，是半分离精炼贝叶斯均衡路径成立的基本前提，但释放偏离信号的高能力部门占比，应低于某一与暴恐分子先验概率和自然赋予低能力安检部门占比相关的阈值。

推论 6-2：暴恐分子乐观情绪是高能力安检部门采取伪装策略进行诱捕、低能力安检部门不偏离有效混同信号的前提。

在考虑暴恐分子情绪，且低能力安检部门占比低于暴恐分子先验概率的前提下，高能力安检部门可通过两种方式保护低能力安检部门、获得额外收益。第一种，低能力安检部门采取高能力伪装策略，一部分高能力安检部门释放高能力信号保护低能力安检部门，其余高能力安检部门通过利用暴恐分子的乐观情绪，对其释放低能力信号，并进行诱捕。第二种，低能力安检部门采取讲真话策略，一部分高能力安检部门通过低能力伪装来保护低能力安检部门，其余高能力安检部门采取讲真话策略。讲真话的高能力安检部门在面对两类情绪类型的暴恐分子时，均可获得更大的防御收益，但在面对乐观型暴恐分子时，获得的收益更大。

3 条均衡路径不仅与两类安检部门的伪装成本、暴恐分子情绪类型直接相关，还取决于暴恐分子在面对两种信号时，对低能力安检部门的先验概率，而这与安检部门和暴恐分子的攻防博弈历史有关。从管理角度出发，在以"人民至上，生命至上"的理念下，第 I 均衡路径是一种可完全抑制暴恐袭击发生的长期稳定安防策略，但维持这种有效的高能力信号需要付出较大成本。第 II 均衡路径受制于暴恐分子的乐观情绪，只能在短期内发挥较理想的作用，并最终会演化为第 I 均衡路径。第 III 均衡路径虽然不受暴恐分子情绪影响，也属于一种长期稳定的防御策略，但在提升民众安全感、强化政府坚定打击暴恐犯罪的形象等方面，很难起到积极作用。可见，第 I 均衡路径具有防御暴恐袭击和提升政府维护公共安全声誉的双重属性。

第四节　智能安检策略均衡路径下博弈双方情况

一、智能安检策略均衡路径下暴恐分子破坏度

由命题 6-1 和图 6-3 可知，第 I 均衡路径下暴恐分子收益 u_{A1} 为：

$$u_{A1} = W_{out} \tag{6-15}$$

在此情景下，暴恐分子破坏度与安检部门的防御能力无直接关系，但在命题 1 的约束下，安检部门还应保持长期稳定的安防投入，确保高能力安检部门对暴恐分子的威慑力。

由命题 6-2 和图 6-3 可知，第 Ⅱ 均衡路径下暴恐分子破坏度 u_{A2} 为：

$$u_{A2} = W_{out}[1 - (1 - P_L)P(S_{LR}/\theta_{HR})] + (1 - P_L)P(S_{LR}/\theta_{HR})u_A(\theta_{HR}, S_{LR}, PA)$$

$$(6\text{-}16)$$

对 u_{A2} 关于 $P(S_{LR}/\theta_{HR})$ 求一阶偏导数可得 $\partial u_{A2}/\partial P(S_{LR}/\theta_{HR}) < 0$，即在暴恐分子乐观激进情绪的基础上，高能力安检部门的伪装诱捕比例越大，暴恐分子的损失越严重。但在多周期攻防博弈中，高能力安检部门的这种分离信号策略很容易使暴恐分子对信号 S_{LR} 的反应转变为 NA 策略，并最终演化为两类安检部门均释放信号 S_{HR} 的混同均衡路径。令 $P(S_{LR}/\theta_{HR}) = P^*(S_{LR}/\theta_{HR})$，可得安检部门收益最大化时，暴恐分子的暴恐破坏度 u_{A2}^* 为：

$$u_{A2}^* = \frac{W_{out}P_L + (P_0 - P_L)\left\{ \begin{array}{l} (W_{in} + C_{att})\left[\begin{array}{l} [1 - P_{cam}(P_{cov} + P_{eff} - P_{cov}P_{eff})] \cdot \\ P_{iw}P_S^W + (1 - P_{cam}P_{eff})(1 - P_{iw})P_S^G \end{array} \right] \\ - C_{att} - C_{cam} \end{array} \right\}}{P_0}$$

$$(6\text{-}17)$$

对式 (6-17) 分析可得 $\partial u_{A2}^*/\partial P_L > 0$，$\partial u_{A2}^*/\partial P_0 > 0$。在此均衡路径下，自然赋予低能力安检部门的比例越大，则可对暴恐分子实施诱捕策略的高能力安检部门占比越小，暴恐分子的期望破坏度随之变大。但暴恐分子对信号 S_{HR} 下低能力安检部门的先验概率 P_0 越大，高能力安检部门中，通过讲真话策略保护低能力安检部门的占比越大，从而间接降低了诱捕策略的实施比例。因此，升级低能力安检部门的属性是丰富安防手段的前提。同理可得 $\partial u_{A2}^*/\partial P_{cam} < 0$，$\partial u_{A2}^*/\partial P_{eff} < 0$，$\partial u_{A2}^*/\partial P_{cov} < 0$，即二级智能联防系统各环节性能参数越大，暴恐分子破坏度越小，对暴恐犯罪的抑制作用也越显著。同时对 u_{A2} 关于 P_{iw} 求一阶偏导数可知，当 $P_S^W > P_S^G(1 - P_{iw})/[1 - P_{cam}(P_{cov} + P_{eff} - P_{cov}P_{eff})]$ 时，$\partial u_{A2}^*/\partial P_{iw} > 0$，即当白名单通道漏检率高于某一与二级智能联防系统性能参数和普通通道漏检率相关的阈值时，暴恐分子渗透白名单通道可为其带来更大破坏度。

由命题 6-3 和图 6-3 可知，第 Ⅲ 均衡路径下，当暴恐分子情绪类型为乐观型时，暴恐分子对偏离信号 S_{HR} 的后验概率满足 $P(\theta_{LR}/S_{HR}) = 1$，其收益 u_{A30} 为：

$$u_{A30} = W_{out}\{P_L + (1 - P_L)[1 - P(S_{HR}/\theta_{HR})]\} + (1 - P_L)$$
$$P(S_{HR}/\theta_{HR})u_A(\theta_{HR}, S_{HR}, PA)$$

$$(6\text{-}18)$$

对 u_{A30} 关于 $P(S_{HR}/\theta_{HR})$ 求一阶偏导数可得 $\partial u_{A30}/\partial P(S_{HR}/\theta_{HR}) < 0$，即在暴恐分子乐观激进情绪的基础上，高能力安检部门的讲真话策略比例越大，暴恐分子的损失越严重。同理，在多周期博弈过程中，暴恐分子对高能力信号 S_{HR} 的反应会转变为 NA 策略，即暴恐分子情绪会由乐观型转变为悲观型。同理，令 $P(S_{HR}/\theta_{HR}) = P^*(S_{HR}/\theta_{HR})$，可得安检部门收益最大化时，暴恐分子的暴恐破坏度 u_{A30}^* 为：

$$u_{A30}^* = \frac{W_{out}P_L + (P_0 - P_L)u_A(\theta_{HR}, S_{HR}, PA)}{P_0} = u_{A2}^*$$

$$(6\text{-}19)$$

对式（6-19）进一步分析可得 $\partial u_{A30}^*/\partial P_L > 0$，$\partial u_{A2}^*/\partial P_0 > 0$。可见，在此均衡路径下，自然赋予低能力安检部门的占比越大，则为保护低能力安检部门而进行伪装的高能力安检部门占比越大，落入高能力安检部门陷阱的暴恐分子占比越小，暴恐分子的综合期望破坏度随之变大。但暴恐分子对信号 S_{LR} 下低能力安检部门的先验概率 P_0 越大，要求高能力安检部门进行伪装的比例也越大，从而间接降低了发生暴恐分子被抓捕的比例。同理，参照对 u_{A2}^* 的分析仍可得 $\partial u_{A30}^*/\partial P_{cam} < 0$，$\partial u_{A30}^*/\partial P_{eff} < 0$，$\partial u_{A30}^*/\partial P_{cov} < 0$；当 $P_S^W > P_S^G(1-P_{iw})/[1-P_{cam}(P_{cov}+P_{eff}-P_{cov}P_{eff})]$ 时，$\partial u_{A2}^*/\partial P_{iw} > 0$，相关影响规律和管理意义相似，此处不再赘述。

由命题 6-3 和图 6-3 可知，第 Ⅲ 均衡路径下，当暴恐分子情绪类型为悲观型时，暴恐分子破坏度 u_{A31} 为：

$$u_{A31} = W_{out} \tag{6-20}$$

对比式（6-15）、式（6-17）、式（6-19）、式（6-20）可得 $u_{A1} = u_{A31} > u_{A2}^* = u_{A30}^*$。可见，在上述均衡路径下，暴恐分子的 NA 策略可为其换取更高的袭击破坏度，但盲目乐观情绪也是高能力安检部门抓捕暴恐分子的基础，并会给暴恐分子带来更大的损失。与此同时，在应对乐观型暴恐分子的半分离均衡路径下，暴恐分子收益与地铁二级智能联防系统的性能参数负相关，也与暴恐分子对安检通道的渗透选择有关。

综合比较 3 个命题所对应的 4 个精炼贝叶斯均衡路径，可得出如下结论和推论：

结论 6-3：暴恐分子乐观情绪会为自身带来更大损失，损失水平与高能力安检部门的防御能力正相关。

推论 6-3：当暴恐分子对偏离信号的反应为 PA 策略时，其破坏度与暴恐分子对有效混同信号的先验概率，以及自然赋予低能力安检部门占比正相关。

暴恐分子的盲目乐观也是安检部门丰富信号策略的重要前提，但安防策略须同时考虑历史信息和自然赋予的安检部门属性分布。由上述分析可知，低能力安检部门的占比越大，暴恐分子的袭击破坏度越大。因此，不断提升低能力安检部门占比，才能有效提升安防信号威慑力、掌控暴恐袭击策略，逐步构建具有针对性的暴恐防御体系，并最终彻底抑制暴恐袭击的发生。

二、智能安检策略均衡路径下安检部门收益

在均衡路径下，安检部门收益不仅包括安防成本、伪装成本（信号成本），还包括暴恐分子不同袭击策略下的损失等。

（1）由命题 6-1 和图 6-3 可知，第 Ⅰ 均衡路径下安检部门收益 u_{D1} 为：

$$u_{D1} = -L_{out} - C_{HR} - (C_{LR} + C_{SH} - C_{HR})P_L \tag{6-21}$$

由式（6-21）可知，自然赋予低能力安检部门的占比越大，安检部门收益越大，但若要保证暴恐分子不偏离 NA 策略，仍须满足 $P_0 > P^*$，即由贝叶斯法则可得 $P_L < P_0$。故在此均衡路径下，安检部门收益上限为 $u_{D1}^* = -L_{out} - C_{HR} - (C_{LR} + C_{SH} - C_{HR})P_0$。在实际应用中，安检部门若想长期统一释放高能力安防信号 S_{HR}，则须在 $P_L > P_0$ 时，将部

门低能力安检部门进行属性升级，直至满足 $P_L < P_0$。可见，安检部门将释放混同信号 S_{HR} 作为长期稳定防御需求的基础是，自然赋予低能力安检部门占比不高于 P_0。安检部门应在 P_L 较高时，不断强化低能力安检部门的防御能力，并努力使其升级成为高能力安检部门。

（2）由命题 6-2 和图 6-3 可知，第 Ⅱ 均衡路径下安检部门收益 u_{D2} 为：

$$u_{D2} = \left\{ \begin{array}{l} -(L_{out} + C_{LR} + C_{SH})P_L - (L_{out} + C_{HR})(1 - P_L)\left[1 - P(S_{LR}/\theta_{HR})\right] \\ + u_D(\theta_{HR}, S_{LR}, PA)P(S_{LR}/\theta_{HR})(1 - P_L) \end{array} \right\} \tag{6-22}$$

对 u_{D2} 关于 $P(S_{LR}/\theta_{HR})$ 求一阶偏导数可得 $\partial u_{D2}/\partial P(S_{LR}/\theta_{HR}) > 0$，即执行伪装诱捕策略的高能力安检部门占比越大，安检部门的整体收益越高。同理，为确保信号对暴恐分子的威慑能力，还应抽调足够的高能力安检部门通过释放高能力信号的方式保护低能力安检部门。在安检部门收益最大化条件下，取 $P(S_{LR}/\theta_{HR}) = P^*(S_{LR}/\theta_{HR})$ 可得：

$$u_{D2}^* = -\frac{\left[\begin{array}{l}(L_{out} + C_{LR} + C_{SH}) \\ P_L P_0 + P_L(L_{out} + C_{HR}) \\ (1 - P_0)\end{array}\right] + (P_0 - P_L)\left\{\begin{array}{l}\left[1 - P_{cam}(P_{cov} + P_{eff} - P_{cov}P_{eff})\right] \\ P_{iw}P_S^W + (1 - P_{cam}P_{eff})(1 - P_{iw}) \\ P_S^G \\ L_{in} + C_{HR} + C_{SL}\end{array}\right\}}{P_0} \tag{6-23}$$

对式（6-23）进一步分析可得 $\partial u_{D2}^*/\partial P_0 > 0$，即在面对高能力信号时，暴恐分子对低能力安检部门的先验概率越大，则可执行伪装诱捕的高能力安检部门占比越大，安检部门的整体收益也越大。对 u_{D2}^* 关于 P_L 求一阶偏导数可得：

$$\frac{\partial u_{D2}^*}{\partial P_L} = -\frac{L_{out} - (C_{HR} - C_{LR} - C_{SH})P_0 - C_{SL} - \left\{\begin{array}{l}\left[1 - P_{cam}(P_{cov} + P_{eff} - P_{cov}P_{eff})\right] \\ P_{iw}P_S^W + (1 - P_{cam}P_{eff})(1 - P_{iw}) \\ P_S^G\end{array}\right\}L_{in}}{P_0} \tag{6-24}$$

由式（6-24）可知，当 $P_0 > \dfrac{L_{out} - C_{SL} - \left\{\begin{array}{l}\left[1 - P_{cam}(P_{cov} + P_{eff} - P_{cov}P_{eff})\right] \\ P_{iw}P_S^W + (1 - P_{cam}P_{eff})(1 - P_{iw})P_S^G\end{array}\right\}L_{in}}{C_{HR} - C_{LR} - C_{SH}} =$

P_{02} 时，$\partial u_{D2}^*/\partial P_L > 0$，即暴恐分子的先验概率较大时，安检部门通过降低安防投入仍可换取更高收益，但这还受制于暴恐分子与安检部门的攻防博弈历史和对信号 S_{HR} 的后验概率，该情景下低能力安检部门的安防能力也应普遍较高，否则难以促成暴恐分子对信号 S_{HR} 的反应为 NA 策略；当 $P_0 < P_{02}$ 时，$\partial u_{D2}^*/\partial P_L < 0$，即暴恐分子的先验概率越大，释放信号 S_{HR} 的高能力安检部门占比越大，否则难以形成较强的威慑信号，此时，通过伪装诱捕获得额外收益的高能力安检部门占比较低，安检部门的整体收益相应降低。同理可得 $\partial u_{D2}^*/\partial P_{cam} > 0$，$\partial u_{D2}^*/\partial P_{eff} > 0$，$\partial u_{D2}^*/\partial P_{cov} > 0$，即在成本因素影响不显著时，提升二级智能联防系统的性能参数具有正向经济效益。对 u_{D2}^* 关于 P_{iw} 求一阶偏导数可得，当 $P_S^W > P_S^G (1 - P_{iw}) / [1 - P_{cam}(P_{cov} + P_{eff} - P_{cov}P_{eff})]$ 时，$\partial u_{D2}^* / \partial P_{iw} < 0$，即此时说明白名单通道的基础安检安全性不足，应进一步提升白名单通道对违禁品的拦截能力，从阈值上看，强化二级智能联防系统性能参数可在一定程度上弥补白名单通道安检安全性不足问题。

（3）由命题 6-2 和图 6-3 可知，第Ⅲ均衡路径下安检部门收益分两种情况。

当暴恐分子情绪类型为乐观型时，暴恐分子对信号 S_{HR} 的反应为 PA 策略，由图 6-3 可得，此时安检部门的收益 u_{D30} 为：

$$u_{D30} = \left\{ \begin{array}{l} -(L_{out} + C_{LR})P_L - (1-P_L)(L_{out} + C_{HR} + C_{SL})[1 - P(S_{HR}/\theta_{HR})] \\ + (1-P_L)P(S_{HR}/\theta_{HR})u_D(\theta_{HR}, S_{HR}, PA) \end{array} \right\}$$

（6-25）

对 u_{D30} 关于 $P(S_{HR}/\theta_{HR})$ 求一阶偏导数可得 $\partial u_{D30} / \partial P(S_{HR}/\theta_{HR}) > 0$，即执行讲真话策略的高能力安检部门占比越大，安检部门的整体收益越大。同理，为确保信号对暴恐分子的威慑能力，应确保足够的高能力安检部门通过释放低能力信号的方式保护低能力安检部门。同理，安检部门收益最大化条件下，取 $P(S_{HR}/\theta_{HR}) = P^*(S_{HR}/\theta_{HR})$ 可得：

$$u_{D30}^* = -\frac{\begin{bmatrix} P_L(1-P_0) \\ (L_{out} + C_{HR} + C_{SL}) \\ + (L_{out} + C_{LR})P_LP_0 \end{bmatrix} + (P_0 - P_L)\left\{ \dfrac{\left\{ \begin{array}{l} [1 - P_{cam}(P_{cov} + P_{eff} - P_{cov}P_{eff})] \\ P_{iw}P_S^W + (1 - P_{cam}P_{eff}) \\ (1 - P_{iw})P_S^G \end{array} \right\}}{L_{in} + C_{HR}} \right\}}{P_0}$$

（6-26）

对式（6-26）进一步分析可得 $\partial u_{D30}^* / \partial P_0 > 0$。即在面对低能力信号时，暴恐分子对低能力安检部门的先验概率越大，可讲真话的高能力安检部门占比越大，安检部门的整体收益越大。对 u_{D30}^* 关于 P_L 求一阶偏导数可得：

$$\frac{\partial u_{D30}^*}{\partial P_L} = -\frac{\begin{bmatrix} (1-P_0)(L_{out} + C_{HR} + C_{SL}) \\ + (L_{out} + C_{LR})P_0 \end{bmatrix} - \left\{ \dfrac{\left\{ \begin{array}{l} [1 - P_{cam}(P_{cov} + P_{eff} - P_{cov}P_{eff})] \\ P_{iw}P_S^W + (1 - P_{cam}P_{eff}) \\ (1 - P_{iw})P_S^G \end{array} \right\}}{L_{in} + C_{HR}} \right\}}{P_0}$$

（6-27）

可见，当 $P_0 > \dfrac{L_{out} + C_{SL} - \left\{ \begin{array}{l} [1 - P_{cam}(P_{cov} + P_{eff} - P_{cov}P_{eff})] \\ P_{iw}P_S^W + (1 - P_{cam}P_{eff})(1 - P_{iw})P_S^G \end{array} \right\}L_{in}}{C_{HR} - C_{LR} - C_{SH}} = P_{030}$ 时，$\partial u_{D30}^* / \partial P_L > 0$，即暴恐分子信号 S_{LR} 下低能力安检部门的先验概率较大时，安检部门通过降

低安防投入仍会换取更高收益；当 $P_0 < P_{030}$ 时，$\partial u_{D30}^* / \partial P_L < 0$，即暴恐分子信号 S_{LR} 下低能力安检部门的先验概率越大，释放信号 S_{LR} 的高能力安检部门占比越大，否则难以使低能力信号产生一定威慑力，此时，通过讲真话获得额外收益的高能力安检部门占比较低，安检部门的整体收益相应降低。同理可得 $\partial u_{D30}^* / \partial P_{cam} > 0$，$\partial u_{D30}^* / \partial P_{eff} > 0$，$\partial u_{D30}^* / \partial P_{cov} > 0$，即在成本因素影响不显著时，提升二级智能联防系统的性能参数具有正向经济效益。对 u_{D30}^* 关于 P_{iw} 求一阶偏导数仍可知，当 $P_S^W > P_S^G (1 - P_{iw}) / [1 - P_{cam} (P_{cov} + P_{eff} - P_{cov} P_{eff})]$ 时，$\partial u_{D30}^* / \partial P_{iw} < 0$，与 u_{D2}^* 相关分析类似，此处不再赘述。

当暴恐分子情绪类型为悲观型时，暴恐分子对信号 S_{HR} 的反应为 NA 策略，由图 6-3 可得，此时安检部门的收益 u_{D31} 为：

$$u_{D31} = -L_{out} - C_{LR} P_L - (1 - P_L) \{ C_{HR} + C_{SL} [1 - P(S_{HR}/\theta_{HR})] \} \qquad (6\text{-}28)$$

对式（6-28）进一步分析可得，对 u_{D31} 关于 $P(S_{HR}/\theta_{HR})$ 求一阶偏导数可得 $\partial u_{D31} / \partial P(S_{HR}/\theta_{HR}) > 0$，即执行讲真话策略的高能力安检部门占比越大，安检部门的整体收益越大。同理，为确保信号对暴恐分子的威慑能力，应确保足够的高能力安检部门通过释放低能力信号的方式保护低能力安检部门。同理，安检部门收益最大化条件下，取 $P(S_{HR}/\theta_{HR}) = P^*(S_{HR}/\theta_{HR})$ 可得：

$$u_{D31}^* = -L_{out} - C_{HR} + (C_{HR} - C_{LR} + C_{SL}) P_L - \frac{P_L C_{SL}}{P_0} \qquad (6\text{-}29)$$

对式（6-29）进一步分析可得 $\partial u_{D31}^* / \partial P_0 > 0$。即在面对低能力信号时，暴恐分子对低能力安检部门的先验概率越大，可讲真话的高能力安检部门占比越大，安检部门的整体收益也越大。对 u_{D31}^* 关于 P_L 求一阶偏导数可得：

$$\frac{\partial u_{D31}^*}{\partial P_L} = C_{HR} - C_{LR} + C_{SL} - \frac{C_{SL}}{P_0} \qquad (6\text{-}30)$$

由式（6-30）可知，当 $P_0 > C_{SL} / (C_{HR} - C_{LR} + C_{SL}) = P_{031}$ 时，$\partial u_{D31}^* / \partial P_L > 0$，即暴恐分子对信号 S_{LR} 下低能力安检部门的先验概率较大时，安检部门通过降低安防投入仍会换取更高收益；当 $P_0 < P_{031}$ 时，$\partial u_{D31}^* / \partial P_L < 0$，即暴恐分子信号 S_{LR} 下低能力安检部门的先验概率越大，释放信号 S_{LR} 的高能力安检部门占比越大，安检部门的整体收益也相应降低。

综上所述，暴恐分子只采取单一 NA 策略的理想均衡路径有两条，分别是第 I 均衡路径和第 III 均衡路径（面对悲观型暴恐分子）。对比分析 u_{D1} 和 u_{D31}^* 可得，当 $C_{SH} > (1 - P_0) C_{SL} / P_0$ 时，$u_{D1} < u_{D31}^*$；当 $C_{SH} < (1 - P_0) C_{SL} / P_0$ 时，$u_{D1} < u_{D31}^*$。进而可知，当面对悲观型暴恐分子时，安检部门可根据两类安防能力伪装成本和暴恐分子对低能力安检部门先验概率，制定最优的防御策略，即当高能力伪装成本较高时，令低能力安检部门全部讲真话，一部分高能力安检部门通过低能力伪装方式保护低能力安检部门；当高能力伪装成本较低时，令高能力安检部门全部讲真话，低能力安检部门通过高能力伪装的形式进行自我保护。但当面对乐观型暴恐分子时，若使暴恐分子彻底放

弃 PA 策略，只能令两类安检部门统一释放高能力信号。也就是说，统一释放高能力安防信号可充分抑制非理想型暴恐袭击，但也存在投入过度的可能。

同理，在第Ⅱ均衡路径和第Ⅲ均衡路径（面对乐观型暴恐分子）下，仍然存在暴恐分子袭击候车厅的可能，但暴恐袭击对象均为高能力安检部门，故此时应进一步强化高能力安检部门对 PA 策略的抑制能力。对比分析 u_{D2}^*、u_{D30}^* 可知：第一，在 $P_0 > P_L > P_0/(2-P_0)$ 的条件下，当 $C_{SH} > (2P_L - P_0 - P_0P_L)C_{SL}/(P_0P_L)$ 时，$u_{D2}^* < u_{D30}^*$；$C_{SH} < (2P_L - P_0 - P_0P_L)C_{SL}/(P_0P_L)$ 时，$u_{D2}^* > u_{D30}^*$。在此情景下，当低能力安检部门的高能力伪装成本较高时，第Ⅱ均衡路径下的安检部门总收益较低，反之，第Ⅲ均衡路径（面对乐观型暴恐分子）下的安检部门总收益较低。第二，在 $P_L < P_0/(2-P_0)$ 的条件下，恒存在 $u_{D2}^* < u_{D30}^*$。可见，当自然赋予低能力安检部门概率较小时，第Ⅲ均衡路径（面对乐观型暴恐分子）占优；当自然赋予低能力安检部门概率较大时，安检部门应结合伪装成本选择防御策略。但在给定暴恐分子对特定信号下低能力安检部门的先验概率后，安检部门存在只能被迫选择次优策略的可能，否则很可能致使低能力安检部门遭受 PA 策略袭击。

对于地铁安检部门来说，防御策略的选择应该遵循长期有效原则，并结合暴恐分子情绪和历史攻防博弈制定可落地的防御策略。在三条均衡路径下，自然赋予的低能力安检部门占比在某一层面上制约着防御策略的实施。当自然赋予低能力安检部门占比较高时，在单周期内，安检部门可借助半分离信号和暴恐分子情绪获得非对称优势，但在长期防御中，暴恐分子不断更新特定信号下低能力安检部门的先验概率，并更新其袭击策略，进而可能大幅降低安检部门的信号优势。因此，有针对性地提升不同安检部门的实际安防能力，是建立长期稳定有效安防策略的基础。

本章小结

本章以暴恐风险较高时期提升地铁暴恐防御系统性水平为出发点，通过构建二级智能联防系统和强化安防信号功能两方面，给出了降低高峰大客流冲击影响、优化各情景下有限暴恐防御资源配置、提升系统整体暴恐防御能力等问题的解决路径，也为安检部门提供了考虑暴恐分子情绪的暴恐防御长期信号策略，以及各精炼贝叶斯均衡策略下的安防收益提升方案。

本书虽然在地铁多部门安防系统融合、暴恐防御信号策略制定等方面，为现阶段地铁安检发展提供了优化实施路径，但还在模型优化、博弈研究等环节存在一定不足。随着未来地铁安检多部门协调机制的逐渐成熟、信息技术的不断发展、一体化联勤联动机制的不断完善，地铁联防系统可在地铁入口、安检厅、普通安检通道、白名单通道等多点实现身份识别。同时，普通群众广泛参与社会治安维护也会大幅提升接警反应时间有效率。这些因技术发展和机制完善带来的地铁安检新思路，会显著提高地铁的暴恐防御能力，也会丰富地铁智能联防方式。

第七章

结论与展望

在暴恐时期，安全性和通行速度之间的权衡始终是地铁安检面临的核心议题，在不同暴恐风险下，安检部门还面临着安全性和通行速度不同倾向的策略选择问题，与此同时，在高峰大客流的冲击作用和暴恐分子不减的袭击欲望影响下，地铁安检策略研究更加复杂。随着城市化进程的不断加快，路网规模不断扩大，地铁面临的运输压力越来越大。调研发现，普通乘客所携带的一般违禁品对地铁运营安全造成的威胁水平较低，但潜在暴恐分子携带的高危违禁品很可能造成重大伤亡事故，因此，在恐怖主义仍十分猖獗的今天，地铁安检将是提高乘客人身和财产安全的重要保障。在充分考虑普通乘客通行需求的前提下，探寻符合不同暴恐风险下的安检策略尤为重要。

为解决不同暴恐风险下的安检策略选择问题，本书基于地铁场景下涉恐防爆策略选择的特殊性，在相关研究基础上，分别给出了暴恐风险较低时期的信号反馈策略、暴恐风险一般时期的人脸抓拍策略和白名单策略、暴恐风险较高时期的智能安检策略。与此同时，为进一步探究四个安检策略的有效性，分别提出了四个管理问题，即如何提升地铁安检策略和安检信号的协同性问题、如何在资源受限下决策人脸抓拍策略实施问题、如何从制度层面设计可实现乘客分级分类安检的白名单策略、如何通过信号手段提升联合手段下智能安检系统的暴恐防御能力，并在此基础上构建了相关分析模型、给出了不同场景下的策略有效性分析结果和策略优化方向。

第一节　结论

第一，通过对暴恐风险较低时期的信号反馈策略研究发现，信号反馈策略具有显著的成本低、通行速度高等特点，符合侧重通行速度、兼顾安全性的安检需求，同时也满足该情景下的暴恐防御需求。第三章通过在安检处加载可诱导潜在袭击者执行"主动丢弃"策略的信号装置，构建了地铁安检部门与潜在袭击者之间的安检信号反馈策略博弈模型，实现了对安检通行速度的动态调节。同时，充分考虑了乘客淤滞风险，进一步提出了客流淤滞分级响应机制，得出了安检部门的策略触发条件。研究表明，当潜在袭击者自弃效用低于预期时，或者当自弃效用高于预期但安检通行速度低于预期时，应执行"更新较强信号"策略；当自弃效用和安检通行速度均高于预期时，应执行"更新较弱信号"策略；当自弃效用和安检通行速度均满足预期时，应执行"不更新"策略。加载信号装置并引入客流淤滞分级响应机制后，乘客的淤滞量明显变小、排队成本大幅下降、乘客安检成本显著降低。

第二，通过对暴恐风险一般时期的人脸抓拍策略进行研究发现，人脸抓拍策略在定向识别潜在暴恐分子方面具有较高价值，但在相关人防和物防资源配置不足的情况下，人脸抓拍策略很难发挥理想效能。特别在有限防御资源的约束下，地铁安防部门通常面临着是引进人脸抓拍系统构建二级地铁暴恐防御体系，还是升级加强原安检系统构建增强型一级地铁暴恐防御系统的选择。第四章针对我国现行地铁设卡式安检模式，基于暴恐分子决策的目标价值依赖特性和安防部门的接警反应时间不对称性，构建了有限资源约束下的地铁暴恐防御序贯博弈模型。得出并分析了博弈双方的四种均衡决策组合，最后结合北京地铁积水潭站早高峰案例，给出了考虑高峰大客流冲击效应的暴恐防御建议。研究发现，当增强型安检系统的准确率过高，或安防部门接警反应时间的有效概率较高时，安防部门的引进人脸抓拍系统策略占优，且人脸抓拍系统的社会价值对安防部门决策无直接影响。当增强型安检系统的准确率适中，或安防部门接警反应时间的有效概率较低时：第一种情况，在安防部门侧重考虑效率情况下，人脸抓拍系统的社会价值与安防效率正相关，引进人脸抓拍策略在其社会价值较高时占优；第二种情况，在安防部门侧重考虑安全情况下，升级加强原安检系统策略占优，此时，人脸抓拍系统的社会价值对安防部门决策无影响。另外，较高的安检准确率将会提升安检厅的乘客淤滞水平、强化高峰大客流对安检厅的冲击效应、削弱高峰大客流对候车厅的冲击效应，并最终拉升暴恐分子直接袭击安检厅的风险。

第三，通过对暴恐风险一般时期应对高峰大客流冲击的白名单策略研究发现，地铁安检白名单策略从分流低危乘客角度，提升了地铁部门暴恐防御资源的聚焦水平，但仍存在比例控制、抽检率设计等影响其暴恐防御能力的待解决问题。地铁安检引入白名单策略是提高暴恐时期地铁安检通行速度的可行方法，但其较低的抽检率设计引发了业界对白名单通道涉恐防爆安检能力不足的担忧，需要进一步优化地铁安检白名单策略的涉恐防爆安检流程。结合当前"一刀切式"白名单策略下地铁安检流程存在的问题，第五章首先分析了安检厅和候车厅的爆炸伤亡损失预测模型，在此基础上构建了地铁安检部门和暴恐分子之间基于白名单策略的地铁涉恐防爆安检序贯博弈模型，并得出了子博弈完美纳什均衡。研究发现，白名单通道的抽检率与其安检安全性、安检成本正相关，与其安检通行速度负相关；白名单乘客占比越大，地铁安检整体客流的自发可调节性越差；白名单通道的安检通行速度和安检安全性与暴恐分子决策显著相关。为了提升白名单通道的涉恐防爆安检能力，安检部门可从白名单策略基本参数设计、新技术推广和多部门协调等角度进行优化。为进一步控制暴恐袭击损失，地铁部门需要提高联防联控投入水平、增强群防群控意识、加强违禁品管控宣传、强化乘客候检和候车的列队水平、增设巡检环节等。

第四，通过对暴恐风险较高时期的智能安检策略进行研究发现，联合人脸抓拍系统和白名单制度的智能安检策略可显著提升安检部门的暴恐防御，并可进一步提升各子系统的资源配置效率。在信号工具的辅助下，可在一定水平上克服安检部门防御能力自然属性分布不均问题。值得一提的是，人脸抓拍系统对伪装暴恐分子有较高的识别能力是确保该策略有效的前提，也是信号博弈的主要载体。基于新时期地铁安防中技防建设现状和社会治安一体化联勤联动网络完善的需求，第六章从地铁安防系统优化和信号博弈角度出发，通过构建联合人脸抓拍系统和白名单策略的地铁二级智能联防信号博弈模型，得出了3条符合长期防御要求的精炼贝叶斯均衡路径。研究发现，在优化安防系统防御能力方面，当人脸抓拍系统的识别能力较强时，安防部门应缩短接警反应时间；当暴恐分子倾向于选择白名单通道时，暴恐防御资源应向提高人脸抓拍系统和安检系统间信息同步水平倾斜，接警反应时间有效率与信息同步水平呈互补关系；当暴恐分子倾向于选择普通通道时，暴恐防御资源应向提高普通通道安检安全性倾斜，接警反应时间有效率与普通通道安检安全性呈互补关系。在制定长期信号策略方面，在均衡路径下，暴恐分子的乐观情绪和较低的高能力伪装成本，是促成安防部门统一释放高识别能力信号的前提条件；自然赋予低能力安防部门占比越小，安防部门的占优信号策略越多，但暴恐分子悲观情绪会抑制高能力安防部门的伪装诱捕策略；提升地铁安防系统的整体暴恐防御能力，满足普通民众对社会治安稳定的需求，可提升安防信号威慑力，但存在过度防御的可能。

第二节　展望

本书针对不同暴恐风险需求下四个安检策略进行了博弈分析，基于文章篇幅限制，特对不同安检策略下的相关模型进行了限定和化简，但为使相关策略更具有适用价值，还应继续进行更加丰富的理论研究工作。例如：

第一，信号反馈策略通过对违禁品自弃箱和违禁品处理箱的人次统计，构建了自弃效用评价模型，但并未研究具体安检信号的影响，如引入身份识别装置、升级安检仪器等。后续将致力于通过统计、归纳及反演等方法得到不同信号激励下，主动丢弃违禁品的乘客比例经验概率分布函数；不同激励信号在不同安检体系中所产生的复合作用效果。并通过将最终分析结果建立信号激励数据库的方式，更加科学地指导地铁安防工作，使该模型更具现实适用价值。

第二，在人脸抓拍策略权衡下的地铁安防部门与暴恐分子的攻防博弈中，情报战和信号战通常起到关键作用，情报战可能使本书安防部门接警反应时间的信息不对称性变得更加复杂，而安防部门也可以通过释放人脸抓拍策略有效性、接警反应时间、安检准确率等相关信号，定向干扰暴恐分子决策。故在后续研究中，将结合上述情景对此问题进行深度研究。

第三，随着未来地铁安检多部门协调机制的逐渐完善，地铁安检白名单策略会向准入和清出标准多级化、抽检规则多样化、乘行行为监测智能化等方向发展。根据不同场景下的安检需求，后续研究需要探讨更丰富的白名单策略优化策略。同时，检测设备优化也是支持白名单策略顺利实施的必要条件，因此，先进技术对地铁安检白名单策略的发展趋势影响是值得深入研究的方向。

第四，智能安检策略虽然在地铁多部门安防系统融合、暴恐防御信号策略制定等方面，为现阶段地铁智能安防发展提供了可行的实施路径，但在模型优化、博弈研究等环节存在一定不足。首先，随着未来地铁安防多部门协调机制的逐渐成熟、信息技术的不断发展、一体化联勤联动机制的不断完善，地铁联防系统可在地铁入口、安检厅、普通安检通道、白名单通道等多点实现身份识别。同时，普通群众广泛参与社会治安维护会大幅提升接警反应时间有效率。这些因技术发展和机制完善带来的地铁安防新思路，会显著提高地铁的暴恐防御能力，也会丰富地铁联防方式。其次，本书并未考虑情报收集对均衡结果的影响，随着暴恐分子成功完成袭击任务的难度逐渐增大，双方情报收集行为影响也必将成为下一阶段研究的重点内容。

附　　录

一、附录 A：定义 6-1 和定义 6-2 说明

由图 6-3 可知，根据前提假设 6-4 可知：

（一）安检部门

对于低能力安检部门，相对 NA 策略来说，暴恐分子的 PA 策略会对低能力安检部门造成更大损失，故对低能力安检部门存在：

$$u_D(\theta_{LR}, S_{LR}, PA) < u_D(\theta_{LR}, S_{LR}, NA) \tag{A1}$$

由式（A1）可得：

$$L_{out} < L_{in} P_S(\theta_{LR}, PA, NRE) \tag{A2}$$

对于高能力安检部门，高能力安检部门通过二级智能联防系统可在一定水平上抑制暴恐分子 PA 策略的顺利实施，并充分发挥二级智能联防系统的暴恐抑制作用，故对高能力安检部门存在：

$$u_D(\theta_{HR}, S_{HR}, PA) > u_D(\theta_{HR}, S_{HR}, NA) \tag{A3}$$

由式（A3）可得：

$$L_{out} > L_{in}(1 - P_{cam}) P_S(\theta_{HR}, PA, NRE) + L_{in} P_{cam} P_S(\theta_{HR}, PA, RE) \tag{A4}$$

综上可得，当暴恐分子 PA 策略为低能力安检部门带来更大损失，但暴恐分子 NA 策略为高能力安检部门带来更大损失时，安检部门受袭损失满足：

$$L_{in} P_S(\theta_{LR}, PA, NRE) > L_{out} > L_{in}(1 - P_{cam}) P_S(\theta_{HR}, PA, NRE) + \\ L_{in} P_{cam} P_S(\theta_{HR}, PA, RE) \tag{A5}$$

（二）暴恐分子

在判定安检部门为低能力型条件下，暴恐分子执行 PA 策略会造成更大破坏，即存在：

$$u_A(\theta_{LR},\ S_R,\ \text{PA}) > u_A(\theta_{LR},\ S_R,\ \text{NA}) \qquad (\text{A6})$$

由式（A6）可得：

$$C_{att} < \frac{W_{in}P_S(\theta_{LR},\ \text{PA},\ \text{NRE}) - W_{out}}{1 - P_S(\theta_{LR},\ \text{PA},\ \text{NRE})} \qquad (\text{A7})$$

在判定安检部门为高能力型条件下，暴恐分子的 NA 策略可以造成更大破坏，故存在：

$$u_A(\theta_{HR},\ S_R,\ \text{PA}) < u_A(\theta_{HR},\ S_R,\ \text{NA}) \qquad (\text{A8})$$

由式（A8）可得：

$$C_{att} > \begin{cases} C_{att}^+ & if:\ A \geqslant 0 \\ 0 & if:\ A < 0 \end{cases} \qquad (\text{A9})$$

其中：$C_{att}^+ = \dfrac{W_{in}\left[P_{cam}P_S(\theta_{HR},\text{PA},\text{RE}) + (1-P_{cam})P_S(\theta_{HR},\text{PA},\text{NRE})\right] - W_{out} - C_{cam}}{1 - (1-P_{cam})P_S(\theta_{HR},\text{PA},\text{NRE}) - P_{cam}P_S(\theta_{HR},\text{PA},\text{RE})}$,

$A = W_{in}\left[P_{cam}P_S(\theta_{HR},\text{PA},\text{RE}) + (1-P_{cam})P_S(\theta_{HR},\text{PA},\text{NRE})\right] - W_{out} - C_{cam}$。

结合式（A7）和式（A9）可得：

$$\begin{cases} \dfrac{W_{in}P_S(\theta_{LR},\ \text{PA},\ \text{NRE}) - W_{out}}{1 - P_S(\theta_{LR},\ \text{PA},\ \text{NRE})} > C_{att} > C_{att}^+ & if:\ A \geqslant 0 \\[4mm] \dfrac{W_{in}P_S(\theta_{LR},\ \text{PA},\ \text{NRE}) - W_{out}}{1 - P_S(\theta_{LR},\ \text{PA},\ \text{NRE})} > C_{att} > 0 & if:\ A < 0 \end{cases} \qquad (\text{A10})$$

二、附录 B：暴恐分子决策过程，即定义 6-3 中决策阈值 p^* 和 q^* 的求解及证明过程

首先，根据图 6-3 求解暴恐分子在各策略组合下的期望收益。

暴恐分子接收到信号 S_{HR} 后，选择 PA 策略的破坏程度为：

$$E\left[u_A(\theta,\ S_{HR},\ \text{PA})\right] = \begin{bmatrix} P_{cam}(W_{in} + C_{att})\left[P_S(\theta_{HR},\ \text{PA},\ \text{RE}) \right. \\ \left. - P_S(\theta_{HR},\ \text{PA},\ \text{NRE})\right] + W_{in}P_S(\theta_{HR},\ \text{PA},\ \text{NRE}) \\ - C_{cam} - C_{att}\left[1 - P_S(\theta_{HR},\ \text{PA},\ \text{NRE})\right] \\ + P\left\{C_{cam} - P_{cam}(W_{in} + C_{att})\begin{bmatrix} P_S(\theta_{HR},\ \text{PA},\ \text{RE}) \\ - P_S(\theta_{HR},\ \text{PA},\ \text{NRE}) \end{bmatrix}\right\} \end{bmatrix} \qquad (\text{B1})$$

其中，$P = \dfrac{P(S_{HR}/\theta_{LR})P_L}{P(S_{HR}/\theta_{LR})P_L + P(S_{HR}/\theta_{HR})(1-P_L)}$。

暴恐分子接收到信号 S_{HR} 后，选择 NA 策略的期望收益为：

$$E\left[u_A(\theta,\ S_{HR},\ \text{NA})\right] = W_{out} \qquad (\text{B2})$$

其次，在完全理性条件下，求解影响暴恐分子决策的临界值。结合图 6-3，比较式（B1）和式（B2）可得：

$$p^* = 1 - \frac{W_{in}P_S(\theta_{HR}, \ \text{PA}, \ \text{NRE}) - W_{out} - C_{att}\left[1 - P_S(\theta_{HR}, \ \text{PA}, \ \text{NRE})\right]}{C_{cam} - P_{cam}(W_{in} + C_{att})\left[P_S(\theta_{HR}, \ \text{PA}, \ \text{RE}) - P_S(\theta_{HR}, \ \text{PA}, \ \text{NRE})\right]}$$

$$(B3)$$

在式（6-10）和式（6-11）的约束下，可证 $p^* \in (0, 1)$。当 $P > p^*$ 时，暴恐分子 PA 策略的破坏程度较大；当 $P < p^*$ 时，暴恐分子 NA 策略的破坏程度较大。进一步观察图 6-3 可知，暴恐分子收益呈左右对称，这是由于暴恐分子对不同信号策略下同一类安检部门的反应一致，在图 6-3 中，$q = P(S_{LR}/\theta_{LR})P_L/[P(S_{LR}/\theta_{LR})P_L + P(S_{LR}/\theta_{HR})(1 - P_L)]$。暴恐分子在接收到信号 S_{LR} 后，存在当 $P > q^*$ 时，暴恐分子 PA 策略的破坏程度较大；当 $P < q^*$ 时，暴恐分子 NA 策略的破坏程度较大。其中，$q^* = p^*$。

三、附录 C：给定暴恐分子 NA 策略，求安检部门均衡路径

（一）安检部门释放混同信号

1. 安检部门释放混同信号 S_{HR}

首先，为使暴恐分子对混同信号 S_{HR} 的反应为 NA 策略，则须使暴恐分子对信号 S_{HR} 的后验概率满足：

$$P(\theta_{LR}/S_{HR}) = 0 \tag{C1}$$

由定义 6-3 可知，暴恐分子先验概率须满足：

$$P_0 > p^* \tag{C2}$$

其次，基于暴恐分子情绪，分析给定暴恐分子 NA 策略下的非均衡路径：

当暴恐分子情绪属于乐观型时，将释放信号 S_{LR} 策略的安检部门判定为低能力安检部门，进而执行 PA 策略，即存在 $P(\theta_{LR}/S_{LR}) = 1$。由图 6-3 可知，为防止低能力安检部门偏离伪装策略，则须满足 $u_D(\theta_{LR}, S_{LR}, \text{PA}) < u_D(\theta_{LR}, S_{HR}, \text{NA})$，即为：

$$C_{SH} < L_{in}P_S(\theta_{LR}, \ \text{PA}, \ \text{NRE}) - L_{out} \tag{C3}$$

同理，为防止高能力安检部门偏离讲真话策略，则须满足 $u_D(\theta_{HR}, S_{LR}, \text{PA}) < u_D(\theta_{HR}, S_{HR}, \text{NA})$，即为：

$$C_{SL} > L_{out} - [L_{in}(1 - P_{cam})P_S(\theta_{HR}, \ \text{PA}, \ \text{NRE}) + L_{in}P_{cam}P_S(\theta_{HR}, \ \text{PA}, \ \text{RE})]$$

$$(C4)$$

综上可知，当暴恐分子情绪属于乐观型时，两类安检部门释放混同信号 S_{HR}，暴恐分子选择 NA 策略的均衡路径为：

$$\begin{cases} P_0 > p^* \\ P(\theta_{LR}/S_{LR}) = 1 \\ C_{SH} < L_{in}P_S(\theta_{LR}, \ \text{PA}, \ \text{NRE}) - L_{out} \\ C_{SL} > L_{out} - [L_{in}(1 - P_{cam})P_S(\theta_{HR}, \ \text{PA}, \ \text{NRE}) + P_{cam}L_{in}P_S(\theta_{HR}, \ \text{PA}, \ \text{RE})] \end{cases}$$

$$(C5)$$

当暴恐分子属于悲观型时，将偏离释放信号 S_{LR} 策略视为高能力安检部门的诱捕行为，进而仍执行 NA 策略，即存在 $P(\theta_{LR}/S_{LR}) = 0$。由图 6-3 可知，此时低能力安检

部门存在偏离动机，且不存在抑制该偏离动机的路径，即此时不存在安检部门释放混同信号、暴恐分子采取 NA 策略的均衡路径。

2. 安检部门释放混同信号 S_{LR}

首先，为使暴恐分子对混同信号 S_{LR} 的反应为 NA 策略，则须使暴恐分子对信号 S_{LR} 的后验概率满足：

$$P(\theta_{LR}/S_{LR})=0 \tag{C6}$$

由定义 6-3 可知，暴恐分子先验概率须满足：

$$P_0>q^* \tag{C7}$$

其次，基于暴恐分子情绪，分析给定暴恐分子 NA 策略下的非均衡路径：

当暴恐分子情绪属于乐观型时，将释放信号 S_{HR} 策略的安检部门判定为低能力安检部门，进而执行 PA 策略，即存在 $P(\theta_{LR}/S_{LR})=1$。由图 6-3 和式（6-1）可知，高能力安检部门存在偏离动机，且不存在抑制该偏离动机的路径，即此时无均衡路径。

当暴恐分子属于悲观型时，将释放信号 S_{HR} 策略视为高能力安检部门的诱捕行为，进而仍执行 NA 策略，即存在 $P(\theta_{LR}/S_{LR})=0$。由图 6-3 可知，此时高能力安检部门存在偏离动机，且不存在抑制该偏离动机的路径，即此时不存在安检部门释放混同信号 S_{LR}、暴恐分子采取 NA 策略的均衡路径。

（二）安检部门释放分离信号

当两类安检部门释放分离信号后，暴恐分子可通过信号完全清楚暴恐分子类型，即两类安检部门均无伪装动机。此时，低能力安检部门释放信号 S_{LR}，高能力安检部门释放信号 S_{HR}；暴恐分子对信号 S_{LR} 的反应为 PA 策略，对信号 S_{HR} 的反应为 NA 策略。可见，此策略并不适合地铁安检部门寻求的长期稳定防御需求。

（三）安检部门释放半分离信号

（1）低能力安检部门同时释放信号 S_{HR} 和信号 S_{LR}，高能力安检部门释放信号 S_{HR}。此情景类似于低能力安检部门为寻求自我保护，而借助高能力安检部门的信号 S_{HR} 进行部分伪装，由混同信号 S_{HR} 下均衡策略的相关分析可知，只有在面对悲观型暴恐分子时，低能力安检部门的讲真话策略才能保护自己，但这种部分伪装策略并不是低能力安检部门的均衡策略，而会演化为完全讲真话。即在暴恐分子对两类信号的反应均为 NA 策略的前提下，不存在低能力安检部门同时释放信号 S_{HR} 和信号 S_{LR}、高能力安检部门释放信号 S_{HR} 的精炼贝叶斯均衡路径。

（2）低能力安检部门同时释放信号 S_{HR} 和信号 S_{LR}，高能力安检部门释放信号 S_{LR}。由混同信号 S_{LR} 下均衡策略的相关分析可知，在暴恐分子对两类信号的反应均为 NA 策略的前提下，不存在低能力安检部门同时释放信号 S_{HR} 和信号 S_{LR}、高能力安检部门释放信号 S_{LR} 的精炼贝叶斯均衡路径。

（3）高能力安检部门同时释放信号 S_{HR} 和信号 S_{LR}，低能力安检部门释放信号 S_{HR}。由混同信号 S_{HR} 下均衡策略的相关分析可知，当高能力安检部门具有诱捕动机后，在面对悲观型暴恐分子时，不存在均衡路径；在面对乐观型暴恐分子时，存在高能力安检部门同时释放信号 S_{HR} 和信号 S_{LR}、低能力安检部门释放信号 S_{HR} 的可能。此时须满足：

首先，为使暴恐分子对信号 S_{HR} 的反应为 NA 策略，则须使暴恐分子对信号 S_{HR} 的后验概率满足 $P(\theta_{LR}/S_{HR})=0$，即由定义 6-3 可知，暴恐分子先验概率须满足 $P_0 > p^*$。

其次，基于暴恐分子情绪，分析均衡路径：

当暴恐分子情绪属于乐观型时，将释放信号 S_{LR} 策略的安检部门判定为低能力安检部门，进而执行 PA 策略，即存在 $P(\theta_{LR}/S_{LR})=1$。由图 6-3 可知，为防止低能力安检部门偏离伪装策略，则须满足 $u_D(\theta_{LR}, S_{LR}, PA) < u_D(\theta_{LR}, S_{HR}, NA)$，即为 $C_{SH} < L_{in}P_S(\theta_{LR}, PA, NRE) - L_{out}$。

同理，为使高能力安检部门具有伪装动机，则须使 $u_D(\theta_{HR}, S_{LR}, PA) > u_D(\theta_{HR}, S_{HR}, NA)$，即 $C_{SL} < L_{out} - \begin{bmatrix} L_{in}(1-P_{cam})P_S(\theta_{HR}, PA, NRE) + \\ L_{in}P_{cam}P_S(\theta_{HR}, PA, RE) \end{bmatrix}$。

最后，为保证暴恐分子对信号 S_{HR} 无策略偏离，给出基于后验概率的高能力安检部门伪装概率：

$$\frac{P_L P(S_{HR}/\theta_{LR})}{P_L P(S_{HR}/\theta_{LR}) + (1-P_L)[1-P(S_{LR}/\theta_{HR})]} < P_0 \tag{C8}$$

进一步求解式（C8）可得：

$$P(S_{LR}/\theta_{HR}) < \frac{P_0 - P_L}{P_0(1-P_L)} \quad \text{s. t. } P_0 > P_L \tag{C9}$$

综上可知，当暴恐分子情绪属于乐观型时，高能力安检部门同时释放信号 S_{HR} 和信号 S_{LR}，低能力安检部门释放信号 S_{HR}，暴恐分子对信号 S_{HR} 的反应为 NA 策略、暴恐分子对信号 S_{LR} 的反应为 PA 策略的混同均衡路径为：

$$\begin{cases} P_0 > \max(p^*, P_L) \\ P(\theta_{LR}/S_{LR})=1 \\ P(S_{LR}/\theta_{HR}) < (P_0 - P_L)/[P_0(1-P_L)] \\ C_{SH} < L_{in}P_S(\theta_{LR}, PA, NRE) - L_{out} \\ C_{SL} < L_{out} - [L_{in}(1-P_{cam})P_S(\theta_{HR}, PA, NRE) + P_{cam}L_{in}P_S(\theta_{HR}, PA, RE)] \end{cases}$$

$$\tag{C10}$$

（4）高能力安检部门同时释放信号 S_{HR} 和信号 S_{LR}，低能力安检部门释放信号 S_{LR}。由混同信号 S_{LR} 下均衡策略的相关分析可知，在面对乐观型和悲观型暴恐分子时，高能力安检部门均有讲真话的动机。此时须满足：

首先，为使暴恐分子对信号 S_{LR} 的反应为 NA 策略，须使暴恐分子对信号 S_{LR} 的后验概率满足 $P(\theta_{LR}/S_{LR})=0$，即由定义 6-3 可知，暴恐分子先验概率须满足 $P_0 > q^*$。

其次，基于暴恐分子的情绪，分析均衡路径：

当暴恐分子情绪属于乐观型时，将释放信号 S_{HR} 策略的安检部门判定为低能力安检部门，进而执行 PA 策略，即存在 $P(\theta_{LR}/S_{HR})=1$。由图 6-3 可知，两类安检部门均无偏离动机。当暴恐分子情绪属于悲观型时，将释放信号 S_{HR} 策略的安检部门判定为高能力安检部门，进而仍执行 NA 策略，即存在 $P(\theta_{LR}/S_{HR})=0$。由图 6-3 可知，两类安检部门仍均无偏离动机。

最后，为保证暴恐分子对信号 S_{LR} 无策略偏离，给出基于后验概率的高能力安检部门伪装概率：

$$\frac{P_L P(S_{LR}/\theta_{LR})}{P_L P(S_{LR}/\theta_{LR})+(1-P_L)[1-P(S_{HR}/\theta_{HR})]}<P_0 \tag{C11}$$

进一步求解式（C8）可得：

$$P(S_{HR}/\theta_{HR})<\frac{P_0-P_L}{P_0(1-P_L)} \text{ s.t. } P_0>P_L \tag{C12}$$

综上可知，当暴恐分子情绪属于乐观型时，高能力安检部门同时释放信号 S_{HR} 和信号 S_{LR}，低能力安检部门释放信号 S_{LR}，暴恐分子对信号 S_{LR} 的反应为 NA 策略的混同均衡路径为：

$$\begin{cases} P_0>\max(q^*,\ P_L) \\ P(\theta_{LR}/S_{LR})=0 \\ P(S_{HR}/\theta_{HR})<(P_0-P_L)/[P_0(1-P_L)] \end{cases} \tag{C13}$$

参考文献

［1］蔡一军. 大数据驱动犯罪防控决策的风险防范与技术路径［J］. 吉林大学社会科学学报，2017，57（3）：74-80.

［2］柴瑞瑞，刘德海，陈静锋. 暴恐分子跨国潜入的反恐安检资源配置研究［J］. 系统工程学报，2017a，32（3）：335-345.

［3］柴瑞瑞，刘德海，陈静锋，等. 考虑防御拓扑特征的暴恐事件演化博弈模型和仿真分析［J］. 运筹与管理，2017b，26（5）：28-36.

［4］柴瑞瑞，孙康，陈静锋，等. 连续恐怖袭击下反恐设施选址与资源调度优化模型及其应用［J］. 系统工程理论与实践，2016，36（2）：464-472.

［5］车怡雯. 广州地铁大客流安检服务优化研究［D］. 华南理工大学博士学位论文，2020.

［6］陈国青，吴刚，顾远东，等. 管理决策情境下大数据驱动的研究和应用挑战——范式转变与研究方向［J］. 管理科学学报，2018，21（7）：1-10.

［7］陈鹏，张璋，胡啸峰，等. 影响城市轨道交通安检速度的乘客特征分析［J］. 城市轨道交通研究，2016，19（5）：5-9.

［8］陈万志，李东哲. 结合白名单过滤和神经网络的工业控制网络入侵检测方法［J］. 计算机应用，2018，38（2）：363-369.

［9］陈文彪. 我国地铁反恐怖工作现状及对策研究［J］. 铁道警察学院学报，2017，27（1）：42-50.

［10］陈小梅. 情绪理论视角下的社会暴力心理问题研究［J］. 东南学术，2016，29（6）：241-245.

［11］陈勇. 今天中午起地铁南京站开启一处快捷通道，从火车站进地铁无需安检［N］. 扬子晚报，2019-05-04.

［12］陈治亚，甘金荣，王小军. 考虑安全的城市轨道交通三级客流控制模型［J］. 中

南大学学报（自然科学版），2020，51（5）：1441-1450.

[13] 成琳娜. 地铁站客流高峰期火灾应急疏散仿真研究 [J]. 交通科技，2016，42（2）：183-186.

[14] 程明，梁文娟. 机场安检人员工作压力源及影响因素研究 [J]. 中国安全生产科学技术，2011，7（1）：65-69.

[15] 冯文刚，姜兆菲璠. 基于民航旅客分级分类方法的差异化安检和旅客风险演化研究 [J]. 数据分析与知识发现，2020，4（12）：105-119.

[16] 冯伟，秦宇，冯登国，等. 基于 TCM 的安全 Windows 平台设计与实现 [J]. 通信学报，2015，36（8）：91-103.

[17] 冯卫国. 总体国家安全观与反恐对策思考 [J]. 理论探索，2017，34（5）：109-114.

[18] 龚强，雷丽衡，袁燕. 政策性负担、规制俘获与食品安全 [J]. 经济研究，2015，50（8）：4-15.

[19] 韩豫，成虎. 基于脆弱性的地铁运营安全事故致因分析 [J]. 中国安全科学学报，2013，23（8）：164-170.

[20] 胡永举，黄芳. 交通港站与枢纽设计 [M]. 北京：人民交通出版社，2012.

[21] 黄长慧，胡光俊，李海威. 基于 URL 智能白名单的 Web 应用未知威胁阻断技术研究 [J]. 信息网络安全，2021，21（3）：1-6.

[22] 黄涛，颜涛. 医疗信任商品的信号博弈分析 [J]. 经济研究，2009，44（8）：125-134.

[23] 贾凤翔，石伟. 基于恐怖分子的恐怖主义心理学述评 [J]. 心理科学进展，2010，18（10）：1660-1667.

[24] 姜树广，韦倩. 信念与心理博弈：理论、实证与应用 [J]. 经济研究，2013，59（6）：141-154.

[25] 蒋林华，王尉苏，童慧鑫，岳贵阳，黄慧. 太赫兹成像技术在人体安检领域的研究进展 [J]. 上海理工大学学报，2019，41（1）：46-51.

[26] 孔德森，孟庆辉，史明臣，等. 爆炸冲击波在地铁隧道内的传播规律研究 [J]. 地下空间与工程学报，2012，8（1）：48-55.

[27] 赖智平. 一种新型地铁快速安检模式研究 [J]. 警察技术，2020，36（4）：25-28.

[28] 李博. 北京地铁将实现乘客分类安检：建立"白名单"，应用人脸识别 [N]. 北京晚报，2019-10-29.

[29] 李德龙，刘德海. 城市轨道交通枢纽智慧安检联防信号博弈模型 [J]. 系统工程理论与实践. 2021（11）：3-4.

[30] 李德龙，刘德海. 基于白名单的地铁涉恐防爆安检序贯博弈模型 [J]. 系统工程理论与实践，2021（11）：15-16.

[31] 李德龙，刘德海. 特殊时期地铁二级分流-联防安检优化模型 [J]. 中国管理科学，2019，27（12）：127-135.

[32] 李德龙，刘德海. 引入人脸抓拍系统还是升级安检设备？——有限资源下的地铁暴恐防御序贯博弈模型 [J]. 中国管理科学，2021（6）：7-9.

[33] 李德龙，刘德海，白云涛. 基于白名单的地铁安检多部门协作抗疫分级响应模型 [J]. 运筹与管理. 2022（3）：10-11.

[34] 李德龙，刘德海，王雷. 引入信号装置的地铁安检反恐博弈模型 [J]. 系统工程理论与实践，2020，40（1）：134-149.

[35] 李飞飞，徐哲，于静. 基于序贯博弈谈判机制的分布式多项目调度 [J]. 系统工程理论与实践，2018，38（3）：696-709.

[36] 李恒. 总体国家安全观战略下健全地铁反恐怖安全研究 [J]. 青海社会科学，2016（5）：156-163.

[37] 李健和，王存奎，梅建明，马振超，翟金鹏. 当代恐怖主义的特征与发展趋势 [J]. 中国人民公安大学学报（社会科学版），2008（3）：1-7.

[38] 李蕾. 上海三个地铁站试点快捷安检 [J]. 城市轨道交通研究，2019，22（9）：187.

[39] 李莉，高洪利，陈靖涵. 中国高科技企业信贷融资的信号博弈分析 [J]. 经济研究，2015，50（6）：162-174.

[40] 李文兴，尹帅. 城市轨道交通成本构成分析 [J]. 交通运输系统工程与信息，2012，12（2）：9-14.

[41] 梁红芳. 浅谈我国内河船舶安全检查行为"被动性" [J]. 珠江水运，2010，18（6）：68-69.

[42] 廖灿，郭海湘，唐健，等. 突发事件对隧道行人疏散时间的影响 [J]. 系统管理学报，2020，29（4）：711-720.

[43] 刘德海，鲍雪言，王谢宁. 恐怖袭击事件中悲观/乐观情绪如何影响博弈均衡结果 [J]. 中国管理科学，2017，25（10）：80-88.

[44] 刘德海，周婷婷. 基于认知差异的恐怖主义袭击误对策分析 [J]. 系统工程理论与实践，2015，35（10）：2646-2656.

[45] 刘根生. "安检互认"诠释了什么 [J]. 群众，2020（3）：72.

[46] 刘青建，方锦程. 恐怖主义的新发展及对中国的影响 [J]. 国际问题研究，2015，57（4）：114-126.

[47] 刘瑞明，杨冰岩，焦豪. 短视认知偏差、公共产品提供与社会道德救助——应该如何重建我们的社会秩序？ [J]. 管理世界，2018，34（11）：36-51.

[48] 刘霞，韩自强，金仕根. 国际恐怖活动的新特征及其发展趋势 [J]. 中国软科学，2015，30（11）：1-10.

[49] 刘忠轶，胡晨望，谭坤，等. 基于排队论的反恐警力优化配置策略研究 [J].

数据分析与知识发现，2018，2（10）：37-45.

[50] 罗常伟，於俊，于灵云，等. 三维人脸识别研究进展综述 [J]. 清华大学学报（自然科学版），2021，61（1）：80-91.

[51] 马品彦. 宗教极端主义的本质与危害 [J]. 新疆社会科学，2008，28（6）：63-69＋131-132.

[52] 孟庆斌，汪昌云，张永冀. 媒体监督与控股股东侵占——一个理论框架 [J]. 系统工程理论与实践，2015，35（8）：1905-1917.

[53] 闵剑. 反恐视域下的地铁安全防范策略 [J]. 四川警察学院学报，2018，30（1）：129-136.

[54] 庞磊. 地铁隧道恐怖爆炸伤亡区域预测与应急救援分析 [J]. 中国公共安全（学术版），2015，11（3）：63-64.

[55] 裴欢，赵伟. 南京地铁"安全管理一体化"信息系统建设探讨 [J]. 中国安全生产科学技术，2019，15（S1）：26-33.

[56] 裴剑飞. 政协委员回应地铁安检白名单争议：现行方式成本高效果弱 [EB/OL]. 2020，http://www. bjnews. com. cn/feature/2020/05/24/730898. html.

[57] 彭凯贝，史天运，伍柳伊，吕晓军. 基于旅客风险分类的安检流程研究 [J]. 中国安全生产科学技术，2020，16（5）：143-149.

[58] 邱实，杨洋，魏中华. 北京市地铁乘客安检安全意识调查分析 [J]. 交通科技与经济，2020，22（1）：7-12.

[59] 沈小清. 世界地铁安全警钟响起我国地铁安检现状如何？[J]. 生命与灾害，2010，18（6）：40-41.

[60] 石振武. 道路经济与管理 [M]. 武汉：华中科技大学出版社，2007.

[61] 宋聚生，姜雪. 基于防灾、犯罪预防及心理安全角度的国内外安全城市设计研究综述 [J]. 城市发展研究，2016，23（4）：39-44.

[62] 宋优才. 基于"白名单"的城市轨道交通快速安检方案构想 [J]. 隧道与轨道交通，2020，131（4）：10-12.

[63] 孙世炜，李海鹰，许心越. 地铁站内不同类型设施结合处行人速度变化规律研究 [J]. 铁道科学与工程学报，2016，13（3）：570-576.

[64] 仝星. 动态人脸识别监控系统研究 [J]. 中国安防，2015，10（Z1）：63-66.

[65] 汪锋，周大水. 白名单主动防御系统的设计与实现 [J]. 计算机工程与设计，2011，32（7）：2241-2244＋2313.

[66] 汪广龙. 治安防控体系演化的组织机制——基于"打防并举"到"管理服务"变迁历程的研究 [J]. 公共管理学报，2020，17（2）：74＋128-140.

[67] 汪为. 社会治安防控开启"互联网＋"模式 [J]. 人民论坛，2017，26（7）：59-61.

[68] 王伯承，张广利. 新时代特大城市地铁安全风险的社会学解析 [J]. 中州学

刊，2020，42（1）：87-94.

[69] 王雷，王欣，赵秋红，等. 多地点协同恐怖袭击下的多目标警务应急物流调度 [J]. 系统工程理论与实践，2017，37（10）：2680-2689.

[70] 王亮. 地铁的安全与效率，不能通过"白名单"平衡 [EB/OL]. 2020，https：//jt. rednet. cn/content/2020/05/26/7289813. html.

[71] 王伟光. 暴力分析与恐怖主义的界定 [J]. 国际政治研究，2005，42（2）：130-138.

[72] 王媛媛，诸立超，潘金山. 地铁恐怖袭击下乘客疏散交通方式调查研究 [J]. 中国安全生产科学技术，2020，16（2）：149-154.

[73] 王振，刘茂，冉丽君. 爆炸性恐怖袭击后果与人群聚集状态的关系研究 [J]. 安全与环境学报，2006，6（5）：108-111.

[74] 卫静，刘德海. 特殊时期地铁安检强化措施的优化模型和社会福利分析 [J]. 中国管理科学，2017，25（6）：188-196.

[75] 魏永忠. 论我国城市社会安全指数的预警等级与指标体系 [J]. 中国行政管理，2007，23（2）：89-94.

[76] 吴凤山，吴凌峰，兰乾玉，等. 基于博弈论的地铁车站恐怖袭击风险定量分析方法 [J]. 城市轨道交通研究，2016，19（10）：110-114.

[77] 武红利. 王先进委员：建地铁免安检"白名单"提高通行效率 [N]. 北京日报，2020-05-24.

[78] 武山松，刘德海，王雷. 分裂化恐怖组织袭击策略的 Moran 过程随机演化模型 [J]. 系统工程理论与实践，2020，40（11）：141-152.

[79] 徐成永，叶轩，宣晶. 轨道交通运行效果评估、客流特征分析和发展对策研究 [J]. 都市快轨交通，2019，32（6）：44-55＋62.

[80] 徐向阳，陆海天，孟为. 风险投资与企业创新：基于风险资本专利信号敏感度的视角 [J]. 管理评论，2018，30（10）：58-72＋118.

[81] 杨畅，庞瑞芝. 契约环境，融资约束与"信号弱化"效应——基于中国制造业企业的实证研究 [J]. 管理世界，2017，33（4）：68-77.

[82] 杨须爱. 虚构、蛊惑及干预——对当代中国民族分裂主义问题复杂成因的再认识 [J]. 兰州学刊，2018，39（2）：113-130.

[83] 颜佳华，王张华. 构建协同治理体系推动人脸识别技术良性应用 [J]. 中国行政管理，2020，36（9）：155-157.

[84] 严俊，俞国斌，孙铭建. 自杀性恐怖主义袭击的逻辑：博弈分析的视角 [J]. 国际观察，2015，36（1）：138-152.

[85] 闫秋实，刘晶波，伍俊. 典型地铁车站内爆炸致人员伤亡区域的预测研究 [J]. 工程力学，2012，29（2）：81-88.

[86] 姚加林，潘学成. 基于排队论的高铁车站安检设备运用优化研究 [J]. 铁道

科学与工程学报，2020，17（8）：1919-1925.

[87] 叶小琴，康倩飞. 我国暴恐犯罪的特点与预防：基于 GTD 数据库的统计与分析 [J]. 犯罪研究，2018，38（1）：18-27.

[88] 余建华，晏可佳. 恐怖主义与民族、宗教问题论析 [J]. 国际问题研究，2003，45（3）：48-51.

[89] 翟丹妮，段冉，崔恒旋. 基于反馈机制和 TOPSIS 方法的应急决策模型 [J]. 系统工程，2014，32（4）：82-86.

[90] 张标，王多龙，王宇钦，王鹤天，尹浩东. 天津地铁的客流特征与列车开行方案优化 [J]. 城市轨道交通研究，2020，23（8）：27-30.

[91] 张宙. 科技提升机场安检的效能 [J]. 科技通报，2020，36（5）：116-119.

[92] 张东平. 论地铁安检的困境与出路 [J]. 公安学刊：浙江警察学院学报，2019，32（6）：41-49.

[93] 张家栋. 全球化时代的恐怖主义及其治理 [M]. 上海：上海三联书店出版社，2007.

[94] 张丽娟，张艳芳，赵宜宾，等. 基于元胞自动机的智能疏散模型的仿真研究 [J]. 系统工程理论与实践，2015，35（1）：247-253.

[95] 张宁，朱金福. 民航安检隔离区监控暴恐人群动作特征研究 [J]. 科技通报，2015，31（10）：160-162.

[96] 张森，朱志伟，湛维昭，熊晓锋，龙丽姮，朱云冲. 广州市"智慧地铁"研究与实践 [J]. 城市轨道交通研究，2020，23（11）：19-26.

[97] 张天炫，包丹文，朱婷，羊钊，狄智玮. 基于社会力模型的机场旅客排队模型 [J]. 系统工程与电子技术，2020，42（8）：1776-1783.

[98] 张雪鹏，肖宪. 自杀式袭击的发展趋势及原因分析 [J]. 现代国际关系，2010，30（5）：25-31.

[99] 张艳琼，陈祖琴，苏新宁. 基于云模型的突发事件分级模型研究 [J]. 情报学报，2015，34（1）：76-84.

[100] 张峥，吴宗之，刘茂. 设施遭恐怖袭击的风险分析方法探讨 [J]. 中国安全科学学报，2003，13（7）：60-62.

[101] 赵国敏，刘茂，张青松，等. 基于博弈论的地铁车站恐怖袭击风险定量研究 [J]. 安全与环境学报，2006，6（3）：47-50.

[102] 郑勋，李海鹰，陈旭，等. 地铁安检服务时间及其影响因素分析 [J]. 北京交通大学学报，2018，42（3）：53-55.

[103] 种鹏云，帅斌. 连环恐怖袭击下危险品运输网络级联失效建模 [J]. 系统工程理论与实践，2014，34（4）：1059-1065.

[104] 钟少波，余致辰，杨永胜，等. 基于社会力模型的机场人员疏散建模研究 [J]. 系统仿真学报，2018，30（10）：3648-3656.

[105] 周超，王红卫，祁超. 基于层次任务网络的应急资源协作规划方法 [J]. 系统工程理论与实践，2015，35 (10)：2504-2512.

[106] 周继彪，马昌喜，董升，张敏捷. 新冠肺炎疫情下城市公共交通非常规防疫策略——以宁波市为例 [J]. 中国公路学报，2020，33 (11)：1-10.

[107] 朱素梅. 恐怖主义加强"软目标"袭击现象评析 [J]. 现代国际关系，2014，34 (4)：35-39＋64.

[108] Aranguren M, Tonnelat S. Emotional Transactions in the Paris Subway [J]. Journal of Nonverbal Behavior，2014，38 (4)：495-521.

[109] Arce D G, Siqueira K. Motivating Operatives for Suicide Missions and Conventional Terrorist Attacks [J]. Journal of Theoretical Politics，2014，26 (4)：677-695.

[110] Bagchi A, Paul J A. Optimal Allocation of Resources in Airport Security: Profiling vs. Screening [J]. Operations Research，2014，62 (2)：219-233.

[111] Bakshi N, Flynn S E, Gans N. Estimating the Operational Impact of Container Inspections at International Ports [J]. Management Science，2011，57 (1)：1-20.

[112] Bakshi N, Gans N. Securing the Containerized Supply Chain: Analysis of Government Incentives for Private Investment [J]. Management Science，2010，56 (2)：219-233.

[113] Bakshi N, Kim S H, Savva N. Signaling New Product Reliability with After-Sales Service Contracts [J]. Management Science，2015，61 (8)：1812-1829.

[114] Baliga S, Ethan B D M, Wolitzky A. Deterrence with Imperfect Attribution [J]. American Political Science Review，2020，114 (4)：1155-1178.

[115] Bantekas I. The International Law of Terrorist Financing [J]. American Journal of International Law，2003，97 (2)：315.

[116] Baron O, Berman O, Gavious A. A Game Between a Terrorist and a Passive Defender [J]. Production & Operations Management，2014，27 (3)：433-457.

[117] Baveja M, Wein L M. An effective Two-Finger, Two-Stage Biometric Strategy for the US-VISIT Program [J]. Operations Research，2009，57 (5)：1068-1081.

[118] Bhatia G M. Detection of Terrorism Activities Using Face Recognition Technique [J]. Journal of Management and IT. 2015，6 (1)，104-111.

[119] Burke M. Terrorist attacks on subway, metro rails [EB/OL]. 2016, https://www. usatoday. com/story/news/2016/08/03/terrorist-attacks-subway-metro-rails/ 88001078/.

[120] Cavusoglu H, Koh B, Raghuathan S. An Analysis of the Impact of Passenger Profiling for Transportation Security [J]. Operations Research，2010，58 (5)：1287-1302.

[121] Chung J. Conflicts and Natural Disaster Management: A Comparative Study of Flood Control in the Republic of Korea and the United States [J]. Disasters, 2016, 40 (3): 554-572.

[122] Climent Q D, Pedro R S. The Hidden Costs of Terrorism: The Effects on Health at Birth [J]. Journal of Health Economics, 2017, 56 (12): 47-60.

[123] Connelly B L, Certo S T, Ireland R D, et al. Signaling Theory: A Review and Assessment [J]. Journal of Management, 2011, 37 (1): 39-67.

[124] Curran D, Smart A. Data-driven Governance, Smart Urbanism and Risk-class Inequalities: Security and Social Credit in China [J]. Urban Studies, 2020 (1): 7-14.

[125] De G M, Massaccf, Shim W, et al. Agency Problems and Airport Security: Quantitative and Qualitative Evidence on the Impact of Security Training [J]. Risk Analysis, 2017, 37 (2): 372-395.

[126] Dresher M. Games of Strategy: Theory and Applications [M] . New York: John Wiley & Sons, 1961.

[127] Espia J C P, Fernandez P. Insiders and Outsiders: Local Government and NGO Engagement in Disaster Response in Guimaras, Philippines [J]. Disasters, 2014, 39 (1): 51-68.

[128] Guo L, Su T Y. The Optimal Occupational Pensions Expenses Decision Based on Signal Game [J]. Systems Engineering-Theory & Practice, 2011, 31 (7): 1272-1277.

[129] Hadden W A, Rutherford W H , Merrett J D. The Injuries of Terrorist Bombing: A Study of 1532 Consecutive Patients [J]. British Journal of Surgery, 2010, 65 (8): 525-531.

[130] Haphuriwatab N. Trade-offs between Target Hardening and Overarching Protection [J]. European Journal of Operational Research, 2011, 213 (1): 320-328.

[131] Hausken K. Defense and Attack for Interdependent Systems [J]. European Journal of Operational Research, 2016, 256 (2): 582-591.

[132] Hemmingby C, Bjørgo T. Terrorist Target Selection: The Case of Anders Behring Breivik [J]. Perspectives on Terrorism, 2018, 12 (6): 164-176.

[133] Hofmann D C. How "Alone" Are Lone-Actors? Exploring the Ideological, Signaling, and Support Networks of Lone-Actor Terrorists [J]. Studies in Conflict & Terrorism, 2018, 43 (7): 1-22.

[134] Ho T H , Su X . A Dynamic Level-k Model in Sequential Games [J]. Management Science, 2013, 59 (2): 452-469.

[135] Keeney R L. Modeling Values for Anti-Terrorism Analysis [J]. Risk Analysis, 2007, 27 (3): 585-596.

[136] Knol A, Sharpanskykh A, Janssen S. Analyzing Airport Security Check-

point Performance Using Cognitive Agent Models [J]. Journal of Air Transport Management，2019，75（5）：39-50.

［137］Kroshl W M，Sarkani S，Mazzuchi T A. Efficient Allocation of Resources for Defense of Spatially Distributed Networks Using Agent-Based Simulation [J]. Risk Analysis，2015，35（9）：1690-1705.

［138］Levitin G，Hausken K. False Targets Efficiency in Defense Strategy [J]. European Journal of Operational Research，2009，194（1）：155-162.

［139］Levitin G，Hausken K. Is it Wise to Leave Some False Targets Unprotected? [J]. Reliability Engineering & System Safety，2013（112）：176-186.

［140］Li L F，Berki E，Helenius M，et al. Towards a Contingency Approach with Whitelist and Blacklist-based Anti-phishing Applications：What Do Usability Tests Indicate? [J]. Behaviour & Information Technology，2014，33（11）：1136-1147.

［141］Li Y L，Xin G，Xu Z，et al. Network-based Queuing Model for Simulating Passenger Throughput at an Airport Security Checkpoint [J]. Journal of Air Transport Management，2018（66）：13-24.

［142］Martin H. TSA gives green light to test new technology that can screen passengers from 25 feet away. [EB/OL]. 2018，https：//www. latimes. com/business/la-fi-travel-briefcase-tsa-screening-technology-20181101-story. html.

［143］Mcclain N. The Horizons of Technological Control：Automated Surveillance in the New York Subway [J]. Information Communication & Society，2018，21（1-2）：46-62.

［144］Mclayab L A. Multilevel，Threshold-based Policies for Cargo Container Security Screening Systems [J]. European Journal of Operational Research，2012，220（2）：522-529.

［145］Negro G，Hannan M T，Fassiotto M A . Category Signaling and Reputation [J] . Organization Science，2015，26（2）：584-600.

［146］Nguyen K D，Rosoff H，John R S. Valuing Equal Protection in Aviation Security Screening [J]. Risk Analysis，2017，37（12）：2405-2419.

［147］Nikoofal M E，Gümüs M. On the Value of Terrorist's Private Information in a Government's Defensive Resource Allocation Problem [J]. IISE Transactions，2015，47（6）：533-555.

［148］Nie X F，Batta R，Drury C G，et al. Passenger Grouping with Risk Levels in an Airport Security System [J]. European Journal of Operational Research，2009，194（2）：574-584.

［149］Nie X F，Parab G，Batta R，et al. Simulation-based Selectee Lane Queueing Design for Passenger Checkpoint Screening [J]. European Journal of Operational

Research，2012，219（1）：146-155.

[150] Nguyen K D, Rosoff H, John R S. Valuing Equal Protection in Aviation Security Screening [J]. Risk Analysis, 2017, 37 (12): 2405-2419.

[151] Payyappalli V M, Zhuang J, Jose V R R. Deterrence and Risk Preferences in a Sequential Attacker-Defender Game with Continuous Defense Effort [J]. Risk Analysis, 2017, 37 (11): 2229-2245.

[152] Pearce J M, Lindekilde L, Parker D, et al. Communicating with the Public about Marauding Terrorist Firearms Attacks: Results from a Survey Experiment on Factors Influencing Intention to "Run, Hide, Tell" in the United Kingdom and Denmark [J]. Risk Analysis, 2019, 39 (8): 1675-1694.

[153] Pinker E J. An Analysis of Short-Term Responses to Threats of Terrorism [J]. Management Science, 2007, 53 (6): 865-880.

[154] Rislien H E, Rislien J. The Logic of Palestinian Terrorist Target Choice? Examining the Israel Defense Forcesa? Official Statistics on Palestinian Terrorist Attacks 2000-2004 [J]. Studies in Conflict & Terrorism, 2010, 33 (2): 134-148.

[155] Romyn D, Kebbell M. Terrorists' planning of Attacks: A Simulated "Red-Team" Investigation into Decision-making [J]. Psychology Crime & Law, 2014, 20 (5): 480-496.

[156] Rubin H. Physician's Guide to Terrorist Attack [M]. New Jersey Humana Press, 2004.

[157] Sadek A W. Border Crossing Delay Prediction Using Transient Multi-server Queueing Models [J]. Transportation Research Part A Policy & Practice, 2014, 64 (2): 65-91.

[158] Sadiq S S, Ahmad K R. A Review of Face Recognition Techniques [J]. Digital Image Processing, 2016, 8 (4): 117-120.

[159] Santifort C, Sandler T, Brandt P T. Terrorist Attack and Target Diversity: Changepoints and Their Drivers [J]. Journal of Peace Research, 2012, 50 (1): 75-90.

[160] Shan X, Zhuang J. Cost of Equity in Homeland Security Resource Allocation in the Face of a Strategic Attacker [J]. Risk Analysis, 2013, 33 (6): 1083-1099.

[161] Shi X M, Ye Z R, Shiwakoti N, et al. Passengers' Perceptions of Security Check in Metro Stations [J]. Sustainability, 2019, 11 (10): 2930.

[162] Song C, Zhuang J. Modeling Precheck Parallel Screening Process in the Face of Strategic Applicants with Incomplete Information and Screening Errors [J]. Risk Analysis, 2018, 38 (1): 118-133.

[163] Song C, Zhuang J. N -Stage Security Screening Strategies in the Face of

Strategic Applicants [J]. Reliability Engineering & System Safety, 2017a, 165 (10): 292-301.

[164] Song C, Zhuang J. Two-stage Security Screening Strategies in the Face of Strategic Applicants, Congestions and Screening Errors [J]. Annals of Operations Research, 2017b, 258 (2): 237-262.

[165] Tamilla M, Raquel B F, Marios K. Signaling Theory and Information Asymmetry in Online Commerce [J]. Information & Management, 2012, 49 (5): 240-247.

[166] Tan H, Wang D, Li R, et al. A Robust Method for High-precision Quanti-fication of the Complex Three-dimensional Vasculatures Acquired by X-ray Microto-mography [J]. Journal of Synchrotron Radiation, 2016, 23 (5): 1216-1226.

[167] Wang X F, Zhuang J. Balancing Congestion and Security in the Presence of Strategic Applicants with Private Information [J]. European Journal of Operational Research, 2011, 212 (1): 100-111.

[168] Wei Z H, Chu S N, Huang Z D, et al. Optimization Design of X-ray Conveyer Belt Length for Subway Security Check Systems in Beijing, China [J]. Sustainability, 2020, 12 (5): 21-33.

[169] Wong S, Brooks N. Evolving Risk-based Security: A Review of Current Issues and Emerging Trends Impacting Security Screening in the Aviation Industry [J]. Journal of Air Transport Management, 2015 (48): 60-64.

[170] Wulf W A, Haimes Y Y, Longstaff T A. Strategic Alternative Responses to Risks of Terrorism [J]. Risk Analysis, 2010, 23 (3): 429-444.

[171] Xie Z G, Zhan M H. Beijing subway to use facial recognition for security checks. [EB/OL]. 2019, https://wwwintelligenttransportcom/transport-news/91597/beijing-sub-way-to-use-facial-recognition-for-security-checks/.

[172] Xu J, Zhuang J. Modeling Costly Learning and Counter-learning in a De-fender-attacker Game with Private Defender Information [J]. Annals of Operations Research, 2016, 236 (1): 271-289.

[173] Yi H T, Suo L, Shen R, et al. Regional Governance and Institutional Collective Action for Environmental Sustainability [J]. Public Administration Review, 2017, 78 (4): 556-566.

[174] Yu H, Wang Y, Wang F, et al. Understanding Impacts of Security Check on Passenger Flow in a Metro Station and Improving Measures: A Case Study in Guan-gzhou, China [J]. Journal of Advanced Transportation, 2019 (1): 281-289.

[175] Yu R F, Yang L D, Wu X . Risk Factors and Visual Fatigue of Daggage X-ray security Screeners: A Structural Equation Modelling Analysis [J]. Ergonomics, 2017, 60

(5)：680-691.

[176] Zhai Q，Peng，R. Zhuang，J. Defender – Attacker Games with Asymmetric Player Utilities [J]. Risk Analysis，2020，40 (2)：408-420.

[177] Zhang Z G，Luh H P，Wang C H. Modeling Security-Check Queues [J]. Management Science，2011，57 (11)：1979-1995.

[178] Zhuang J，Alagoz O. Modeling Secrecy and Deception in a Multiple-period Attacker – defender Signaling Game [J]. European Journal of Operational Research，2010a，203 (2)：409-418.

[179] Zhuang J，Bier V M. Balancing Terrorism and Natural Disaster – Defensive Strategy with Endogenous Attacker Effort [J]. Operations Research，2007，55 (5)：976-991.

[180] Zhuang J，Bier V M，Alagoz O. Modeling Secrecy and Deception in a Multiple-period Attacker-defender Signaling Game [J]. European Journal of Operational Research，2010b，203 (2)：409-418.

后　记

　　本书的相关内容体现了我国公共安全管理领域"人民至上，生命至上"的根本遵循，以及中国式现代化的管理理念。自攻读博士学位以来，我的恩师东北财经大学公共管理学院院长刘德海教授，在众多突发事件应急管理领域的相关研究中为我确定了地铁安检这一方向，理由主要有两点，一是该研究领域还有大量科学问题有待进一步凝练和解决；二是国内外学者对地铁安检相关问题存在不同的管理理念，甚至部分国家在地铁站根本不采取安检措施，需要相关学者从我国公共安全管理特色视角出发，给出中国方案。恐怖主义始终是威胁广大人民群众生命财产安全的重要因素之一，尤其在三股势力作用下，我国面临着巨大的反恐压力。自 2008 年实施城市地铁安检以来，我国地铁站内取得了"零暴恐"的显著成效，但在地铁安检实施过程中仍存在应对高峰大客流能力不足、安检员难作为、资源投入过大等制约安全与效率平衡的现实难题。因此，本书基于突发事件分级响应原则，采用博弈论、系统建模仿真等方法给出不同涉恐防爆风险等级下的地铁安检策略，相关研究成果在安检流程优化、安检人防物防和技防资源协同配置、白名单制度实施等方面都具有一定参考价值。

　　为确保相关研究问题的前沿性、模型刻画的准确性等，恩师每年都会带我参加国内外相关顶级学术会议，向与会的专家学者虚心请教、深度交流，本书的顺利完成离不开恩师和业界专家的指点，在此特别感谢。该专著的出版不是博士阶段科研工作的总结，而是未来深入研究的铺垫。同时，本书的出版也获得了我所主持的内蒙古自治区自然科学基金青年基金项目（2022QN07003）"常态化疫情防控下城市客运枢纽安检技防、物防与人防资源配置协同优化研究"的支持。希望本书的出版能获得国内外学者对公共交通枢纽涉恐防爆安防的关注，更希望能有更多学者实际参与本领域的研究工作。最后，向为本书的顺利出版付出了大量心血的经济管理出版社的编辑和其他相关工作人员表示感谢。由于本人水平有限，文中必存诸多不足，恳请专家读者多交流指点。联系邮箱：ldl@imufe. edu. cn。

李德龙

2022 年 12 月